U0701869

周国平 著

我的心灵自传

岁月与性情

北京出版集团公司

北京十月文艺出版社

新经典文化股份有限公司
www.readinglife.com
出　品

目录

Contents

第三部　农村十年

新版序

本书初版于 2004 年，现在重读，我仍感到满意。我在初版序言里说，我判决自己诚实，我相信我是做到了。在本书中，我写了少年时期身体的苦闷，青年时期内心的挣扎，在时代场景变迁中的困惑和寻找，还写了曲折的婚爱经历和我对这些经历的反思。书出版后，众说纷纭，媒体聚焦于所谓的隐私，有道德优越感的人向我发出猛烈的谴责，若干朋友对我的坦白表示惊讶和不解，但也有越来越多的读者告诉我，他们喜欢书中这个活生生的真实的周国平。我以平静的心面对所有这些反应，只是觉得自己做了一件迟早要做的必须做的事，而且迟做不如早做，因为随着年岁增长，往事的记忆会变得模糊，心智的敏锐度会减弱，写出的东西就不可能栩栩如生了。

如果我是一个读者，我会认为，知道一个叫周国平的人自幼及长经历了一些什么事，这没有丝毫意义。如果这本书中的确有一些对于读者有价值的东西，那肯定不是这个周国平的任何具体经历，而应该是他对自己经历的态度。这种态度是任何一个读者都可以采取的，便是既诚实地面对自己的经历，不自欺也不回避，又尽量地跳出来，把自己当作标本认识人性，把经历转变成精神的财富。

时间过得真快，一转眼十五年过去了。当年五十九岁的我，现在已经七十四岁了。我自己感到惊奇的是，这么多年之后，我仍不觉得自己老，眼睛里仍充满好奇，身体里仍充满活力，每天仍是兴致勃勃地读书和写作。我问自己，我真的这么大年纪了吗？证据在哪里？据说户口簿里记载了我出生的日期，可是，对于我来说，那个日期只是一个传说，在我的记忆里找不到任何痕迹。我不得不认为，年龄是一个谣言，人都活在当下，你当下的状态年轻，你就是年轻。

当然，我不会盲目乐观，因为现在不觉得自己老，就认为自己永远不会老。岁月无情，会摧毁一切有朽之躯。人生短暂，在万物更替的时间之流中，一个人的生命只是一朵稍纵即逝的小小浪花。诸如此类的道理，我已经想过无数遍了。我的态度是，既然想明白了，就把这些道理放在一边，好好过当下的日子，而一旦时辰到了，就爽快地放下一切，勇敢地上路。人生最糟糕的情形是，活得不开心，又死得不情愿，两边都不落好。

本书初版之后再版了多次，我的原则是一个字也不改，始终保持原貌。我要求自己诚实，这也是一个表现，我认为修改记忆是不体面的。今后我也许还会写一些回忆文字，增补本书没有写的内容，不过那应该是另一本自传了。

2019 年 12 月 30 日

我判决自己诚实

明年我六十岁了。尼采四十四岁写了《看哪这人》，卢梭五十八岁完成《忏悔录》。我丝毫没有以尼采和卢梭自比的意思，只是想说明，我现在来写自传并不算太早。

我常常意识不到我的年龄。我想起我的年龄，往往是在别人问起我的时候，这时候别人会露出惊讶不信的神情，而我只好为事实如此感到抱歉。几乎所有人都觉得我不像这个年龄的人，包括我自己。我相信我显得年轻主要不是得益于外貌，而是得益于心态，心态又会表现为神态，一定是我的神态蒙蔽了人们，否则人们就会看到一张比较苍老的脸了。一位朋友针对我揶揄说，男人保持年轻的诀窍是娶一个年轻的太太，对此我无意反驳。年轻的妻子和年幼的女儿组成了我的最经常的生活环境，如同一面无时无刻不在照的镜子，我从这面镜子里看自己，产生了自己也年轻的错觉，而只要天长日久，错觉仿佛就会成真。不过，反过来说，我同样是我的妻子的这样一面镜子，她天天照而仍觉得自己年轻，多少也说明了镜子的品质吧。

然而，我清楚地知道，心态年轻也罢，长相年轻也罢，与实际上年轻是两回事。正如好心人对我劝告的，我正处在需要当心的年龄。我大约不会太当心，一则不习惯，二则不相信有什么大用。虽然没有根据，但我确信每个人的寿命是一个定数，太不当心也许会把它缩短，太当心却不能把它延长。我无法预知自己的寿命，即使能，我也不想，我不愿意替我自己不能支配的事情操心。不过，好心人的提醒在我身上还是发生了一个作用，便是促使我正视我的年龄。无论我多么向往长寿，我不能装作自己不会死，不知道自己会死，一切似乎突然实则必然的结束只会光顾别人，不会光顾我。我是一个多虑的人，喜欢为必将到来的事情预做准备。即使我能够长寿，譬如说活到八九十岁，对于死亡这样一件大事来说，二三十年的准备时间也不算太长。现在我拿起笔来记述自己迄今为止的生活，就属于准备的一部分，是蒙田所说的收拾行装的行为。做完了这件事，我的确感到了一种放心。

因此，在一定的意义上，这本书可以称作一个终有一死的人的心灵自传。夏多布里昂把他的自传取名为《墓中回忆录》，对此我十分理解。一个人预先置身于墓中，从死出发来回顾自己的一生，他就会具备一种根本的诚实，因为这时他面对的是自己和上帝。人只有在面对他人时才需要掩饰或撒谎，自欺者所面对的也不是真正的自己，而是自己在他人面前扮演的角色。在写这本书时，我始终设想自己是站在全知全能的上帝面前，对于我的所作所为乃至最隐秘的心思，上帝全都知道，也全都能够理解，所以隐瞒既不可能也没有必要。我对人性的了解已经足以使我在一定程度上跳出小我来看自己,坦然面对我的全部经历,甚至不羞于说出一般人眼中的隐私。我的目的是给我自己以及我心目中的上帝一个坦诚的交代,我相信,唯其如此,我写下的东西才会对世人也有一些价值,人们无论褒我还是贬我,都有了一份值得认真对待的参考。

当然,我毕竟还活在这个世界上,与这个世界有着千丝万缕的联系。因此,事实上我不可能说出全部真话,只能说出部分真话。我对自己的要求是,凡可说的一定要说真话,绝不说假话,对不可说的则保持沉默。所谓不可说的,其中一部分是因为牵涉到他人,说出来可能对他人造成伤害。我在这个世界上没有私敌,我不愿意伤害任何人。仅在与私生活无关的场合,当我认为事关重要事实和原则之时,我才会做某些批评性的叙述或评论,但所针对的也不是任何个人。然而,有一点是我要请求原谅的,人生中最难忘的经历实际上都是由与某些特殊他人的关系组成的,有若干人——包括男人和女人——在我的生活中曾经起过重要的作用,如果不写他们,我就无法叙述自己的经历。譬如说,在叙述我的情感经历时,我就不可能避而不写与我有过亲密关系的女人。如果她们因此感到不快,我只能向她们致歉。不过,读者将会看到,当我回顾我的生命历程时,如果说我的心中充满感激之情,我首先感激的正是曾经或正在陪伴我的女人。

在这本书中,我试图站在一种既关切又超脱的立场上来看自己,看我是怎样一步步从童年走到今天,成为现在的这个我的。我想要着重描述的是我的心灵历程,即构成我的心灵品质的那些主要因素在何时初步成形，在何时基本定型，在生命的各个阶段上以何种方式显现。我的人生观若要用一句话概括，就是真性情。我从来不把成功看作人生的主要目标，觉得只有活出真性情才是没有虚度了人生。所谓真性情，一面是对个性和内在精神价值的看重，另一面是对外在功利的看轻。我在回顾中发现，我的这种人生观其实早已植根于我的早年性格中了，是那种性格在后来环境中历练的产物。小时候，我是一个敏感到有些病态的孩子，这种性格使我一方面极为关注自己内心的感受，另一方面又拙于应付外部世界，对之心存畏怯和戒备。前一方面引导我日益沉浸于以读书和写作为主的智性生活和以性爱、亲子之爱为主的情感生活，并从中获得了人生最主要的乐趣，后一方面也就自然而然地发展成了对外在功利的淡泊态度。不妨说，我的清高源于我的无能，只不过我安于自己在这方面的无能罢了。说到底，人的精力是有限的，有所为就必有所不为，而人与人之间的巨大区别就在于所为所不为的不同取向。敏感和淡泊——或者说执着和超脱——构成了我的性情的两极，这本书描述的便是二者共生并长的过程，亦即我的性情之旅。

全书分四部，按照时间顺序，依次写童年和少年时期、大学时期、毕业后在农村锻炼和工作的时期、回到北京读研究生和从事哲学研究工作的时期。当一个人回忆自己的生活时，往往受与透视相反的原理支配，他会发现，幼时再小的事也显得很大，近期再大的事也显得比较小。第一部所写皆儿时细小记忆，但是，童年无小事，人生最早的印象因为写在白纸上而格外鲜明，旁人觉得琐碎的细节很可能对本人性格的形成发生过重大作用。第二部在全书中所占比重最大，其中较多篇幅回忆了郭世英，因为他是影响了我一生的人，我一生的精神追求方向正是在他的影响下奠定的。如果读者想知道一个具有强烈精神本能的人是如何度过在农村的长期寂寞岁月的，也许可以在第三部中找到答案。第四部的时间跨度最大，篇幅却较小，笔调显得有些匆促。我对此的辩解是，许多事情正处在现在进行时态中，尚缺乏回忆所需的必要距离。不过，我的人生之路正是在这里有了基本的归宿，因而我在这一部分中比较集中地表达了我对自己和对世界的成熟认识。

任何一部自传都是作者对自我形象的描绘，要这种描绘完全排除自我美化的成分，几乎是不可能的，我知道我绝不会是一个例外。即使坦率如卢梭，当他在《忏悔录》中自陈其劣迹时，不也是一边自陈一边为此自豪，因而实际上是在用另一种方式显示其人性的丰富和优秀吗？我唯一可以自许的是，我的态度是认真的，我的确在认真地要求自己做到诚实。我至少敢说，在这个名人作秀成风的时代，我没有作秀。因此，我劝那些喜欢看名人秀的读者不要买这本书，免得失望。我也要告诫媒体，切勿抽取书中的片段材料，用来制造花边新闻，那将是对这本书的严重亵渎。我只希望那样的读者翻开这本书，他们相信作者是怀着严肃的心情写它的，因而愿意怀着同样的心情来读其中的每一个字。

2004 年 5 月 19 日

第一部　儿时记忆

1岁，上海

1岁，上海，父亲、母亲、姐姐和我

2岁，上海，父亲、姐姐和我

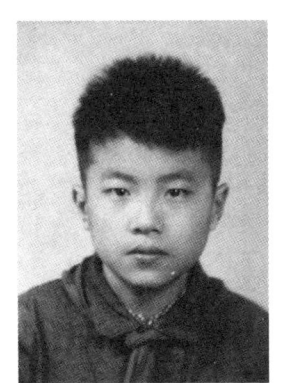

1　1956 年，刚读初中，上海

2　1960 年，读高中，上海，我和妹妹、两个弟弟

一　绝对平民

我的书柜里竖着一张黑白照片，相纸有些发黄了，照片上是一个男婴，刚会站立的样子，站在一只木质大圆桶里。背景是一个门厅，那只大圆桶其实是一座楼梯扶手的下端，扶手十分宽大，漆得油亮。小男孩胖乎乎的，憨憨地笑着。女儿三岁时问我那是谁，当她听说就是小时候的爸爸时，抬起头望我，一脸疑惑的神情。事实上同样的疑惑也在我的心中，把这个小男孩和我联系起来的唯一依据是许多年前父母的告知，这个联系如此抽象，我始终无法将它还原成我的具体生长过程。

据父母说，照片是在新新公司大厅里拍摄的。新新公司是解放前上海四大名牌百货公司之一，在南京路最繁华的地段，现在那里是上海食品公司。根据我的推算，父亲进这家公司当出纳员时的年龄是二十岁，两年后与我的母亲结婚，然后有了我的姐姐和我，二十九岁时上海解放，他离开了这家公司。我可以断定，在新新公司的九年是父亲一生中最惬意的时期。我的证据是照片，在父亲和母亲的相册中，几乎全部照片都是这个时期拍的。那时候，父亲年轻英俊，显然喜欢游玩，经常偕母亲在沪杭苏留影。从照片上看，父亲和母亲衣着体面，一双幼小的儿女十分可爱，一家人其乐融融。姐姐和我的照片多是幼儿阶段的，其后出现长期的空缺，我的弟妹们则几乎没有童年的留影，反映了家境的变化。读中学时，我曾仔细整理这些旧照片，因为老相册已破损，就自己动手制作了一本很像样的新相册，把它们安顿好。可惜的是，在"文革"中，相册里的绝大部分照片，由于父亲穿长衫和母亲穿旗袍，怕有"四旧"的嫌疑，都被我的妹妹烧掉了。

在进新新公司之前，父亲有一个穷苦的童年和少年时代。按照他的叙述，他三岁丧父，全家的生计主要靠比他大十多岁的大哥做工维持，他的母亲也做些织花边的零活贴补家用。十四岁时，他进一个周姓本家开的米店当了五年学徒，接着在天蟾舞台当了几个月售票员。在我上小学和中学的时候，父亲经常念叨那一段苦日子，借此对我们进行忆苦思甜教育。现在我忽然想到，他这样做不只是在教育我们，也是在开导他自己，因为在离开新新公司之后，一方面收入减少，另一方面子女在增多和长大，家里的生活明显变得困难，完全不能和新新公司时期相比，有必要向前追溯一个更低的参照标准。解放后，父亲调到税务局工作，没几年就下放了，先后在几家菜场当支部书记。他是解放初入党的，这一资历并未给他带来半点儿官运，他终老于基层干部的岗位。他自己对此倒没有怨言，工作得很投入，我很少见他闲在家里。二三十年间，他的工资一成不变地永远是七十四元，这一点儿钱要养活一家七口，其拮据可想而知。不过当时我并不觉得苦，饭总能吃饱的，只是当餐桌上有红烧肉时，几个孩子的眼睛不免会紧盯着别人的筷子。

我的母亲比父亲年长两岁，年轻时曾在药厂做工，生下我的姐姐后就退职了。在我的早年印象中，她似乎生来是一个母亲，她的全部职责就是养育五个孩子。事实上，在我们自立之前，她的确永远在为我们的衣食住行忙碌。有一次，我在老相册中翻到四幅照片，是同一个美丽时髦女人的相片，有周曼华的亲笔签名。问母亲才知道，这位与周璇齐名的大影星曾是母亲的结拜姐妹，当时她们都住在钱家塘（后来的陕西北路）一带，经常在一起玩儿。这一发现令我非常吃惊，使我意识到母亲并非生来是为子女操劳的家庭妇女，她也有过花样年华。在我妹妹烧照片的革命行动中，周曼华的玉照当然没有幸免的可能。

母亲生性安静，总是勤勉而无声地做着家务，完全不像一般家庭妇女那样爱唠叨。父亲每个月把工资交给她，一家的生计安排就落到了她的肩上。她很会安排，譬如说，每逢中秋，我们家是买不起月饼的，但她一定会自制一批月饼，也很香酥可口。幼小年纪的我无忧无虑地享受着母亲的照料，哪里能体察她心中的压力。上小学时，有一天放学回家，我发现家里笼罩着异样的气氛。父亲不在家，母亲躺在床上，地板上一只木盆里盛满血水，邻居们聚在屋子里外议论着什么。三岁的小弟弟悄悄告诉我：妈妈生了个死孩子，是女的。五岁的大弟弟补充说：手还没有长成呢，爸爸用一只大铲子运走，丢到专门放死孩子的地方去了。我听见一个邻居在劝慰母亲，而母亲回答说："死了还好些，活的还不允许把她弄死呢。"我默默听着，惊诧于母亲的悲苦和狠心，突然感觉到了小屋里笼罩着贫困的阴影。曾几何时，也是在这间小屋里，母亲在这同一只木盆里洗衣服，她的年轻的脸沐浴在阳光中，对着我灿烂地笑，这样甜美的情景仿佛遥远得不可追寻了。除了最小的妹妹外，我有一个弟弟也是夭折的。据母亲说，他比我小一岁，生下后几天就死了。在我整个童年时代，我无数次地怀念这个我对之毫无印象的弟弟，因为他与我年龄最接近，我便想象他如果活了下来，一定会是我的知己，于是为失去他而格外伤心。

虽然生活比较窘困，父亲和母亲的关系仍是十分和睦的，我从未看见他们吵架。他们会为日常开支烦恼，但从来不曾抱怨命运。量入为出，精打细算，他们把这样的生活方式视为天经地义。也许当时多数人家都是这样过日子的，所以并不显得难以忍受。童年的家境使我习惯了过节俭的生活，在以后的生涯中，物质上的艰苦对于我始终不成为一个问题，我从来不觉得节俭是一种痛苦。由于奢华是我全然陌生的，我也不觉得奢华是一种幸福。直到现在，虽然常有机会瞥见别人的奢华生活，我仍自然而然地觉得那是一种与我无关的东西，对之毫不动心。父亲和母亲给予我的另一笔遗产是老实做人。他们都是本分人，压根儿不知道有玩儿心眼儿这种事，在邻里之间也从来不东家长西家短。这种性情遗传给了所有子女，我们兄弟姐妹五人都拙于与人争斗，在不同程度上显得窝囊。我的妻子和朋友在接触了我的家人以后，都不禁为他们的老实而感慨。比较起来，我算最不窝囊的，但是我以及真正了解我的人都知道，其实是我后来的所谓成功掩盖和补偿了我的窝囊罢了。

我的家庭实在是平凡得不能再平凡了。如果要查文化传承，就更无渊源可循了。无论父系还是母系，上一辈亲属里找不出一个读过中学的人。我的父亲在其中算是最有文化的，但也只读过小学，靠自学才粗通文墨，母亲则是通过扫盲才识字的。父亲的柜子里只有少得可怜的书，基本上是干部学习资料之类，此外有几本苏联反特小说和一本福尔摩斯探案，表明父亲也曾经有过一点儿消遣的阅读。高考报名前，上海一所大学为考生提供咨询，一位老师听我说要报文科，问我是否受了家庭的影响，我能举出的只有父亲柜子里的一套《毛选》。

我有一些朋友也出身平凡，但他们能够在家谱中追溯到某个显赫的先人，我却连这种光荣也丝毫没有。为了奚落他们也为了自嘲，我向他们阐发了一个理论：第二等的天才得自家族遗传，第一等的天才直接得自大自然。当然，这只是一个玩笑，因为我不是天才。不过，就理论本身而言，多少有一点儿道理。历史上有一些人才辈出的名门，但也有许多天才无家族史可寻。即使在优秀家族中，所能遗传的也只是高智商，而非天才。天才的诞生是一个超越于家族的自然事件和文化事件，在自然事件这一面，毋宁说天才是人类许多世代之精华的遗传，是广阔范围内无血缘关系的灵魂转世，是钟天地之灵秀的产物，是大自然偶一为之的杰作。

二 准贫民窟

从记事起，我家就住在侯家路 120 号。不过，那不是我出生的地方，我出生在虹口区的一所房子里。母亲说，怀我的时候，抗战临近结束，飞机频繁轰炸上海，虹口是重点目标，窗外警报声和炸弹声不绝，使她处在极度的惊慌之中。也许正是这种特殊的胎教，造就了我的过于敏感的天性。母亲怀我时身体不好，分娩后没有奶水，我是靠奶粉养大的，因此体质也比较弱。我生下后不久，一家姓毛的邻居不慎失火，把整幢房子烧了。其后这个邻居投靠他的哥哥，把我家也介绍过去，于是我家搬到了侯家路，住进了他哥哥当二房东的住宅里。事过十多年后，母亲还常常不胜怀念地说起虹口住宅的舒适，而对毛家的闯祸耿耿于怀。我是丝毫不记得我的诞生屋的情形了，受母亲情绪的感染，我总把它想象成一幢明亮宽敞的楼房，总之世上没有比它更美丽的房屋了。

侯家路位于上海东南角，属于邑庙区，后改称南市区。那里是上海的老城，窄小的街道纵横交错，路面用不规则的蜡黄色或青灰色大卵石铺成，街道两旁是低矮陈旧的砖房和木板房，紧紧地挤挨在一起。在当时的上海，有两个区最像贫民窟，一个是闸北区，另一个就是邑庙区。邑庙区靠近黄浦江，由于排水设施落后，每年暴雨季节，当黄浦江涨水的时候，那一带的街道上便会积起齐膝深的水，我们称作发大水。水是从阴沟里漫上来的，当然很脏，水面上窜跃着水蜘蛛。大人们自然觉得不便，但我们孩子们却像过节一样，一个个穿着木屐或赤着脚，兴高采烈地在脏水里蹚来蹚去。对于可怜的城市孩子来说，这是难得的和水亲近的机会。

上海老城区的黎明景象极具特色。每天清晨，天蒙蒙亮，便有人推着粪车边走边吆喊，家家户户提着马桶走出门来，把粪便倒进粪车，一时间街上臭气扑鼻，响起了一片用竹刷洗刷马桶的声音。一会儿，垃圾车来了，推车人丁零丁零地摇着手铃，家家户户又出来倒垃圾。街道就在这刷马桶声和铃铛声中醒来了。然后，女人们提着竹篮，围在街道边的菜摊旁讨价还价，一片喧哗声，开始了雷同而又热闹的一天。

走进侯家路某一扇临街的小门，爬上黝黑的楼梯，再穿过架在天井上方的一截小木桥，踏上一条窄窄的木走廊，我家便在走廊的顶头。那是一间很小的正方形屋子，只有几平方米，上海人称作亭子间。顶上是水泥平台，太阳一晒，屋里闷热异常。它实在太小了，放两张床和一张饭桌就没有了空余之地，父亲只得在旁边拼接出一间简易屋子，用作厨房。现在我完全无法想象，那么狭小的空间里是怎么住七口人的，但当时却丝毫不感到难以忍受，孩子的适应性实在是超乎想象的。

从街上看，120号是一扇小门，走进去却别有天地，其实是一座颇深的二层建筑，住着十多户人家。二楼主体部分基本归毛家使用，小木走廊上的几间小屋以及一楼的房屋则租给了其他房客。楼下住着几家湖北人，常聚在一起搓麻将赌钱，楼上的居民就向警察告发，因此楼上和楼下之间充满敌对情绪。夏天的夜晚，二楼的居民经常在屋顶的水泥平台上乘凉，毛家叔叔喜欢讲鬼故事，我每每听得毛骨悚然，不敢回屋睡觉。他还讲过一个徐伟长的故事，说是有一寡妇怀了孕，被告到官府，徐伟长断案，论定只是因为这女人与婆家人包括小叔子共用一个马桶，马桶内有精气而致孕，后来女人生下一无骨死胎，证明了断案正确。这当然是无稽之谈，但当时我头一回听到与性有关的谈论，似懂非懂，觉得很神秘。

毛家是浦东人，说话带浓重的浦东乡音。大毛是个胖子，一脸横肉，开了一家袜厂，车间就在楼梯边的大客厅里，七八个女工坐在手摇织机旁做工，满楼都听得见机器的咔嗒声。小毛是瘦高个，曾经劳改过，没有职业，一生潦倒。他的老婆也在袜厂做工，这个面色苍白的可怜女人常常遭到丈夫毒打。倘若楼里突然哭喊声连天，多半是毛家叔叔在打老婆了，其结果往往是老婆被推下长长的楼梯，跌得满头是血。此后若干天里，人们会看见毛家婶婶头上裹着一块布。毛家伯伯同样打老婆，同样打得狠，只是比小毛打得少些。在挨打之后，两家的老婆始终服服帖帖，把挨打视为她们生活的正常组成部分。

在我的印象中，毛家伯伯对孩子很严厉，不苟言笑，毛家叔叔却是喜欢孩子的，见了面笑逐颜开，兴致好时还会带我上街玩儿。他待人热心，不过，有一回他帮的忙却使我父亲不太高兴。那一天，我把脑袋伸进床头的铁栏杆里玩儿，退不出来了，毛家叔叔闻讯赶来，用锤子把一根栏杆敲掉。父亲下班回家，见状责备毛家叔叔太笨，说既然能伸进去，就一定能退出来，怎么连这个道理都不懂。反正从此以后，我家的铁床就少了一根栏杆。

二毛家都多子女，现在我仍记得他们每一个人的名字。大毛家的大公子叫彩庭，年龄比我们大许多，在我上小学时就结婚了。他相貌堂堂，拍过一张化装成梁山伯的戏照，使我在心中崇拜了好一阵。他的婚礼在一家酒店举行，摆了一二十桌，在当时算得场面盛大。母亲背着父亲送五元钱礼金，带我们去参加了婚礼，目的当然是为了让我们饱餐一顿。老式婚礼有许多繁文缛节，新郎新娘不断地被领到每个稍有瓜葛的长辈前鞠躬，虽然当时我是一个孩子，也已发现他们越来越不耐烦，脸色渐渐阴沉。婚礼的高潮是拜天地，当司仪高声宣布之时，意外的事情发生了，人们发现新郎新娘不知了去向。大厅里一阵骚动，最后好像是从厕所里把他们找了出来，新郎脸色铁青，勉强三鞠躬了事。大人们说，新郎是新式人，不喜欢这些老式礼节。可是，结婚后不久，这个新式人也和他的父辈一样经常毒打那个当小学校长的妻子了。大毛家的二女儿叫彩虹，比我大两岁，父亲常开玩笑说要给我们两人订亲，使得我们见面时都有点儿忸怩。后来她的姐姐彩霞死于脑炎，她就继承了姐姐的婚姻，成了她的姐夫的妻子，据说这是浦东农村的一种习俗。

小毛家很穷，家里有两个男孩和我年龄相近，便成了我小时经常的玩伴。彩云比我大两岁，喜欢偷家里的东西卖掉。有一回，家里让他去一个地方办事，他约我同去。乘车时，他拿出一张五元整票买车票，我感到奇怪，问他有零钱为什么不用。他说，把整票找开，就可以谎报车费而留给自己一些钱了。这种做法是我怎么也想不到的，使我惊讶了很久。彩蚩比我小两岁，身上脸上永远脏兮兮的，总是拖着鼻涕，不时用舌头舔进嘴里。他曾认真地把他的一个重要发现告诉我，说鼻涕的味道很鲜美。

侯家路这座老楼里也许发生过许多故事，可是年幼的我知道得不多。在其余房客中，李家妈妈给我留下了较深的印象。穿过毛家用作车间的客厅，角落边有一扇门，门内就住着和蔼可亲的李家妈妈。她是一个漂亮的广东女人，弯弯的眼睛，薄薄的嘴唇，常常笑容可掬，露出雪白整齐的牙齿。她也爱打扮，总是描着眉涂着口红，这在新社会是很忌讳的。她的丈夫是一个比她年长得多的老先生，戴一副金丝眼镜，留着八字胡，听说是国民党的一个遗老，在一天夜里突然死了。李家妈妈没有孩子，非常喜欢我，有一回把我请到她房里，不知怎么款待我才好，最后是给我煮了一碗甜面条。也许出于对她的身世的猜疑，母亲不太赞成我们和她往来，可是我却不由自主地被她的妩媚笑容所吸引。我记得的另一个特别房客是一个单身男人，住在一楼的一间没有光线的小屋里。他也不是本地人，和谁都不来往，平时没有人注意他。有一天，他突然上吊了，楼里的居民为此议论了好些天。有一个小孩看见了现场，向我描述死者那一根拖出的长舌头。从此以后，上楼梯经过那间小屋门口时，我就会感到一阵恐怖。

小学五年级时，我家迁居了，侯家路的屋子由我的三舅和外婆续住。迁居后，因为我和姐姐仍读原来的学校，为了方便上学，我俩就和外婆一起继续住在侯家路，只在周末去新居与父母团聚。外婆很疼爱我们，天天给我们煮鸡血豆腐汤，问我们好不好吃。开始我挺爱吃，后来就腻了，但为了让她高兴，就总是回答好吃。她真的很高兴，屡次告诉母亲，说我最喜欢吃鸡血豆腐汤。结果，我吃了一年鸡血豆腐汤。小学毕业后，我也离开了侯家路。几年前，在房产开发的热潮中，上海老城的那些旧街旧屋被全部拆毁，世上不再有侯家路，也不再有那间藏着我的童年记忆的亭子间了。

三 上课爱做小动作

我上幼儿园和读小学都在紫金小学。这是一所私立学校，离我家很近，在短短的卵石路上拐两个弯就到了。小学最后一个学年，在公私合营运动中，紫金小学由私立改为公立。奇怪的是，校名也改成了晏海路第二小学，虽然它明明在紫金路上，而并不在晏海路上。我觉得紫金小学这个名字好听，改名让我不舒服。我毕业后，那里的马路扩修，并入河南南路，校名又改成了河南南路第二小学。学校改公立那天，我放学回家，看见人们在街上敲锣打鼓，毛家伯伯表情严肃地站在120号门口放鞭炮，他的袜厂也被合营了。

解放初期政治运动不断，除了公私合营外，留下印象的还有三反五反。大约七八岁时，父亲带我到他工作的税务局玩儿，一个伯伯笑眯眯地问我："想不想看老虎？"我点头，他就领我到一个房间门口，把门推开。我正害怕，却发现屋里没有老虎，只有几个和这个伯伯差不多的人坐着或站着。他告诉我，这些人就是老虎。我莫名其妙，许多年后才知道，当时把贪污犯称作老虎。

紫金小学附设幼儿园，当时叫幼稚班，我是三岁被送进那里的。据说三岁是一条分界线，此时大脑发育可能有一个特殊的过程，启动了记忆功能，同时把三岁前的事遗忘，彻底封存在了无意识之中。我最早的记忆也只能追溯到三岁上幼稚班时。我记得老师姓俞，是一个三十来岁的温和女子，戴一副度数很浅的近视镜。我是和比我大两岁的姐姐同时入幼稚班的，为了便于照顾我，老师把她的座位安排在我的旁边。可是，这个不懂事的弟弟老是欺负姐姐，上着课就和姐姐打了起来。老师便把她的位置调开，但我仍然会离座去她那里打架，最后老师只好把我们编在不同的班里。

那时候，幼稚班的孩子也要参加考试，如获通过，便能升入一年级。我记得考试时的一个场景：我坐在课桌前，老师和我的母亲站在我身边，我拿着铅笔在考卷上乱涂一气，直到把空白都涂满。现在我很难推测当时为什么这样做，因为那时我肯定已经认了一些字。当然，我未获通过，事实上是留级了。其后我在家里待了半年，再读了半年幼稚班，才成为小学生。如果不留级，我上小学的年龄就不是五岁，而应该是四岁。那一年刚解放，对于上小学的年龄还没有限制。解放无疑是那一年发生的最重大事件，但我对它毫无印象。在我的记忆中，可以和它联系起来的唯一事情是国民党时期发行的纸币不能用了。家里有成箱这样的崭新的小面额纸币，一捆一捆，整整齐齐，父亲说是假钞票，不时拿一些给我们玩儿，很长时间才玩儿光。后来知道，解放前夕通货膨胀严重，这些钞票本来就不值钱。

我上小学时已经解放，有了许多公立学校，每学期的学费是六元，而紫金小学的学费是二十四元。但是，父亲认为这所小学教学质量好，就让我接着上。不过我享受减免学费的待遇，每学期缴八元。其实这所学校规模很小，只有一座二层小楼和一些平房，几乎没有空地。校长是一位姓汪的女士，总是很严厉的模样，有一回把我叫到她的办公室里，为了一件什么事情狠训了我一顿。我很怕她，好在不常见到她。每当我在记忆中沿着上学的路线走到校门前时，眼前出现的不是这位校长，而是教体育的李老师。当时李老师已是一个白发老妇，戴着瓶子底般的厚镜片，极喜欢孩子，一到上学的时间就坐在校门口，亲切地与每一个学生打招呼和开玩笑。

小学六年中，我的班主任一直是陆秀群。除了当班主任，她还教我们语文课。她大约四十岁上下，对学生也相当严厉，我常常因为上课爱做小动作而被她点名批评。在每学期我的学生手册上，这一条缺点也是逃不掉的，我已习以为常。现在我知道，即使一个大人坐四十五分钟也很难不做小动作，何况一个孩子，可知这个要求之荒谬。反正我一辈子也改不掉这个缺点，凡属我的身体失去自由的正经场合，我的手便忍不住要为身体偷回一点儿自由。陆老师有时也表扬我，她好几次摊开我的作业本给全班同学看，称赞字写得"像刻的一样"。我上小学时学习成绩平平，记忆中只得到过这一种表扬。但我学习得很轻松，从未感觉有什么压力。五岁上小学是完全可以胜任的，在我们班上，与我同龄的孩子有好几个，我在其中还不算最小的。十余年后，我已到北京上大学，陆老师又成了我的一个表弟的班主任。表弟告诉我，陆老师经常谈起我，夸我当年学习如何用功。我可断定，用功的印象就来自作业本"像刻的一样"。此时的陆老师已近退休年龄，至少教过几百个学生，仍没有忘记我，不禁令我感动。按理说她是不容易记住我的，因为我不是一个活跃的学生，没有当过任何班干部，和她的接触不太多。

我上小学时，如果男女生同桌，往往会用粉笔在课桌上画一条线，双方不准越过，称作"三八线"。当时朝鲜战争打完不久，"三八线"家喻户晓，小学生也不例外。有好几个学期，我与一个姓戴的女生同桌。她十分好斗，常常故意挑衅，把胳膊肘伸过三八线，然后反咬一口，向我发起攻击，用胳膊肘狠狠撞我。我为此深感苦恼，但尽量忍让。后来她的态度有了转变，对我十分友好，经常送我一些东西。有一回，她送给我几本连环画，都是解放前出版的，其中有一本是《人猿泰山》。我拿回家，父亲见了说是坏书，命令我统统还掉。还有一回，她送给我一套照片，一对裸体男女好像在摔跤，其实是性交姿势的示范。当时我不懂，上课时拿在手里玩儿，被陆老师发现了，她气得发抖，当即没收。

父亲对于我们的品行和学业是很重视的，经常检查我们的学生手册。手册上记载有每次的测验成绩，为了刺激学习的积极性，他向姐姐、我和妹妹宣布了一个奖惩办法，每得一个五分奖励五分钱，每得一个二分扣除五分钱。一开始他付现金，但两三个星期后，他发现这个办法对他很不利，如此付给我们的零用钱太多了，就改成了记账。事实上，此后我们每人只得到了一个用来记账的小本子，付款被无限期地推迟了。

在我小学时代的记忆中，斯大林逝世那一天的情景特别清晰。当时在中国的公共场所，到处都挂着斯大林的相片，以至于我最早会画的图画就是他的头像。那一天，在晨会课上，一个姓张的女老师告诉我们，斯大林患了脑溢血，生命垂危，但近两天已有好转。正说到这里，有一个老师在教室门口示意她过去，与她耳语了几句。她回到讲台前，一脸悲伤，说："斯大林同志已经在今天清晨去世。"放学回家，母亲正在洗衣服，我把这个消息告诉她，她叹息了一声，又继续洗衣服。其实我也没有悲伤之感，但觉得发生了这么大的事，总该做点儿什么。我在一块小黑板上写下了这个消息，挂到墙上。我还提前跑到街上，等候那个全国鸣笛默哀的时刻。哀笛一响，我看见行人都站住了，一个三轮车夫紧贴一间芦席棚屋，两臂伸开，姿势非常奇怪。在我脑中，斯大林的死与这个三轮车夫的奇怪姿势就永远联系在了一起。

留在记忆中的还有紫金小学的厕所，只因为有一阵学生中传播着一个消息，说厕所的门口会突然伸出一只长满绿毛的大手。孩子们在传播这个消息时很认真，没有人怀疑其真实性，仿佛都是自己亲眼看见的一样。于是，许多天里人心惶惶，人人都尽量少上厕所，上完赶紧逃离。有一回上厕所时，我旁边站着别班的一个同学，他十分瘦小，皮肤发绿，我清楚地看见他撒出的尿也是绿色的。我当时突然觉得，在绿毛大手和他的绿尿之间有着一种神秘的联系。

四 不是老师的宠儿

在某一个节日，我去我女儿的幼儿园看孩子们表演。有的节目只有少数孩子上场，演出时，其余孩子都睁大眼睛注视着，眼中射出羡慕的光芒，我的女儿和另一个小女孩情不自禁地在场下做起了节目中的动作。我默默看着，意识到在孩子们眼里，被老师选中是何等的光荣。我想起了我小时候在这方面遭到的挫折。上小学不久，有一次我被老师选中参加节日的演出。那是一个表演唱，演出时，几个孩子围成一个圈，一边唱"康玲玲康玲玲骑马到北京"，一边转圈子作骑马状。那天我特意穿了一双新皮鞋，不争气的是，刚走了几步，鞋带就松了，我弯身系鞋带，别人只好也停下来。我怎么也系不上，老师便上台来帮我系。一会儿另一只鞋的鞋带又松了，节目再次被打断，老师又上台，但不是帮我系鞋带，而是拉着我的手把我带下了台。从此以后，演节目再没有我的份儿了，每逢节日会演，我就深感自卑。

我也曾经为不能加入少先队而伤心。那时候入队必须满九岁，三年级时班上建队，大多数同学在同一天戴上了红领巾，我因为不够年龄而被排除在外。那一天放学后，我走在街上，周围都是红领巾，我的胸前空空的，感到特别羞愧，甚至不好意思回家见我的姐姐，因为她也是红领巾。当时少先队有一个规定，队员在街上迎面相遇要互敬队礼，每看见这个情景，我心里就羡慕得不得了。那一年的时间过得格外慢，好不容易盼来了入队的一天，才觉得能抬起头来了。我无比自豪，戴着红领巾一口气跑回家，满以为父母和姐姐也会表示惊喜，不料他们毫无反应。

这类事情在我现在看来当然小得不能再小，但在一个孩子眼里却是十足的大事。我一再发现，孩子对于荣誉极其敏感，那是他们最看重的东西。可是，由于尚未建立起内心的尺度，他们就只能根据外部的标志来判断荣誉。在孩子面前，教师不论智愚都能够成为权威，靠的就是分配荣誉的权力。我是一个很不自信的人，在相当程度上也许可以溯因于小时候极少被分配到荣誉。孩子越是年幼，就越迷信老师的权威，这是一个无法省略的阶段。我这样一个看破身份的人，当年还不是把老师的宠儿视为英雄。

当时班上同学中，我最佩服的两个人，一个是中队长郁华，一个是大队长陈心田。郁华是一个听话的小姑娘，学习很用功，经常受老师表扬，虽然长相平常，在我眼里却是一尊小偶像。课余活动跳集体舞时，一个打扮得像洋娃娃的班上年龄最小的女生总喜欢找我，但我看不上她，心里念着郁华，可惜郁华又看不上我，她多半是找陈心田。陈心田是全校学生第一人，班上男生女生都崇拜他。他脸上有一对小酒窝，模样很可爱。他倒不是小绵羊型的学生，凭着强烈的优越感，他时而会对老师耍脾气。有一回，他发很大的脾气，把大队长标志摔在地上，表示辞职不干了，老师只得好言劝慰，越发增添了他的威风，使我们都相信缺了陈心田就办不成少先队。

毕业那一年，陈心田背着老师玩儿了一个大游戏。他把班上多数男生组织起来，给每人封职，自己当军长，其余人依次为较低的职务，直至连长、排长。唯独一个年龄最大的男生，功课不好，擅长打架，却被他封为总司令。当时我不理解他为什么要这样做，现在想来，他这一招颇有心机，用虚名稳住这个男生，又用这个傀儡镇住众人，他自己就可以放心做实际上的司令了。官职明显是根据与他关系的亲疏分配的，等级又一目了然，很快就引起了矛盾。于是，他宣布撤销原来的任命，大致按照军队机关的职务重新任命，诸如科长、参谋之类，不易看出官职大小，用这个办法基本平息了风波。那些日子里，他的家变成了司令部，上门请示汇报的人川流不息。我远非他的亲信，不管他怎么玩儿花样，我的职务都不大，对此我心里是清楚的。和我要好的两个男生也都任职卑微，于是我们决定自己成立一个秘密组织，同时继续潜伏在陈心田的组织中。至于潜伏在那里做什么，我们根本不知道。我记得我好几次心怀鬼胎地爬上陈家小木楼梯，试图去刺探情报，结果总是在请示了一件无关紧要的事之后，一无所获而归。这个游戏占据了我们几乎全部的课外兴趣和时间，终于被老师发现，勒令终止。

我最要好的小学同学叫黄万春，我们性格相近，都好静。在班上，他也是一个没有风头可出的学生。他出的唯一一次风头是，陆老师在课堂上批评他不用功，接着说如果他用功，会是全班成绩最好的。放学后，我们常在一起做作业，然后画画、看小人书、下象棋。活动地点基本上在我家里，去他家要趁他母亲不在，因为她太爱整洁，规矩太多，不欢迎别的孩子。受他外婆的影响，他有一点儿信佛，向我传授心得说，如果在马路上丢失了东西，只要默诵阿弥陀佛，就一定能找回来。我听了试过一下，却无效。

我有另一种迷信心理，走有图案的马路时特别小心不踩线，觉得踩了就不吉利。快毕业时，黄万春没有报考中学，因为他的父亲准备接全家去香港。毕业后的那个暑假里，我们都感到依依不舍。有一天，我带他去看我已经考上的那所中学，假期里关着校门，我俩隔着篱笆朝里窥看，看见操场和操场尽头的一排教室，相视惊叹真大啊，其实那是一所很普通的中学。我最后一次去他家里，看见一个戴黑边眼镜的斯文男子，正在忙碌地收拾行装。那是他的父亲，全家日内就要动身了。他家楼下有一个制造麻将和筷子的小作坊，他经常从那里得到一些象牙或塑料边料，在我眼里全是宝贝，这时他都慷慨地送给了我。我揣着这些宝贝，在街角和他挥手相别。后来我们一直通信，他去纽约读大学后，我们仍通过他在香港的家人互转信件，直到"文革"爆发才断了联系。

五　为释迦牟尼流泪

我读小学时，低年级开国语、算术、常识三门课，高年级取消了常识课，增加历史、地理、自然三门课，实际上是常识课的扩展。在所有这些课上学了些什么，我几乎忘光了，唯有两节课深深地留在了我的记忆里，而它们都与死亡有关。

常识课好像是根据内容由不同的老师教的，教生理卫生常识的是一个有了点儿年纪的女老师，样子和说话都比较粗俗，总在课上讲一些真正属于老百姓常识的东西。例如，有一回她告诉我们，预防感冒的最好方法是经常把脑袋浸在冷水里，这在当时的我听来完全是惊人之谈。不过，给我留下深刻印象的不是这类东西，并且实际上和她的教学无关。在一堂课上，她把一张人体解剖图挂在黑板上，我不记得她讲解的内容了，但清楚地记得这张图给我带来的震惊。从这张图上我仿佛发现了人最后会死的原因，就在于身体里充满这些恶心难看的内脏。我对自己说：我身体里一定不是这种乱七八糟的样子，而是一片光明，所以我是不会死的。这说明那时我已经意识到自己也会死的，并为之痛苦，所以要寻找理由抵制。

令我难忘的另一堂课是一节历史课，一位男老师给我们讲佛教始祖释迦牟尼的生平。我听着听着，眼前出现了一幅生动的图景。不知为什么，在我的想象中，佛祖是一个年龄与我相仿的男孩，和我一样为死亡问题而苦恼。我看见他怀着这种苦恼离家出走，去寻找能让人摆脱死亡的极乐世界。我还看见他躺在草地上冥思苦想，终于大彻大悟，毅然抛弃尘世的一切欢乐。在这堂课之后，同样的情景在我脑中不断重演，我感觉自己是一个和释迦牟尼一样的男孩，我对他怀着无与伦比的同情和理解，深为不能与他同时代并相识而憾恨。每每在这样的遐想中，我发现自己已经热泪盈眶。

现在看来，对死亡的思考在我童年时已经植下了种子。这倒没有什么特别之处，我常常观察到，四五岁的孩子就会表露出对死亡的困惑、恐惧和关注。不管大人们怎样小心避讳，都不可能向孩子长久瞒住这件事，孩子总能从日益增多的信息中，从日常语言中,乃至从大人们的避讳态度中,终于明白这件事的可怕性质。他也许不说出来,但心灵的地震仍在地表之下悄悄发生。这正是当年在我身上发生的情形。我的女儿四岁时,就经常问这类问题,诸如她生出来前在哪里,死了会变成什么,为什么时间会过去,并且一再表示她不想长大。面对这类问题,大人们的通常做法一是置之不理,二是堵回去,叫孩子不要瞎想,三是给一个简单的答案,那答案必定是一个谎言。在我看来,这三种做法都是最坏的。我的做法是鼓励孩子,夸她提出了这么棒的问题,连爸爸也回答不出,爸爸要好好想一想。其实我说的正是事实,因为问题的确很棒,而我也的确回答不出。当然也不妨与她讨论,提出一些可能的答案,但一定不要做结论。完全不必担心孩子会陷在某种令人痛苦的思绪中,不会的,孩子毕竟是孩子,生命的蓬勃生长使得他们绝不会想不开,他们的兴奋点很容易转移,生活依然是充满乐趣的。现在我的女儿正是这样,当年我自己想必也是这样。让孩子从小对人生最重大也最令人困惑的问题保持勇于面对的和开放的心态,这肯定有百利而无一弊,有助于在他们的灵魂中生长起一种根本的诚实。

六 万竹街和城隍庙

离紫金小学不远,有一条著名的小街叫万竹街。我说它著名,是对住在那一带的孩子们而言。当时在我们小学生中间时兴搜集火柴商标，万竹街是最兴旺的交易场所。一走上这条街，就可以看到孩子们熙熙攘攘，手里拿着各色火柴商标，边走边喊："换吗？换吗？"交换时必须小心，因为有些人用别种商标冒充火柴商标，我就上过当。街上还有一些摊贩，其中数一个老头儿出售的品种最多，生意也最火，我常在他的摊旁流连。普通的商标很便宜，一分钱能买一沓，精美的或罕见的要几分钱一张，这在当时的我看来算很贵了。这个老头允许用别的东西交换，我家里有几副象牙麻将，都被我陆续换光了。当时我搜集了一百多种商标，有从火柴盒上揭下的，但大多是崭新的，并且在日常用的火柴盒上见不到，可能直接来自各地大小火柴厂，也可能是专为搜集而印制的。

在更小的年龄，我搜集的是糖果包装纸，除自己吃后留下的外，大量的也是崭新的未使用过的。小时候我还集过邮，但成绩平平，半途而废。儿时的搜集只是一种游戏，与成人的收藏是两回事，后者混合着恋物癖、占有欲和虚荣心。我这么说并无贬低之意，收藏恰恰是这些欲望的最天真无邪的满足方式。也许我的这些欲望不够强烈，也许它们有了别的满足途径，总之在成年以后，我没有养成任何一种收藏的雅好。

在我小时候，除了万竹街，另一个使我流连忘返的地方是城隍庙。城隍庙是上海老城的中心，离我家很近，走几分钟就能到达。那里非常热闹，摆着五花八门的售货摊子，有卖蟋蟀、金鱼、乌龟、鸟等小生物的，也有卖各种小玩具和零食的，是孩子们的乐园。过年时尤其热闹，像赶庙会一样，平时看不到的商品都摆出来了，人声、鞭炮声、吹气球的哨声、扯铃的声音响成一片。逛城隍庙是我们每年的必有节目，不逛一下，就觉得不像过年。

饲养和搜集是孩子们的两种普遍爱好，它们也许分别代表了人的自然天性和历史天性。对于我来说，万竹街是搜集的圣地，城隍庙是饲养的天堂。我小时养过金鱼、蝌蚪、蟋蟀，最喜欢养的是蚕。当时许多孩子都喜欢养蚕，我们亲昵地把蚕叫作蚕宝宝。每年春季，在城隍庙可以买到刚孵化出来的幼蚕，我一定会买一些回来，养在纸盒里。桑叶也是要买的，一分钱可以买一小把，隔一两天换一次新鲜的。侍弄蚕宝宝，每天都有需要关心的事，每天都有惊喜。看它们辛勤地蚕食，一点点长大，身体逐渐透亮，用稻草搭一座小山，看它们爬上去吐丝作茧，这个过程真是其乐无穷。茧子由薄变厚，开始时像纱帐，仍能看见蚕在里面忙碌，渐渐就看不见了。美好的时光到此结束，因为此后必须耐心等待，直到有一天，茧上出现了一小缺口，逐渐扩大，蛾破茧而出。接下来就更没有意思了，蛾们的必然命运是交配，产卵，死去。虽然我总是把卵保存到第二年春季，但它们从来没有孵化成蚕宝宝。

在城隍庙还能买到一种米粒大小的甲虫，名叫养虫。其实我只知其发音，我揣摩是营养的养字，因为据说这种小虫是大补，而它们也专吃莲子、红枣等滋补食品。吃这种小虫的方法很特别，抓一把活活放进嘴里，让它们自己顺着咽喉和食道爬到腹中。我们班上真有同学这样吃过，我可不敢。我只是养着玩儿，上课时把小纸盒搁在课桌里，不时偷偷打开盖子看它们一眼。它们有惊人的繁殖力，弄几只放在那种装针剂的小纸盒里，几天后就是满满一盒了。养这种小虫的最大乐趣就在这里，看它们的数量像变魔术似地日新月异。

解放初，城隍庙口上有一家剧团，专门演大头小头戏。毛家叔叔认识守门人，带我进去观看过一回。场地很小，没有舞台，也没有座位，观众都站着看。所谓演员，其实是三个畸形人。一个侏儒女人，头极大，相当于正常人的两倍。两个男人是兄弟，头极小，相当于正常人的一半。他们都穿着花衣服，脸上抹浓彩，在锣鼓声中咿咿呀呀乱唱一气。不多久，这个剧团被解散了，取而代之的是一个小动物园，展出双头蛇之类怪物。后来我多次见到那一对小头兄弟，发现他们也住在侯家路，据说已经安排了正当的工作。

城隍庙现在仍是上海的一个热闹场所，那里有九曲桥和苏州式园林豫园，有许多传统小吃店和特色小商场。但是，庙早已拆除，如同今天许多地名一样，城隍庙已经名不副实。在我小时候，庙是完好无损的，而且长年燃着香烛，烟雾缭绕。庙分两层，有好几进，供着来历不同的众多神像。一楼是阳间，儒佛兼收并蓄，有玉皇也有观音，当然有城隍老爷，还有刘备、诸葛亮、关公之类。二楼是阴司，光线特别暗，展示下油锅之类阴森的地狱景象，角落里藏着拖长舌的白无常和黑无常。我经常进庙里玩儿，心情恐惧而兴奋，一旦踏进去又后悔，目不敢旁视，硬着头皮穿过一个个烛光昏暗的殿堂，魂飞魄散地从另一个门口逃出来。直到搬离侯家路后，长达二十年之久，我经常做同一个梦，梦见自己在庙里迷路，被无数神像包围，殿堂一间连着一间，仿佛没有尽头，怎么也找不到出口，最后在惊恐中醒来。

七　街头的娱乐

身为比较贫困家庭的孩子，我与高雅的娱乐基本无缘。我的娱乐场所在街头。在放学回家的路上，我多半会看到一点儿好玩的东西。

最常见的是木偶戏。一个衣着破烂的外乡人，不一定是同一个人，背着一套简陋的道具在街上走，孩子们便陆续聚集起来，尾随在他身后。尾随的孩子多了，他就停下来，准备开演。一个木架，下面遮着布帘，上面如一只敞开的木箱，那就是舞台了，卖艺人躲在布帘后操纵木偶。他口含哨子，吹着单一的调子配合木偶的动作。戏的内容千篇一律，不外是武松打虎或老虎追乌龟之类。然而，我遇见了必看，百看不厌。演出结束后，卖艺人照例要向小观众们收钱，也照例所得甚少或一无所获。还经常有坏孩子欺负他，在演出时朝舞台里扔石子，几乎必定要落到他头上。这时他会撩开帘子，钻出脑袋，气恼地左右察看，企图找出凶手。当然找不出，他便没有目标地胡乱骂几句，接着再演。坏孩子又扔，最后他只得背起家当走路。

耍猴戏也是经常遇见的，耍猴人让猴子表演爬杆、取物、作揖等动作，然后让它托着铜锣向观众讨钱。我听说在训练时猴子常遭痛打，因而虽然情不自禁要看，但心里恨耍猴人，对猴子则满怀同情。有时还遇见卖唱的，往往是一个小姑娘唱，一个成年男人拉二胡伴奏。在观看时，我脑中会编织一个相同的故事，想象那个男人是坏人，我变成一个勇士，把眼前这个与我年龄相仿的可怜的小姑娘救出火坑。

那时候，上海街头到处有走街串巷的小贩，并且许多是以孩子为对象的。他们肩挑不同的家什，各操一门手艺。有一种是用烧融的糖水飞快浇出一个图案，比如花卉、人或动物，凝固了像一张糖制的剪纸，下面粘一支小竹棒，以便让孩子举在手里。这种小贩一般都携带一个赌博用的小型轮盘，一分钱转一次，赢了才能得到一幅糖图，输了只能得到一个小糖块。此外还有炒白果的，烤鱿鱼的，捏面人的，打弹子的，套圈的，等等。我一般是看热闹，但有时也忍不住要花掉零用钱。大人们想象不到，这些小贩用随身携带的炉火炒出的白果有多么嫩，烤出的鱿鱼有多么香。

熟识的孩子聚在一起，就会在路边或院子里玩儿小小的赌博。比如打弹子，就是现在跳棋上用的那种小玻璃球，用拇指和食指贴近地面弹出，如果击中了对方的那一颗，便可赢到手。我不善弹，所以不爱玩儿这种游戏。我常玩儿的是刮香烟牌子。我不知道为什么叫香烟牌子，其实那是印着彩色连环画的硬纸片，一张张剪开来，我们便用来玩耍。办法是刮（刮风的刮），甲的一张放在地上，乙把自己的一张用力拍向它近旁，依靠扇起的风使它翻一个面，或者贴近地面轻轻滑向它，插入它的下面，这样都算赢，就可以赢得一张。为了使香烟牌子变得平整，不易被刮翻或插入，我们就用油将它们浸渍。浸渍得好的香烟牌子往往屡战不败，就专门用来作战，滚打得乌黑发亮。在孩子们眼里，这肮脏的模样是战绩和威力的象征，对之几乎要生出敬畏之心。

虽然我常在街上玩耍，但我毕竟是小学生，每天要上课，课余多数时间也还待在家里，这把我和那些"野孩子"区别开来了。父亲是不准我们和"野孩子"玩儿的。可是，有一阵，我迷上了一个"野孩子"。那是一个大男孩，一到入夜时分，他便举着一大把商标纸，吆喊着在街上边跑边撒，招引一群小屁孩跟在他后面抢捡。我加入了这支小屁孩的队伍。他显然很喜欢我，自从我出现后，他停止了奔撒，把商标纸直接送给了我。后来他经常带我去他家里，他家开着一爿五金厂，他自己也是厂里的徒工，每次他都送给我一些五金配件玩儿。父亲发现我与他的来往后，竭力阻止，说他是街头小流氓。我向父亲保证他是一个好人，父亲便让我带他来家里，想亲自考察一下。这个大男孩忸怩了好一会儿，才鼓起勇气跟我上楼。父亲靠在床上，问了他一些问题，又作了一番劝诫，无非是要他求上进，好好读书，别在街头胡耍。几星期后，我遇见他，他高兴地告诉我，他已经进了夜校。

八 最快活的日子在乡下

一个人的童年，最好是在乡村度过。一切的生命，包括植物、动物、人，归根到底来自土地，生于土地，最后又归于土地。上帝对亚当说："你是用尘土造的，你还要归于尘土。"在乡村，那刚来自土地的生命仍能贴近土地，从土地汲取营养。童年是生命蓬勃生长的时期，而乡村为它提供了充满同样蓬勃生长的生命的环境。农村孩子的生命不孤单，它有许多同伴，它与树、草、野兔、家畜、昆虫进行着无声的谈话，它本能地感到自己属于大自然的生命共同体。相比之下，城里孩子的生命就十分孤单，远离了土地和土地上丰富的生命，与大自然的生命共同体断了联系。在一定意义上，城里孩子是没有童年的。

当我现在记述着我的种种童年琐事的时候，我深感惭愧。事实上，我是在自曝我的童年生活的贫乏和可怜。所幸的是，当时我的祖辈中还有人住在乡下，父母时常带我去玩儿，使得我的童年不致与乡村完全隔绝。尽管那乡下不过是上海郊区而已，但是，每年在那里暂住的几天已足以成为我一年中最快活的日子了。

那是一个叫周沈巷的村子，离徐家汇不远，随着都市的迅速扩展，现在它早已不复存在。当时那里住着我的外婆、祖母和一个姑妈，她们的家挨得很近，沿着同一条小河走几分钟，就可以从这一家到达那一家。

孩子到了乡村，所注意的往往不是庄稼和风景，而是大人不放在眼里的各种小生物。春天的水洼里有蝌蚪，每年我都要捕捞一些，养在瓶子里，看它们摇着细尾巴活泼地游动，心里的喜悦要满溢出来。夏天的田野则是昆虫的天下。一定是很小的时候，也许还没有上学，有一次在乡下，姐姐神秘地告诉我，田里有"得蝱"。她其实说的是蚱蜢，因为发音不准，说成了"得蝱"。我好奇地跟她到田里，一起小心翼翼地捕捉，那是我第一次看见蚱蜢。我更喜欢捉一种叫作金虫的甲虫。仲夏季节，拨开玉米叶子，便可发现它们挤成一团，正在啃食刚刚结成的玉米穗。金虫有金色的硬壳，蚕豆大小，用一根细线拴住它，让它悬空，它就扇开薄翅飞起来，发出好听的嗡嗡声。由于它爱啃西瓜皮，捉住了能养好些天。年龄稍大，我喜欢捉蟋蟀。它们往往躲在烂草堆下，翻开后四处乱跳，一眨眼就不见了，不容易捉到。最好是在夜里行动，用手电筒光能够把它们镇住。捉住后塞进自制的小纸筒，再选出模样精悍的养在小竹筒里或瓦罐里，和别的孩子玩儿斗蟋蟀。

在我眼里，乡下什么都和城里不一样，一切都是新奇的。喝的是井水，倘若在雨天，井水是浑浊的，往水桶里放一块明矾，便神奇地变得清澄了。潮湿的河边布满小窟窿，从中钻出一只只螃蟹，在岸上悠闲散步。林子里蝉声一片，池塘边蛙声起伏。那些池塘，母亲说里面有溺死鬼，会把小孩拖下去淹死的，使我感到既恐惧又神秘。还有夜间在草丛里飞舞的小火光，分不清是萤火虫还是鬼火，也给乡村罩上了一层神秘的气氛。

夏季是下乡的最佳季节，不但万木茂盛，而且可以一饱口福。所谓一饱口福，其实年年都是三样东西：露黍、玉米和南瓜。露黍形似高粱秆，比甘蔗细得多，味同甘蔗。新玉米当然鲜嫩可口。坐在屋外嚼着啃着，屋里飘来南瓜的香味。南瓜是在灶火上蒸的，大铁锅里只放少许水，一块块南瓜贴在锅壁上，实际上是连蒸带烤，蒸得瓜瓤红亮润口，烤得瓜皮焦黄香脆。尝鲜之后，照例要把这三样东西带一些回城，把乡村的滋味延续若干天。当年商业不发达，在城里是买不到这些东西的。

每次到乡下，我们多半住在外婆家里。当然，因为外婆疼爱我们。可是，我不喜欢外公，甚至怕他。在我的印象中，他总是坐在一张红木桌前，一边不停地咳嗽吐痰，一边写毛笔字。看见我们，他不理睬，只是从老花镜片后抬起眼睛，严厉地盯我们一眼。大约在我七八岁时，一天夜晚，我们全家已经入睡，三舅突然来我家报告外公的死讯，说完匆匆去乡下了。第二天，母亲只带我去乡下，这是我生平第一次奔丧。一进村子，母亲逢人总是说同一句话："爹爹死了，怎么办呢？"我听了还以为也许有办法让外公活过来，要不她为什么总这样问呢。外婆一见我们就大哭，使我意识到毫无办法，外公是死定了。屋里一片忙乱，有许多来帮忙的人。饭桌上摆着酒菜，我摸了一下桌旁的长凳，立刻遭到训斥，说是不准碰的。我感到无趣，独自走进里屋，那里光线很暗，隐约可见一张床上躺着一个人，旁边燃着蚊香。我想走近看，又不敢，出去找母亲，问她那是谁，她说就是外公，把我吓了一跳。外婆一遍遍叹气，说就是一口痰堵住了，否则不会死。夜里，我和母亲睡在里屋另一张床上，外婆则睡在白天停放尸体的床上。尼姑们在外屋做超度，念经声和木鱼声响了一夜。这些声音比死人更令我恐惧，我整整一夜没有合眼，蜷曲在母亲身边，不住地颤抖。

外公死后，外婆进城与三舅同住，我们去乡下就比较少了。有时候，父亲带我们去看祖母。和祖母住在一起的还有曾祖母，老太太活到九十岁，最后一年精神失常，不能辨认所有亲属，又好像认识一切人，见了谁都疯言疯语，十分可爱。我上高中时，祖母也死了，此后我没有再去乡下。

九　乖孩子的劣迹

我从小好静不好动，也不善于交往。这一点像母亲，她非常静，可以一整天不出门，一整天没有一点儿声音。父亲是喜欢交往的，时常带着我去亲戚、朋友、同事那里走动，还经常主办朋友间的聚餐。聚餐一般在我家，由父亲掌勺，他有一手好厨艺。因为是凑份子，母亲和我们都不能上桌，所以我不喜欢父亲办聚餐的日子。

小时候去做客，大人们常常夸我乖。我真是够乖的。我的乖一开始可能源于怕羞，因为怕羞而只好约束自己，后来却更多是受大人们夸奖的约束了，竭力要保持他们眼中的乖孩子形象。大约还是父亲在新新公司的时候，我才四五岁吧，父亲带我参加一个同事的婚礼，新娘披着婚纱，叔叔阿姨们朝她身上抛五颜六色的纸屑，撒得满地都是。我心里惋惜极了，这么漂亮的纸屑给我玩儿多好，我很想对他们说，可就是不敢。后来，父亲又带我参加我的一个远房堂兄的婚礼，新郎新娘很喜欢我，把我带进新房，抱到一张椅子上，给我吃糖。有一颗糖滚到角落里去了，我多么想去捡啊，可是，我双脚悬空坐在椅子上，听着新郎新娘的赞美，就是没好意思下地。母亲用她自己的一件红绸棉袄给我改做了一件小棉袄，我不肯穿，有一次终于还是穿上了，跟着父亲去大伯父家。我知道一个男孩穿大红衣服是可羞的，便躲在父亲的背后，于是愈加受到了大伯父和堂兄的取笑。

我想我生性还是比较老实的，在跟父亲做客的经历中，有一个很小的事例。那是在他工作的税务局里，他的一个同事也带来了自己的孩子，一个伯伯给我们每人一小包白糖，我们俩就躲在职工宿舍的一间空屋里玩儿起了过家家。其结果是，我的那一份白糖基本上都转移到了他的手中，吞进了他的肚里。

我的性情似乎更接近女孩子。小时候看连环画，上海人称作小人书，我喜欢的多是红楼、西厢、聊斋一类才子佳人内容的，不喜欢三国、水浒一类英雄好汉内容的，并且因此被熏陶得柔肠百结。不过，我绝无性别错位的心理，我始终是站在才子的位置上倾心于佳人。父母偶尔带我们去戏院看戏，台上演着才子佳人戏，我就自作多情得不行。我清楚地记得，有一回，在上海大世界的一个剧场，我目不转睛地盯着台上那位佳人，心中充满不可思议的冲动，想挤到台前去，让她看见我，注意我。有时候，我自以为佳人的眼神与我相遇了，在对我眉目传情，她的唱词都是向我而发，便感到无比甜蜜。散场后，我怅然若失，好几天缓不过来。

在家里，我比姐姐受宠得多，同时也比她心眼多得多，坏得多。她从小非常忠厚，而我却比较自私。有一回，她向我提一个问题："如果愿望可以随意满足，你最想要什么？"我立刻回答说钱。我觉得这是理所当然的，有了钱，我想要什么都可以买到了。她的回答是睡觉，因为睡着了就可以忘记一切苦恼。这个回答使我十分不解，心想：你想睡觉现在就可以睡，用得着作为特别的愿望提出来吗？也许她是从某一本书中读来的，我不得而知，但至少我的回答证明了我当时的境界之平庸。

还有一件事是我终生难忘的。有一回，我和姐姐都养金鱼，每人两条，各养在一只小碗里。不几天，我的金鱼都死了，再去买两条，又都死了，而她的两条始终活泼。强烈的嫉妒使我失去自制，干下了可耻的勾当。趁没有人时，我走近她的小碗，心脏怦怦乱跳，捞起那两条鱼，紧紧握在手心里，估计它们死了，才放回碗中。没想到它们翻了几个筋斗，又游了起来。一不做，二不休，我把它们放进开水，再放回碗中。姐姐当然做梦也不会想到事情的真相，她发现她的金鱼也死了，只是叹息了一声，又出去玩儿了。现在她肯定早忘记小时候养金鱼这回事了，但我永远记得她的那两条金鱼，一条是红的，一条是黑的。这件事使我领教了嫉妒的可怕力量，它甚至会驱使一个孩子做出疯狂的事。

上小学时，我还偷过同学的东西，共有两次。一个男生把一件玩具带到教室里，是一只上了发条会跳的青蛙。看着他玩儿，我羡慕极了，我从来不曾有过这样可爱的玩具。我想象如果我有这一只青蛙，我该多么幸福。这个想象使我激动万分，终于在一天课后，我从那个男生的课桌里偷走了这一只青蛙。回家后，我只能藏着偷偷玩儿，不久就把它玩儿坏了。另一次是偷书。班上的同学把自己的图书凑起来，放在一只箱子里，办起了一个小小图书馆。我从中借了一本题为《铁木的故事》的书，书中的主人公是一个喜欢恶作剧的男孩，诸如把苍蝇包在包子里给人吃之类。我一边看，一边笑个不停。我实在太想拥有这本有趣的书了，还掉后就又把它偷了出来。

现在我交代自己童年时的这些"罪行"，并不是要忏悔。我不认为这些"罪行"具有道德含义。我是在分析童年的我的内在状态。作为一个内向的孩子，我的发展存在着各种不同的可能性。如果一个孩子足够天真,他做坏事的心情是很单纯的,兴奋点无可救药地聚焦在那件事上,心情当然紧张,但没有罪恶感。我庆幸我的偶尔不轨未被发现,否则几乎必然会遭到某种打击和屈辱,给我的生长造成阴影。这就好像一个偶尔犯梦游症的人,本来他的病完全可以自愈,可是如果叫醒他就会发生严重后果。

十 广场一角的大院

许多年前,在上海人民广场的西南角,有一个围着黑色竹篱笆的大院,门牌号为黄陂北路 184 号。院子里有几栋二层小楼,解放前是赛马场老板的房产,而人民广场这一带原是赛马场的地盘。解放后,这位瞿姓老板的财产被剥夺,他一家人租居在其中一栋小楼的第二层,其余房子分配给了别的住户。除小楼外,院里还盖了许多简易的茅草房,居住的人家都是上海人所说的江北佬,过去从江苏北部逃荒到上海来的。搬离侯家路后,我家便住进了这个大院,并且成了瞿家的邻居。

这些小楼都已陈旧,瞿家住的一栋算是其中最好的。底层有一个门厅,只通二楼,一楼的居民不从这里出入。二楼有三间房,我家住靠外的那一间。这间房原来也是瞿家用的,大约因为总面积超标,被迫让了出来。当时住房由公家分配,如果我家不住进来,也会住进别的人家。尽管如此,瞿太太仍不免心怀不满。她没有工作,两家做饭都在走廊上,因而天天都会和我的母亲见面,母亲常为她的指桑骂槐感到伤心。然而，每年过年，她又必定会端一盘糕团送到我家，糕团上印着鲜艳的红点，如同一种仪式。瞿先生在房产公司做事，见了我的父母只是点一点头，从不说话。我能感觉到两家之间的鸿沟，而使我的这个感觉格外鲜明的是他们的独生子。他们的居室在顶头那一扇门里，我从未瞥见过门里的情形，这位风度翩翩的公子就深居在里面苦读。当时他刚从育才中学毕业，后来考上了清华大学。偶尔在走廊上遇见，他对我们看也不看一眼，好像我们根本不存在。我倒并不因此感到自卑，只是仿佛第一次看见了一种高贵青年的类型，这是一个与我无关的类型，所以我不会用它来衡量自己。那时候我做梦也没想到，不久之后，我会进上海中学、北京大学这样的名牌学校。

在这个家庭里有一个奇怪的人物，我们叫他老公公。他大约六七十岁，满脸皱纹，须发花白，永远弓着腰，不能直立，戴一顶破毡帽，穿一件脏兮兮的蓝布短褂。据说他是瞿先生的父亲，但他的地位实在连奴仆也不如。他是无权踏进瞿家的门槛的，属于他的只有楼梯下一个黑暗的角落，那里搭了一块木板，铺一床破烂的褥被，他就在那里起居。他的亲密同伴是一只猫，总是蜷缩在他的床上。他专干扫走廊、倒垃圾之类的粗活，自己单独用餐，做一点儿简单的饭菜，或者就吃残羹剩饭。瞿太太动辄叱骂他，而他总是低声下气，逆来顺受。我的父亲多次替他打抱不平，向瞿家夫妇提出抗议，在街道整风时还写了大字报，但无济于事。老公公不是一个孤僻的人，他显然欢迎新房客，我们住进来后，他不那么寂寞了。他很喜欢同我们这几个孩子逗玩儿，给每人起了绰号，结果我们一吵架就用他起的绰号互骂。

住惯了邑庙区的鸽子笼，乍一搬到人民广场，不用说是感到新鲜而又愉快的。那时候，人民广场一带还很有野趣，到处杂草丛生。在我家对面，横穿广场，是人民公园。我们这些孩子完全不必买门票，因为我们知道公园围墙的什么位置有一个洞，可以让我们的身体自由地穿越。院子里有大片的泥土地，我在我家楼前的篱笆旁埋下牵牛、凤仙、鸡冠等花籽和黄豆、绿豆之类，头一回领略了种植的快乐。家里的住房比以前宽敞多了，光线也好，打开窗子，看见的是宽阔的广场。每年五一和十一，广场中心搭起主席台，我家的窗户就在主席台的斜对面，坐在家里可以观看游行和焰火。一到节前，母亲便忙碌起来，做许多馒头和点心，准备招待来我家看游行的亲友们，节日的气氛格外浓郁。

我在这个大院子里只住了两年，就遇上人民广场整修，这个大院子被拆除了。其后，我家搬到了江宁路一处石库门建筑的一间暗屋子里，从此再没有搬迁。对于瞿家来说，拆迁的消息不啻是一声晴天霹雳，他们对于所安排的新居一律表示不满意，始终拒绝搬离。当然，拆迁不可阻挡，听说他们后来搬到了一个亲戚家里寄居，而瞿太太则因为承受不了这个刺激而精神失常了。

十一　孩子王

在人民广场大院居住的两年中，我一生中空前绝后地过了一次领袖瘾。院子里有一个不长胡须的胖老人，据说从前是太监，每当我从他面前走过时，他就摇着蒲扇喊我一声"孩子王"。那个大院里孩子很多，根据住楼房还是住茅草房分成了两拨，在住楼房的孩子眼里，住茅草房的孩子是野孩子，而我当上了住楼房的孩子们的头儿。

刚住进大院时，我曾经受到野孩子的挑衅。有一天，我在院子附近的街上玩儿，突然发现自己被野孩子们包围了。其中一个年龄与我相近的孩子，长得很结实，一边向我靠近，一边不停地说："来吧，摔一跤！"我从小不善打架，看到他的架势，十分心怯。其余的孩子都幸灾乐祸地望着我，等着看热闹。那个孩子觉察到我怕他，越发得意，用身体碰我，重复着他的挑战。我被激怒了，猛地抱住他的腰，两人扭作了一团。孩子们吆喝着助战。完全出乎我的意料，肯定也出乎所有人的意料，我竟然胜了，把他摔倒在地上。我拔腿就跑，他在后面紧追，但我终于把他甩掉了。我心中仍然非常害怕，担心遭到报复，不敢回家，在街上徘徊了很久。最后，当我提心吊胆地走向大院时，发现他正站在门口，不过并没有朝我冲过来，而是友好地向我微笑着。这件事给我带来了很大的威望，从此以后，再也没有野孩子来向我挑战了。

野孩子们对我友好，大约和我的父亲的为人也有关系。每到台风季节，江北人住的茅草房就摇摇欲坠，必须用粗草绳和木桩加固，以防止倒塌。倘若台风来势凶猛，这样的措施就不保险了，居委会便动员楼房居民敞开家门，让草房居民进来过夜。我的父亲总是积极响应，愉快地把我家变成一个临时避难所。

我是在小学毕业、进初中之前的那个暑假住进大院的，闲着没有事，便产生了一种强烈的组织欲，想把孩子们组织起来玩儿。这多少是出于对少先队大队长陈心田的模仿。我首先找了三个年龄和我相仿的孩子，他们都住在某一栋楼房的一层，很像是轮船统舱里隔出的房间，家境比住茅草房的略好，但仍属贫苦人家。我向他们宣布成立一个组织，名称很没有想象力，叫红星组。我们大院旁有一家服装店，店主姓田，有两个孩子，老大比我大两岁，老二比我稍小。这家人家的后院与大院相通，田家兄弟经常带一帮小屁孩在后院里玩儿军事游戏。我心想，如果把他们吸收进来，一定能够丰富我们的活动内容，便向三个同伴提出了这个建议。这三个贫苦孩子一向看不惯田家兄弟，表示反对，但都服从了我的意见。联合成功之后，在我提议下，由我们六员大将组成了总务委员会，作为红星组的领导机构，下率一群小屁孩，包括我的四岁和六岁的两个弟弟。我不想与田家老大发生权力纠纷，因而总务委员会不设主席，但实际的负责人是我。

　　我工作得很认真，经常在我家召开会议，每一次会议都有议题并且写纪要。我们所讨论的问题当然是怎么玩儿，怎么玩儿得更好。玩儿需要经费，我想出了一个法子。有一个摆摊的老头儿，出售孩子们感兴趣的各种小玩意儿，其中有一种名叫天牛的甲虫。这种黑色的甲虫有两根长触须和尖利的牙齿，人民广场的树林里多的是。老头卖两分钱一只，我与他商量，我们去捉了卖给他，一分钱两只，他欣然同意。我们用这个办法很快筹集了两元多钱，买了象棋、军棋之类，有了一点儿集体财产。我还买了纸张材料，做了一批纸质的军官帽和肩章、领章，把队伍装备起来。六个大孩子都是军官，其中我和田家老大是大将，三杠四星，其余四人是较低的将军衔。我们常常全副行头地在田家后院里玩儿，派几个戴纸橄榄帽的拖鼻涕的兵站岗，让他们向进出的军官敬礼，显得我们好不威风。这些有趣的活动引起了野孩子们的嫉妒，他们的愤恨集中向田家兄弟发泄。有一天，我们发现，他们排着队，喊着"打倒和尚道士"的口号，在我们的司令部门外游行。田家兄弟曾经剃光头，得了和尚道士的绰号。冲突是避免不了的了，一次他们游行时，我们捉住了一个落伍者，从他身上搜出一张手写的证件，写着"取缔和尚道士协会"的字样，才知道他们也成立了一个组织。形势紧张了一些天，我不喜欢这种敌对的局面，便出面和他们谈判，提议互不侵犯，很容易就达成了和解。事实上，在和解之后，他们的组织失去了意义，很快就散伙了。我们的组织则一直保持到大院拆迁，那一年大跃进开始，还赶时髦改名为跃进组。不过，后期的活动比开始时松懈多了。

快半个世纪过去了，我仍能清晰地忆起当年这些小伙伴的名字、模样和性格。那时候，我曾仿效梁山泊一百零八好汉，给每个人起了一个诨号。譬如说，那个姓马的北方孩子，长得又黑又瘦，动作异常敏捷，爬树飞快，我们捉天牛主要靠他，我就称他为"上树猴"。给那个姓蒋的苏北孩子起名时，我颇犯难。他总是瞪着呆呆的眼睛，人很老实，但比较笨，我想不出他有什么特长，干脆就把他命名为"木呆鸡"了事。我向他解释，这个名称包含多么优秀的意思，他相信了，觉得很满意。现在想来，这当然是欺负老实人的恶作剧，太不厚道。我把自己称为"万能龙"，又太自负。对田家老大，我也给了他一个龙的称号，但在前面加了一个表示冒牌意思的词。这位仁兄为人颇讲义气，但比较庸俗。有一次，我们两人在人民广场散步，为一件什么事争论了起来，他便打赌道："如果我撒谎，我就和在这人民广场上走过的每个女人困觉！"困觉是性交的意思，他的这种赌咒方式使我大吃一惊，我心想，他一定是非常乐意自己赌输的吧。

十二　凌辱长志气

　　成都中学是上海一家十分普通的中学，因位于成都北路而命名，我在那里读了三年初中。

　　三年中，我们的班主任一直是王一川。他是一个中年男子，脸色焦黄，眼睛充血，唇间露出一排黄牙和两颗金牙。当时正是大跃进年代，他积极响应，酷爱制订各种规划，用工整的仿宋体抄出贴在墙上。他隆重地向全班同学宣读自己的跃进规划，主要目标是五年内入党。他的另一大爱好是写打油诗，这也是风气使然，当时正掀起全民创作被称作新民歌的打油诗的热潮，其内容是歌颂"三面红旗"。他不但自己写，而且以语文老师的资格动员大家写，开办诗歌壁报。我是他最看重的约稿对象，在他的鼓励下，我准备了一个小本子，题作"一日一诗"，每天写一首打油诗，坚持了将近一个学期。很惭愧，我不得不承认，这是我最早的文学创作活动，实在登不得大雅之堂。

在初中课程中，真正吸引我的是数学，尤其是平面几何。教平面几何的是一位高个子男老师，人长得很帅。有一次课间休息，我在双杠旁玩儿，听见他在一旁向别的老师谈论我，说我很聪明，我顿时脸红了。欧几里得的确把我迷住了，这些简单的几何图形中竟然隐藏着如此丰富而又神奇的关系，使我兴奋不已。我醉心于求解几何习题，课本上的已经完全不能满足我的需要，我便向课外书进军。我十分自信，凡是可以求解的题目，不论多难，我相信自己一定能把它解出，越难就劲头越大，越觉得是莫大享受。吃饭时，走路时，我脑中都会凝神思索某一道习题。我有一个专门的本子，整整齐齐地记录着每一道难题的求解过程和答案，仿佛那都是我的作品。我对数字中隐藏着的关系也有浓厚的兴趣，上课时常常走神，自己设计数字游戏玩儿，感到其乐无穷。

从初中起，我在学习上的能力开始显示出来了。但是，在体育方面，我似乎是一个低能儿。我的动作不灵活，接不住球，渐渐就不参加男孩子们爱玩儿的球类游戏了。我估计这对我的性格产生了不良影响，使我缺乏进攻性和挑战性。初中毕业前，老师宣布体育课也要考试，做引体向上三次以上及格，不及格者不能毕业。我一次也做不了，情急之下，全部课间时间都去操场练习，练得手掌上长茧，结果倒也能拉七次以上了。

初中还开有美术课和音乐课。有一阵，教美术的是一个妖艳的女子，烫着时髦的发型，描着细眉，涂着猩红的口红。她根本不会画画，我记得她只画过一次，用粉笔在黑板上画了一个圆圈，说是鸡蛋，通常只是随便拿个什么东西让我们写生。据说她是刚闹出了一个风流事件，来我们学校避难的，不久就消失了。我从小喜欢画画，开始是临摹古今人物像，做这事极有耐心，我的弟弟和小邻居们都以得到我的作品为荣，后来又热衷于练习人物速写。初中毕业时，我还动过报考美术学校的念头。我也喜欢上音乐课，少年时我的嗓音十分嘹亮，同学们称我为"喇叭"，于是我可笑地总想在众人面前亮一亮歌喉。现在我知道，早年我并没有受到真正的艺术教育，这倒不在于是否学到了绘画或唱歌的技艺，而在于我的艺术感觉根本没有被打开。这个缺陷不可避免地体现在我的身心两方面，使我的肢体和性格都偏于拘谨。同样的缺陷延伸到了我的文字之中，我的文字也是拘谨的，缺乏色彩的丰富和节奏的自由。

由于体质孱弱，性格内向，我经常遭到别的男同学的歧视。当时，老师把班上同学按照家庭住址和性别编成校外小组，规定每周活动一次。我的那个小组共六个男生，其中四人都很顽皮，经常联合起来欺负我。有一回，一个女生奉命前来教我们做纸花，他们故意锁上门不让她进来，而我终于看不下去了，去把门打开。那个女生离去后，大家就群起而耻笑我，并且把我按倒在地上，逼我交代与那个女生是什么关系。他们还常常锁上门不让我进屋，或者把我的东西藏起来，当我好不容易找到时，便拥上来抢夺甚至乘势打人。对于我来说，校外小组的活动日是一连串噩梦，每次去那个作为活动地点的同学家里，都如同走向刑场。受了欺负以后，我从不向人诉说。我压根儿没想到要向父母或者老师告状。

我噙着眼泪对自己说，我与这些男生是不一样的人，将来必定比他们有出息，我要让他们看到这一天。事实上我是憋着一股暗劲，那时候我把这称作志气，它成了激励我发奋学习的主要动力。我是越来越用功了，晚上舍不得上床，常常读着书就趴在桌上睡着了。与此同时，在不知不觉中，我的眼睛也越来越近视了，坐在第一排仍看不清黑板上的字。初三时，我配了近视镜，一开始就是450度。刚戴上眼镜的感觉是极为新奇的，我第一次发现，原来世界上的事物竟如此清晰，因而如此美丽。

在校外小组里，还有一个比我更孤僻的男生，名叫林绍康。他是一个瘦小个儿，白脸，不停眨巴着眼睛，手背上有一颗醒目的瘊子。他比我超脱，很少到小组里来，老师批评他，他也满不在乎。在全班，他几乎只同我一人来往。他的最大爱好是看报，每天在学校的报栏前站很久，然后向我发议论，话题不外两个：核武器多么可怕；癌症多么可怕。那时候报上常发表赫鲁晓夫的讲话，其中涉及核恐怖的内容，他读得特别仔细。世上有核武器和癌症，我都是从他那里初次知道的。

我读初中的三年中，社会上政治运动不断。我对整风的印象是，有一阵子学校里和街道上都贴出了大字报，但明确规定我们初中生不写。我的父亲也写了大字报贴在院子里，我惊奇地发现他还会画漫画，内容是批评瞿家虐待老人和苛待邻居之类。大约因为我的亲属中没有知识分子，无人受到冲击，接下来的残酷的反右运动却几乎没有给我留下印象。然后是大跃进，大炼钢铁，学校的操场上垒起了土制小高炉，我们学生被轮流派到那里值班和拉风箱。最使我记忆犹新的是灭"四害"运动中的全民围歼麻雀，因为其场面十分荒诞。在某几个择定的日子里，全市居民都走到户外，分布在大街上、阳台上和屋顶上，使劲敲打锣鼓和一切能发声的东西，朝着空中呐喊，使得麻雀们惊慌逃窜，无处落脚，终于筋疲力尽，纷纷坠地乃至毙命。全民围歼麻雀当然不算政治运动，却是历次政治运动的绝妙象征，正是通过制造全民的狂热，运动的指挥者才成功地把那些要打击的对象变成了无处可逃的遭难的麻雀。不过，作为一个孩子，当时我并无这样的体悟，只觉得好玩儿。在学校的安排下，同学们组织了搜寻队，把散落在大街小巷的受难者们串在绳子上，还喜冲冲地去向老师邀功呢。

到工厂劳动是一项固定的制度，每星期有一整天，去不同的工厂劳动，以上海标准皮尺厂历时最长。我们的工作是装配和搬运，一边干活，一边听男女工人调情或谈论电影明星。乍开始我很吃惊，没想到领导阶级是这个样子的。劳动虽然单调，但有盼头，就是两餐饭，当时正兴吃饭不要钱，不管工人还是学生，都是八人一桌，菜肴比家里丰盛得多。可是，总的来说，我不喜欢工厂，宁愿到农村劳动，在天空下的泥土地上，身心都愉快。在另一家工厂劳动时，我还受过气。我们几个学生跟随一个工人在同一个工作台上装配零件，一个同学与这个师傅说说笑笑，很少干活，而我则是埋头苦干型的人。下班时，师傅在每人的劳动手册上写鉴定，给那个同学写了个"优秀"，给我写了个"良好"。经那个同学挑拨，师傅马上把我的鉴定改为"较差"。我气哭了，师傅又改回来。老师知道了这件事，没有批评那个同学，反而批评我。这件事使我充分领略了老实人受欺负的委屈心理。

不过，到初中三年级的时候，我在班上的地位已经大为改观。我明显成了各门功课最优秀的学生，因此赢得了同学们的钦慕，甚至过去最爱欺负我的一个男生也对我表示友好了。班上一个年龄最大的同学对我说："大家都佩服你，如果你不骄傲，大家就更佩服了。"他说我骄傲，是指我有时好辩，喜用尖刻之词，显得锋芒太露。这一年，少先队改选，我当上了中队主席。这是我平生唯一一次当"官"，我心里明白，我之所以当上，是因为许多同学超龄离队，队员少了一半，算不上多么荣耀，所以始终把中队长标志揣在口袋里，懒得佩戴出来。我还出过一次小小的风头。我们学校和成都第二中学的师生联合举行跃进誓师大会，发言者一个个长篇大论，滔滔不绝，所获得的掌声却越来越稀少。我是我们班的代表，坐在第一排，等候上台。我身边坐着另一个班的代表，那是一个满脸雀斑的女生，一双大眼睛时时向我探望。我头一回要在这么多人面前讲话，心里十分紧张，但我多么想博得这个女孩的钦佩啊。轮到我了，我走到麦克风前，突然镇静下来，知道自己应该怎么办了，铿锵有力的三言两语，就结束了发言。当我走下讲台时，掌声雷鸣，而我没有忘记看一眼那个女孩，她羡慕的目光使我的虚荣心大为满足。我的发言扭转了大会的形势，在我之后的发言几乎成了一场谁说得更简短的竞赛。

十三　性觉醒的风暴

男孩的生理发育是一个充满心理迷乱的过程。一开始，仿佛有一阵陌生的微风偶尔从远处吹来，带着从未闻到过的气息，掠过男孩的身体，激起一种轻微的莫名快乐。接着，那风吹得越来越频繁了，风力越来越大了，它渐渐靠近，突然显身为猛烈的风暴。这风暴把男孩的身体抓在自己的手掌之中，如同一个新的猎获物，颠簸它，撕扯它，玩弄它。这风暴从此在男孩的身体里定居，如同一个神秘而强大的入侵者，不由分说地成为男孩的主人，迫使他带着狂喜和惊慌俯首称臣。

一个人在幼时就开始对自己的身体发生兴趣了。某一天，母亲宣布她不再给我洗澡，我曾经感到失落。可是，我很快发现，自己洗澡是更加有趣的，我可以尽兴玩儿那个特别的小器官。我把它藏起来，想象自己是一个女孩。我抚弄它，观察它发生微妙的反应。有时候，我和若干年龄相近的孩子玩儿轮流当医生的游戏。把门关上，拉上窗帘，男孩和女孩互相研究彼此不同的那个部位。我更喜欢当病人，让一个女医生来研究我。读小说的时候，原来读不懂的地方，渐渐地，身体开始向我提示可能的含义。这些都还只是性觉醒的前史。

大约十一岁的时候，有一天夜里，我做了一个梦。我梦见同班的一个女生，接着，梦见自己吃了一个卵形的东西，顿时感到异样的快感。我立即醒来了，什么事也没有发生，但浑身弥漫着一种舒服的疲乏。这个梦是我的性觉醒开始的一个信号。我原先并不喜欢那个女生，但是，做了这个梦以后，我就开始注意她，在放学回家的路上悄悄跟踪她。这种行为没有持续多久，因为我发现自己仍然不喜欢她，注意力很快转移到了另一个女生身上。

初中二年级的课堂上，坐在第一排的那个小男生不停地回头，去看后几排的一个大女生。大女生有一张白皙丰满的脸蛋，穿一件绿花衣服。小男生觉得她楚楚动人，一开始是不自觉地要回头去看，后来却有些故意了，甚至想要让她知道自己的情意。她真的知道了，每接触小男生的目光，就立即低下头，脸颊上泛起红晕。小男生心中得意而又甜蜜，更加放肆地用眉目传情。这个小男生就是我。那些日子里，我真好像堕入了情网一样。每天放学，我故意拖延时间，等她先出校门，然后远远地跟随她，盯着人群中的那件绿花衣服。回家后，我也始终想着她，打了无数情书的腹稿。但是，一旦见到她，我没有勇气对她说一个字。班上一个男生是她的邻居，平时敢随意与她说话，我对那个男生既佩服又嫉妒。有一回，在校办木工工场劳动，我们俩凑巧编为一个组，合作做工。这么近距离的接触，我更是拘谨，只是埋头干活。我们做了两件产品，在分配时，她要那一个小书架，我为能够满足她的愿望而高兴，心甘情愿地拿了明显逊色的一个小挂衣架。后来，在一次家长会上，我看见了她的母亲，那是一个男人模样的老丑女人。这个发现使我有了幻想破灭之感，我对绿衣女生的暗恋一下子冷却了。毕业前夕上复习课，我们俩的座位调到了一起，她对我很表亲近。在一次闲谈时，她建议我报考上海中学，据她说，每到周末，上海中学的学生有小汽车接送。我就是听她的话考了上海中学的，考上后知道，哪有小汽车接送这等美事。

后来的事实证明，我对女孩子的白日梦式的恋慕只是一个前兆，是预告身体里的风暴即将来临的一片美丽的霞光。在两年的时间里，风暴由远而近，终于把我裹在中心，彻底俘获。在无数个失眠之夜，我孤立无助地与汹涌而至的欲望之潮展开搏斗。我的头脑中充满形形色色的性幻想。我一遍遍给自己列举最想望的东西，开了一个个清单，排在第一的永远是那件我想象了无数遍却依然感到不可想象的极乐之事。我计算着自己能够结婚的年龄，想到还要熬过漫长的几千个昼夜，便感到绝望。十三岁的一个深夜，我睁着眼躺在床上，欲望如同一颗滚烫的炸弹，漫无目标地挺向空中，它渴望爆炸，也真的爆炸了。这使我惶恐，但也给了我启发，我找到了自慰之道。然而，我心中仍然惶恐。没有人告诉我发生了什么，应该怎么办。我到书店里偷偷地翻看生理卫生常识一类的书，每一次离开时都带回了更深的懊悔和自责。按照那些书的说法，手淫不但是道德上的恶习，而且会产生生理上的严重后果，而遗精则是一种病。我陷入了两难困境，因为即使我暂时克制住了手淫，时间稍久，又必然会遗精。而且,越是对遗精怀着恐惧心理，遗精就越频繁。恶习和病，二者必居其一，事实上是二者都逃不脱。多年以后，我才明白那些狗屁生理卫生常识书上的说法纯属无稽之谈，从而调整了自己的心理。

我的亲身经验告诉我，男孩的性觉醒是一个相当痛苦的过程，多么需要亲切的帮助和指导。我不知道有什么最好的办法，但我相信，完全压抑肯定是很坏的办法。所以，我对今日少男少女们的早恋持同情的态度。当年的教育环境使我不能早尝禁果，我始终觉得是一种遗憾，而不是一种光荣。我不认为一旦松开缰绳，局面就会不可收拾。在青春期，灵与肉是同时觉醒的，二者之间会形成一种制衡的关系。在一个开放的环境中，没有一个身心正常的少年人会沉湎在肉欲之中，甘愿放弃其余一切更高的追求。就我当时的情形而言，我身上既有正在觉醒的来势凶猛的欲望，又有几乎也是出自本能的对它的警惕和排斥。这种情况典型地表现为欲与情的分离。一方面，我不得不交出我的肉体，听任欲望在那个狭小的范围内肆虐。另一方面，我绝不让欲望越过它的地盘，污损正在我眼前出现的这个充满诗意的异性世界。刚看见成年男人的裸体时，我甚至感到厌恶，觉得那是不洁，相信那一定是已经发生了某种龌龊关系的结果，因而相信童贞一定能使我的身体避免变成那样。我的性幻想要多下流有多下流，但都只针对抽象的女性，确切地说，只针对某个我从未见过的抽象的器官，从来没有具体的对象，我绝不把它们运用到我看见或认识的任何一个女孩身上。我喜欢看女孩子的美丽脸蛋，但我的目光是纯洁的，只有痴情，没有色情。我不是刻意如此，这完全是自然而然的，说得矫情一点儿，是潜意识中自发实现的肉向灵的升华。

十四　神经衰弱

我从小体弱多病，经常因为发烧送医院急诊。有时是半夜送去的，我听见候诊室有人叹息说这孩子真可怜，心中居然感到了一种自怜的满足。小时候去得最多的是广慈医院，那里有苏联专家，戴着向两边伸出尖角的教士帽似的白帽子，他们冲我和蔼地微笑，但我很怕他们。我倒不怕打针，那是表现我的勇敢的好机会。有一次抽血，护士把长长的针头斜插进我的肘臂，两肘各插了四五回，找不到血管，母亲吓得躲到门外去了，但我始终没有吭一声。在整个少年时代，我的身体始终单薄瘦弱，每次百米赛跑都头晕眼花，仿佛要虚脱。因为这个原因，高中上体育课，我被编入了保健班，经常与女生一起上课。

比身体更衰弱的是我的神经。还是上小学的时候，夜里睡觉时，我常常会出现幻觉。有一阵，每天夜里我都看见一群戴绿帽的小人，有的踩在被子上，有的钻进被窝里，我即使闭上眼睛仍摆脱不掉他们。门后挂的一件雨衣则化身为大头黄身体的魔鬼，站在那里凶狠地盯视我。初中前期，这种情形发展得极其严重，我真正患了神经衰弱，每夜只能睡三四小时，一入睡就做噩梦，常常会在梦中坐起来谵语，而我自己并不知道。造成这种情形的原因之一是受了母亲生病的刺激。那时候，她患有严重的贫血症，会突然昏厥。有一天夜里，我听见一声沉重的撞击声，发现是母亲昏倒在地了，便站在床上哭喊起来。父亲睡在外屋，闻声冲进来，把母亲抱到床上。为了照顾母亲，他和我换了一个床位。我躺在外屋，眼前全是恐怖的形象，不住地颤抖，直到天亮。第二天母亲告诉我，她醒来时不知道自己刚才昏厥，看见我站在床上哭喊，以为我又犯神经错乱了。

上大学时，有人用三个词概括我：敏感，脆弱，清高。至少在上初中时，我的敏感和脆弱就已经很明显了，清高则是在上高中时才明显起来。我紧张多疑，容易想入非非。大约十一岁时，我玩儿一根钢丝，把手指拉了一个口子，血浆冒出来了。我看见血浆，便想象自己快死了，想着想着，眼前发黑，昏了过去。父亲把我送到医院，医生轻松地说：神经过敏。差不多同时期，有一天，父母外出，到天黑仍没有回家。这时候，我的病态的想象力活跃起来了，设想出各种可怕的情景，总之他们一定遭到了不幸，我再也见不到他们了。我大哭，拉着姐姐要她带我去找爸爸妈妈，姐姐也没有办法，只好陪着我哭。正当我们哭成一团时，父亲和母亲回来了，原来他们不过是到大伯父家串门了。直到现在，我仍有这种神经质的多疑症，别的事情无所谓，但凡涉及健康和安全，包括自己的和亲友的，遇到情况就容易朝最坏处想，自己把自己吓唬一通。

其实我也意识到自己太弱，很想改变。初中时，我有一个小本子，专记锻炼自己的各种措施。记得其中有一条是，规定冬天在户外时手不准插在衣袋里，借此磨练意志。我当真这样做了，寒风再刺骨，手也不往衣袋里插，为此感到很自豪。院子里一个小姑娘偶尔知道了我的这个规定，露出一脸困惑，听了我的解释，她立刻换上了敬佩的神情。

那些日子里，我最担忧的是母亲的身体。当她在炉前煮饭炒菜时，我常常站在她身边，仰起小脸满怀同情地凝望着她的面庞。我希望她知道儿子的心意，从中得到安慰。瞿太太看见这种情形，不止一次说我是个孝子。母亲对我也有明显的偏爱，喜欢带我上街，每次一定会买点心给我吃，并叮嘱我不要告诉弟妹们。可是，年龄稍大一些后，我有了虚荣心，不愿意和母亲一起上街，她为此难过地责备我看不起她了。母亲身体一直不强壮，但老来却硬朗了起来，今年已八十七高龄，依然腰板挺直，头发基本乌黑。她日常和妹妹一起住，妹妹感慨地说，这么大年纪的人一点儿不让儿女操心，实在少见。她从来喜欢看悲欢离合的故事，无论电视里的还是杂志上的，都看得津津有味。可是，听说最近忽然在读我的书了，我想她一定是想知道，儿子整天写啊写，到底写出了什么无趣的东西。

回想起来，我少年时的性格中确有讨人嫌的一面。家中子女，我一直居于最受宠的地位，这使我形成了一种狭隘的优越感，霸道，自我中心，受不得一点儿委屈。有一次，我和妹妹吵架，踹了她一脚，她捂着腰哭叫起来，母亲责备了我。我是那样伤心，觉得母亲辜负了我的一片孝心，便躺在地上乱哭乱蹬，顺手抓起我喜爱的一副扑克牌撕得粉碎。没有人理睬我。我走到镜子前，看见自己那一副涕泪满面的尊容，越发自我怜悯，掀起新一轮号啕大哭的高潮。仍然没有人理睬我。我自感无趣，止住哭，走到楼下。门外正下大雨，我对着雨发愣，想象自己冒雨出走，父母四处寻找而不见我的踪影，以为我寻了短见，感到后悔莫及。啊，最好我真的死一次，我的灵魂能够离开躯体躲到一边，偷看他们懊悔和悲伤的样子，然后灵魂又回到肉体，我活了过来。可是，我知道人死了不能复活，而我不愿死，甚至不愿意淋雨，所以，在发了一会儿愣之后，我乖乖地回到了楼上。不过，在别的时候，我常常成功地用出走来对付大人的发怒，在街上消磨掉半天一天。这一招很灵，再回到家里时，大人的怒气已息，比平时更加温和。

十五　父与子的难题

我家人民广场的住房是一间大屋子，中间横着一口大柜，把屋子隔成了两间。那口大柜的某一格里放着父亲的书，我经常爬到柜子边沿上去翻看。有一回，我翻到了父亲的一个笔记本，好奇地偷读起来。其中一页的内容引起了我的注意，那是父亲记录的别人对他的批评和他自己的检讨，主要是脾气急躁和态度粗暴之类。这当然是再平常不过的。可是，当时我却觉得犹如五雷轰顶。在此之前，我对父亲一直怀着崇拜的心理，并且以为别人都和我一样。我压根儿没想到，会有人说他不好，而他必须向他们承认自己不好。这件事一下子打破了我的幼稚的崇父心理，使我发现他的权威仅对子女有效，在所有其他人眼中不过是个凡人。此后许多天里，我的心情沉郁而复杂，一面深深地同情他，自以为懂得了他的秘密苦恼，一面为窥见了他的凡人面貌而感到羞愧和不安。

我上小学时，父亲才三十开外，仍很有生活的乐趣。每年元宵节，他会亲手制作一只精致的走马灯，在纸屏的各面绘上不同的水彩画，挂在屋子里。电灯一亮，纸屏旋转起来，令我惊喜不已。他还喜欢养小白鼠，我们叫洋老鼠，也是自己动手制作鼠箱，里面有楼梯、跳板、转轮等,宛如一个小小游乐场。鼠箱的一面是玻璃,孩子们聚在前面看小鼠玩儿闹,笑声不断。我心中暗暗佩服父亲,真觉得他那一双巧手无所不能。然而,我上初中时,有一件事使我发现他的性情有了很大改变。那些天我也迷上了做手工,做了许多作品,包括一顶硬纸做的军官帽。我怕小弟弟弄坏我的作品,便把它们藏在那口大柜的顶上。和伙伴们玩儿军事游戏时,我要用那顶军官帽,不免经常踩着柜子边沿爬上爬下。父亲对此感到很不耐烦,有一次终于发作了,夺过我的军官帽扔在地上,一脚踩烂了。当时我惊呆了,不敢相信这是真的。从亲手为孩子做玩具,到亲手毁坏孩子做的玩具,这个变化实在太大了。

父亲中年的时候,脾气变得相当暴躁。他难得有好心情,自己不再玩儿也不带我们玩儿,从早到晚忙于工作。因为工作累,每天必睡午觉,那时我们在家里就失去了一切自由,轻声说一句话,咳嗽一声,稍微弄出一点儿声音,都会遭到他的斥责。他经常不失时机地提醒我们,是他千辛万苦养大了我们。他说话的口气使我感到,仿佛我已经是一个忘恩负义之人。由于长期担任基层领导,他说话的口气中又掺入了一种训示下级的味道,也使我感到不舒服。有时候他还打孩子,经常挨打的是我的两个弟弟,一个是因为淘气,一个是因为他所认为的笨。我不记得他打过我,但我并不因此原谅他。有一段时间,我对他怀有相当敌对的情绪,看见他回家,就立刻躲到别的地方去看书。

在我小时候,父亲是很宠我的,走亲访友总喜欢带着我。到他进入中年、我进入少年的时候,父与子之间便形成了一种微妙的紧张关系。我们并未发生激烈的冲突，但始终不能沟通。出于少年人的自私和自负，我不能体谅他因生活压力造成的烦躁。同样，他也完全不能觉察他的儿子内心的敏感。如同中国许多家庭一样，我们之间从来不曾有过谈心这回事。这种隔膜迫使我走向自己的内心，我不得不孤独地面对青春期的一切问题。他未必发现不了我们之间的疏远，只是不知道如何办才好。不久后，我读高中住校，读大学离开了上海，这对于我是一种解放，我相信他也松了一口气。刚上大学时，我给他写了一封长信，对他的教育方式展开全面批判，着重分析了家里每个孩子的特点和他的处置不当。据说他看了以后，对弟妹们淡然一笑，说："你们的哥哥是一个理论家。"事实上，在度过中年期危机之后，渐入老年，父亲的脾气是越来越随和了。随着年龄增长，我自然也能够体会他一生的艰辛了。

现在我提起这些，是为了说明，父与子的关系是一个普遍的难题。如果儿子是一个具有强烈精神性倾向的人，这个难题尤为突出，卡夫卡的那封著名的信对此做了深刻的揭示。一般来说，父亲是儿子的第一个偶像，而儿子的成长几乎必然要经历偶像的倒塌这个令双方都痛苦的过程。比较起来，做父亲的更为痛苦，因为他的权威仅仅建立在自然法则的基础之上，而自然法则最终却对他不利。他很容易受一种矛盾心理的折磨，一方面望子成龙，希望儿子比自己有出息，另一方面又怀着隐秘的警惕和恐慌，怕儿子因此而轻视自己。他因为自卑而愈加显得刚愎自用，用进攻来自卫，常用的武器是反复陈述养育之恩，强令儿子为今天和未来所拥有的一切而对他感恩。其实这正是他可怜的地方，而卡夫卡似乎忽略了这一点，夸大了父亲的暴君形象。不过，卡夫卡正确地指出，对于父与子难题的产生，父子双方都是没有责任的。这是共同的难题，需要共同来面对，父与子应该是合作的伙伴。儿子进入青春期是一个关键的阶段，做父亲的要小心调整彼此的关系，使之逐渐成为一种朋友式的关系，但中国的多数父亲没有这种意识。最成功的父子关系是成为朋友，倘若不能，隔膜就会以不同的方式长久存在。

我是感觉到这种隔膜的，一旦和父亲单独相处，就免不了无话可说的尴尬。其实不是无话可说，而是话还没有开始说，只要开始说，任何时候都不算晚。在子女年长之后，交流的主动权就由父母手中转移到了子女手中。在漫长的岁月中，我为什么没有尝试和父亲做哪怕一次深入的交谈，更多地了解他一生中的悲欢，也让他更多地了解我呢？父亲已于十四年前因心肌梗死突然去世，治丧那一天，看到那一具因为没有一丝生命迹象而显得虚假的遗体，从我的身体中爆发出了撕心裂肺的恸哭。我突然意识到，对于业已从这具躯壳中离走的那一个灵魂，对于使我的生命成为可能的那一个生命，我了解得是多么少。父亲的死带走了一个人的平凡的一生，也带走了我们之间交流的最后希望。

十六　迷恋数学和作文

我是听从我暗恋的女生的建议报考上海中学的，并且考上了。

虽然实际情形并不像她所说有小汽车接送，但我完全不必后悔。这所学校实在是上海最好的一所中学，规模、设备、师资、教学质量都是第一流的，考上上中被公认是一种荣耀。

上海中学的前身是龙门书院，创建已近百年。为了纪念这个历史，教学主楼被命名为龙门楼。另一幢教室大楼叫先棉堂，是为了纪念宋末元初的纺织家黄道婆。黄道婆的墓就在离学校不远的地方，只有一个土堆和一块简陋的石碑。最使我满意的是学校位于郊区，校园很大，颇有田园风味。一条小河从校园里穿越，一侧分布着教室区和宿舍区，另一侧是宽阔的校办农场。我常常在河边散步，有时是独自一人，有时是和一二要好的同学一起，度过了许多个美丽的黄昏。从喧闹的市区来到这所幽静的名校，我感到心情舒畅，立刻就适应了寄宿生活。

当时的校长叫叶克平，在我眼里是一个喜欢做冗长枯燥报告的矮个子。学生们崇拜团委书记夏聿修，他做的报告亲切而风趣。我们的班主任，一二年级时是张琴娟，一个戴着深度近视镜的小个子妇女，自尊心很强，常被顽皮的男生气得偷偷哭泣。上中有一个规矩，每个班要选择一个英雄人物作班名，如果校方认为符合了条件，就举行隆重的命名仪式，授予绣着英雄名字的班旗，并在教室里悬挂英雄的画像。张老师教政治课，在我的印象中，她的全部精力都用来争取命名了，终于使我们班获得了安业民班的称号。现在我只记得，安业民是一个因公牺牲的海军战士。三年级的班主任姓汤，是一个白发瘪嘴老太太，学英语出身，解放后只好改行，教我们俄语。上中的教学以数理化著称，多有经验的老教师，我记得其中二位。一位是代数老师华筱，她是老处女，教学风格严厉而细致。另一位是物理老师，名字忘记了，方脸矮脚，自称是自学成才。每次轮到他上课，铃声一响，他低着头匆匆走进教室，对谁也不看一眼，拿起粉笔就在黑板上写起来。写满了一黑板，擦掉接着再写，几乎不说一句话，就这样一直到下课。铃声一响，他又低着头匆匆走出了教室。

上中不愧是名校，不但师资力量强，而且学生水平高。在我看来，这后一个特点更为重要。在一个班级里，聪明好学的学生不是一二个，而是十来个，就足以形成和带动一种风气。对于一个聪明好学的学生来说，这是最适宜的环境，他的聪明有了同伴，他的好学有了对手。我们班的尖子学生有两类。一类执着于一科，例如许烨烨，两耳不闻窗外事，从早到晚安坐在课桌前解数学难题，而他的确是全年级头号数学尖子。另一类兴趣广泛，例如黄以和，他是立体几何课代表，同时爱读各种闲书，能言善辩，显得博学多才。我也属于后一类，和黄以和很谈得来，常在一起闲聊和斗嘴，但锋芒大不如他。

与初中时一样，在高中，我最喜欢的课程仍是数学。我在班上先后担任几何和三角的课代表，还每周定期给成绩差的同学上辅导课。教几何的是一位年轻老师，有一回，他在课上做习题示范，我发现他的解法过于复杂，提出了一种简易得多的解法，他立即脸红了，虚心地表示服气。高二的暑假里，我还在家里自学高等数学，初步弄了一下解析几何和微积分。我始终觉得，平面几何的有趣是其他数学科目不能比拟的，最接近于纯粹智力的游戏。我喜欢的另一门课程是语文，不是喜欢读背课文，而是喜欢写作文。我们的语文老师叫钱昌巽，一个五十来岁的瘦高个，豁着一颗牙，但说话很有底气。他最赞赏两个学生的作文，赞赏施佐让是因为语法的无可挑剔和词汇的丰富，赞赏我是因为有真情实感和独立见解。除作文外，我在课余还常写一些东西，有散文也有小说，每隔一段时间装订成册，总共有十来册。这些习作都已不复存在，当时我也没有给任何人看，现在我如果读到，一定会觉得它们不成样子。不过，这不重要，重要的是我借之学会了用写作自娱，体会到了写作即使没有任何别的用处，本身仍是一种快乐。

从我中学时的学习情况看，我的智力性质显然是长于思考和理解，短于观察和记忆。因此，对于经验性比较强的学科，例如理科中的物理、化学，文科中的历史、地理，我都不太喜欢，成绩也要差些。就写作文而言，我也是长于说理和言情，短于叙事。我仿佛自由地跨越于两端，一端是头脑的抽象思维，另一端是内心的情感体验，其间没有过渡，也不需要过渡。在一定意义上，数学和诗都是离现实最远的，而它们是我最得心应手的领域。当我面对外在的经验世界时，不论是自然的还是社会的，我就显得有些力不从心了。

在同学中，和我交往的人多少都有一点儿人文倾向，比如黄以和。还有一位计安欣，是农家子弟，有一天郑重地向我表达钦佩之情，并借去了我的读书笔记，从此我们有了密切的来往。他有一本旧书，是名人语录的汇编，收得最多的是曾国藩语录，我曾长期借阅并摘抄，深受其中励志言论的影响。计爱好文学，理科成绩平平，但在上中重理轻文传统的压力下，毕业时违心报考了理科，进了南京大学物理系。我与别班同学也有少许交往。有一对双胞胎，长得一模一样，都是小个子，瘦黑脸，戴着同样的眼镜，也都是数学尖子。一般人分不清这对同卵孪生子，我一眼就能识别，差别在神情上，那个哥哥多了一种柔和的光辉，我相信这是因为他在数学外还有人文兴趣。他在课间休息时常来找我，我们成了朋友。上中设有理科专门班，学制比普通班少一年，我们班曾与一个理科班举行联谊会。我记得这次活动，是因为那个班有一个和我同名同姓的学生，我们在会上见了面。当时我正读《儒林外史》，开会时带去了，他翻了翻，说他不看文学书，这就注定了我们不会有进一步的交往。

十七　孤僻的少年

我是带着秘密的苦闷进入高中的，这种苦闷使我的性格变得更加内向而敏感。在整个高中时期，我像苦行僧一样鞭策自己刻苦学习，而对女孩子仿佛完全不去注意了。班上一些男生和女生喜欢互相打闹，我见了便十分反感。有一回，他们又在玩儿闹，一个女生在黑板上写了一串我的名字，然后走到座位旁拍我的脑袋，我竟然立即板起了脸。事实上，我心里一直比较喜欢这个活泼的女生，而她的举动其实也是对我友好的表示，可是我就是如此不近情理。因为我的古板，班上那个最漂亮的女生给我起了一个"小老头儿"的绰号。现在我分析，当时我实际上是处在性心理的自发调整阶段，为了不让肉欲的觉醒损害异性的诗意，我便不自觉地远离异性，在我和她们之间建立了一道屏障。

我在班上担任黑板报的主编，我曾利用这个机会发表观点，抨击男女生之间的调情现象。记得有一则杂感是这样写的："有的男生喜欢说你们女生怎么样怎么样，有的女生喜欢说你们男生怎么样怎么样，这样的男生和女生都不怎么样。"这一挑战很快招来了报复。在此之前，语文老师在课上宣读过我的一篇题为"当起床铃响起的时候"的作文，那是一篇小小说，写一个叫小林的学生爱睡懒觉，装病不起床，躲在蚊帐里吃点心，被前来探望的老师发现，情境十分狼狈。于是，在我主持的黑板报上出现了一篇未经我审稿的匿名文章，题目是"小林与小平"，嘲笑我就是那个小林。我很快就知道，文章是黄以和牵头写的，他是最喜欢和女生嬉闹的一个男生，难怪要想办法回敬我一下了。

造成我孤僻的另一个原因是身体病弱，因而脑中充满悲观的思想。高三的寒假里，我读了一本中国文学史，大受感染，一气写了许多诗词。它们不外两类内容，一是言志，另一便是叹生忧死。在后一类诗中，充斥着这样的句子——"一夕可尽千年梦，直对人世叹无常""十六少年已多病，六十难逃灰土行""无疾不知有疾苦，纳世雄心竟入土"。读到历史上王勃等短命诗人的事迹，我不胜伤感，仿佛那也是我的命运。我睡眠很不好，常常在半夜醒来，受两样东西的煎熬，便是性与死。性与死是我的两个不可告人的秘密，在黑夜中真相毕露。被窝里是猖獗的性，窗外无边的黑暗中是狰狞的死。我仿佛能极真切地看到死，看到死后自己绝对消失、永远不复存在的情景，因而感到不可名状的恐惧和空虚。

我的孤僻表现在与同学的关系上，便是一种不合群的清高。聚在宿舍里打扑克牌或瞎聊天的人群中，是绝对看不到我的影子的。我上高中的三年正是经济困难时期，我自己对之并无深切感受，至多不过是粮食定量降低，餐桌上经常有豆渣，在我都不是什么痛苦。由于在上海县境内，上中相当一部分招生指标是面向农村的，农村来的学生就表现出了一种对食物的狂热，经常聚在宿舍里谈论吃喝。离开饭还久，他们就在食堂门外探头探脑，打听食谱，然后奔走相告。有一回，听说早餐吃烘饼，一个同学高兴得发了疯一样，不知如何发泄才好，当众把裤子拉下来，露出下体。有一些同学总是抢先到达食堂，为了掌握自己那一桌分菜的权力，给自己多分一些。这些现象令我十分厌恶，使我更要显出一种仿佛不食人间烟火的样子了。

对于那时候的高中学生来说，加入共青团是一件大事。一个没有入团的学生，在众人眼中就是一个落后分子，仿佛入了另册一样。高二时，我满十五岁，离队前夕也写了入团申请。然而，因为没有主动靠拢组织，直到高中毕业，直到上大学，直到大学毕业，我始终不能入团。所谓主动靠拢组织，就是要不停地向团干部表示决心，汇报思想。我的天性使我无法这样做，即使是被动靠拢，也就是团干部主动找我谈话，我都会感到极其别扭，觉得有不可克服的心理障碍。障碍有二，一是我说不出那种雷同的政治思想语言，那种语言对于我始终是陌生异己的东西，二是我更装不出这种语言好像是我的心里话似的，赋予它们一种感情色彩。我并非那样超脱，在很长时间里，因为班上多数同学是团员，自己被排斥在外，真感到抬不起头。但是，在看清了这件事与我的天性的矛盾之后，心里就坦然了。

主观和客观的情形都使我更加专注于内心，我找到了一种忍受孤独的方式，就是写日记。在上小学时，我就自发地写日记了，所记的都是一些琐屑的事情，诸如父亲带我到谁家做客、吃了什么好吃的东西之类。在这种孩子气的日记中隐藏着一切写作的基本动机，就是要用文字留住生活中的快乐，留住岁月，不让它们消逝得无影无踪。上初中时，我已经基本上养成了写日记的习惯。从高一下学期起，我开始天天写日记，一直坚持到"文革"中的某一天，八年中从未间断。日记成了我的最亲密的朋友，每天我把许多时间献给它，我的一切都可以向它倾诉。在这过程中，它不只是一个被动的倾听者，它和我对话，进行分析、评价、开导，实际上成了另一个自我的化身。我从写日记得到的最大好处就是形成了一个内心生活的空间，一种与一个更高的自我对话的习惯。

十八　扑在书本上

我的女儿两岁时，妈妈给她读童话故事，她盯着妈妈手中的那本书诧异地问："这里面都是字，故事在哪里呢？"现在，五岁的她已经认识许多字，妈妈仍然给她读童话故事，读完以后，她会自己捧着那本书仔细辨认上面的字，把妈妈刚才读的故事找出来。我在一旁看着她专心的样子，心中想，我小时候一定也经历过类似的过程。一个人在识字以后，就会用一种不同的眼光看书籍。至少从小学高年级开始，我的眼中已经有了一个书的世界，这个世界使我感到既好奇又崇敬。每一本书，不管是否看得懂，都使我神往，我相信其中一定藏着一些有趣的或重要的东西，等待我去把它们找出来。

小学六年级时，我家搬到人民广场西南角，离上海图书馆很近。馆里有露天阅览室，许多人坐在那里看书，有一天我鼓起勇气也朝里走，却被挡驾了。按照规定，身高必须在一米四五以上，才有资格进这个阅览室，而我还差得远呢。小学毕业，拿到了考初中的准考证，听说凭这个证件就可以进到馆内，我喜出望外。在整个暑假里，我几乎天天坐在那个露天阅览室里看书。记得我借的第一本书是雨果的《悲惨世界》，管理员怀疑地望着我，不相信十一岁的孩子能读懂。我的确读不懂，翻了几页，乖乖地还掉了。这一经验给我的打击是严重的，使得我很久不敢再去碰外国名著。直到上高中时，我仍觉得外国小说难读，记不住人名，看不明白情节。对外国电影也是如此。每个周末，上海中学礼堂里放映两场电影，一场免费，一场收一角钱门票。所放映的多为国外影片，我实在太土，有时竟因为看不懂而睡着了。

不过，我对书的爱好有增无减，并且很早就有了买书的癖好。第一次买书是在刚上小学时，我多么想拥有一本属于自己的连环画，在积了一点儿零钱后，到一个小摊上选了一本《纪昌学箭》。选这本书，是因为我的零钱刚好够，而我又读过，被纪昌苦练本领的毅力所感动。买到手后，我心中喜悦了好些天。初中三年级时，我家搬到江宁路，从家到学校乘电车有五站地，只花四分钱，走路要用一小时。由于家境贫寒，父亲每天只给我四分钱的单程车费，我连这钱也舍不得花，总是徒步往返。路途的一长段是繁华的南京西路，放学回来正值最热闹的时候，两旁橱窗里的商品琳琅满目，要说那些精美的糕点对我毫无诱惑是假的，但我心里惦记着这一段路上的两家旧书店，便以目不旁视的气概勇往直前。这两家旧书店是物质诱惑的海洋中的两座精神灯塔，我每次路过必进，如果口袋里的钱够，就买一本我看中的书。当然，经常的情形是看中了某一本书，但钱不够，于是我不得不天天去看那本书是否还在，直到攒够了钱把它买下才松一口气。读高中时，我住校，从家里到学校要乘郊区车，往返票价五角。我每两周回家一次，父亲每月给我两元钱，一元乘车，一元零用。这使我在买书时仿佛有了财大气粗之感，为此总是无比愉快地跋涉在十几公里的郊区公路上。那时已是国家经济困难时期，商店一片萧条，橱窗里少得可怜的糖果点心标着吓人的价格。我纳闷的是，怎么还会有人买，同样的钱可以买多少书啊。周末的日子，我在家里待不住，就去南京西路上离我家近的那一家旧书店逗留。我的大弟弟对我的好学怀着景仰之心，他经常悄悄尾随我，在书店门口守候我出来。进大学后，我仍为了买书而过着十分清贫的生活。家里每月给我汇五元零用钱，不用说都是花在旧书店里了。有一段时间，我还每天退掉一餐的菜票，用开水送窝窝头，省下钱来买书。从中学到大学二年级，我积了二百多本书，在"文革"中它们已失散于一旦。

当我回忆起上海中学的时候，我总是看见一个瘦小的学生坐在阅览室里看书，墙上贴着高尔基的一句语录："我扑在书本上，就像饥饿的人扑在面包上一样。"事实上，我现在已经无法弄清，这句话是真的贴在那里，还是我从别处读到，在记忆中把它嫁接到了上海中学阅览室的墙上。不管怎样，这句话对于当时的我的确独具魔力，非常贴切地表达了一个饥不择食的少年人的心情和状态。我也十分感谢那时候的《中国青年报》，它常常刊登一些伟人的苦学事迹和励志名言，向我的旺盛的求知欲里注进了一股坚韧的毅力。我是非常用功的，学校规定学生必须午睡，但我常常溜出宿舍到教室里看书。我们那栋宿舍的管理员对学生管得很死，在午睡时间溜出宿舍而被他发现了，就会遭到严厉的训斥，因此我十分恨他。后来这个人被判了刑，原因是利用职务方便奸污了多名女生，可见道貌岸然之人大抵男盗女娼。在中学时代，我已把做学问看作人生最崇高的事业。在我当时的诗中，我嘲笑了那些迷恋物质享乐的人，表示自己只迷恋知识，我的志向是"攻读一生通百科"，"天下好书全读熟"。当然，我并非没有功利心，有一首诗是这样写的："无职少鸣难惊人，大志不随众笑沉。读破万卷游列国，高喊来了对诸圣。"表达了依靠做学问出人头地的欲望。我也渴望成功，但看来我是坚定不移地相信，唯有做学问是成功的正道。

正因为如此，有一件事给了我很大刺激，便是姐姐弃学从工。我上初二时，她上初三，临近暑假的一天，她放学后没有回家。晚上，她最要好的一个同学来我家通知父亲，说姐姐留级了，不敢回家，躲在她家里，希望父亲不要打姐姐。她走后不久，姐姐怯生生地回来了。好朋友的求情完全不起作用，父亲从未这样厉害地打过孩子，姐姐凄厉求饶的哭声使我心颤。下一个学期尚未结束，有一天，她回家告诉父亲，陕西的军工厂到学校招工，她报了名，学校也同意了。她显得很高兴。不久后，她出发去宝鸡了。她为人忠厚，人缘很好，临行前收到同学们的许多礼物。从报名到离家，她一直欢欢喜喜的，没有一点儿难过的迹象。可是，我却为她感到异常悲哀。我无法想象，一个人在十五岁时就放弃读书，去当一个工人，一生还会有什么意思和前途。

虽然我热爱读书，但是，在整个中学时代，我并不知道应该读什么书。我没有遇见一个能够点拨和指导我的人，始终是在黑暗中摸索。初中时，一开始延续小学时代的阅读，读了许多童话和民间故事。接着，我着迷于苏联和中国的反特惊险小说，《隐身人》《怪老人》一类科幻小说，还读了几本福尔摩斯探案，例如《巴斯克维尔的猎犬》《血字的研究》，一时幻想将来做一个侦探。最后，因为学校图书馆管理员的推荐，读了《苦菜花》《林海雪原》《青春之歌》等几乎全部当时叫响的中国当代长篇小说。我也读《毛选》，因为那是我从小就在父亲的柜子里熟悉的一套书，早就似懂非懂地读了起来。我还写读书笔记，包括摘要和体会。初二时，上海市共青团在中学生中举办"红旗奖章读书运动"，我把一本读书笔记交给班主任，全班没有人像我这样认真地读书，自然得了奖。进入高中后，我读书很多很杂，但仍然没有读到真正重要的书，基本上是一些文史哲方面的小册子，它们在不久后就遭到了我的鄙夷。也许唯一的例外是北京大学编写的一套中国文学史，它使我对中国古典文学名著有了大致的了解，并且开始读唐诗宋词以及《儒林外史》《孽海花》等小说。出于对宇宙的神秘感，我也读了一些天文学的小册子。有一阵，我想提高写作能力，便用心摘录各种小说和散文中的漂亮句子。为了增加词汇量，我竟然还认真地读起了词典，边读边把我觉得用得上的词条抄在笔记簿上。不过我终于发现，其实这些做法对于写作不但无益，反而有害。幸亏我这样做的时间不长，否则，我可能会成为一个铺陈辞藻的平庸作家。我在中学时代的读书收获肯定不在于某一本书对于我的具体影响，而在于养成了读书的习惯。从那时开始，我已经把功课看得很次要，而把更多的时间用来读课外书。

十九　爆了一个冷门

高三下学期期中，毕业班的学生分科复习，每人必须立即决定自己升学志愿的类别。志愿分三类，即理工科、医农科和文科。由于我既喜欢文学，也喜欢数学，便陷入了空前的矛盾之中。全班同学的态度很快就明朗化了，没有一个人报考文科。这是符合上海中学重理轻文的传统的。可是，我终于还是决定报考文科，因为我的数学成绩好，这个决定无疑是爆了一个冷门，引得人们议论纷纷。老师们都来劝说我，甚至教语文的钱昌巽老师也说学文没有出息。黄以和把他妹妹的作文拿给我看，责问道："你连我的妹妹都不如，读文科能有多大前途？"在一片反对声中，我悄悄赋诗曰："师生纷纭怪投文，抱负不欲众人闻。"其实我哪里有什么明确的"抱负"，只是读的书杂了，就不甘心只向理工科的某一个门类发展，总觉得还有更加广阔的天地在等着我去驰骋。当时我们几个同学做了一个游戏，参照马克思的女儿向马克思提的问题列出若干问题，每人写出自己的答案。在"你所理想的职业"这个问题下面，黄以和的回答是工程师，我的回答是职业革命家。这理所当然地遭到了他的嘲笑，他指出，在我们的时代根本没有这种职业，即使有，也是抱负太大，不切实际。后来我明白，我的回答其实是极不确切地表达了我的一种心情，就是不愿受任何一种固定职业的束缚，而在我当时的视野中，似乎只有马克思这样的职业革命家才有这种自由。最后我选择了哲学这门众学之学，起主要作用的也正是这样一种不愿受某个专业限制的自由欲求。我从毛泽东的话中找到了根据，他老人家说："哲学是自然科学和社会科学的概括和总结。"我因之相信，哲学可以让我脚踩文科和理科两只船，哪样也不放弃。

在分科复习之后，离毕业不久，还发生了一个小插曲。上海市举行中学生数学竞赛，首先逐级预赛。我因为报考文科，没有再上数学的复习课，但仍抱着玩儿一玩儿的态度参加了学校一级的预赛。全校十四个高中毕业班，其中包括两个理科专门班，每班五十名学生，绝大多数都是报考理工科和医农科的，经过半个学期的数学复习后，都参加了这个预赛。在参赛的六百多个学生中，只有我一人是报考文科的。但是，竞赛结果公布，十二名优胜者中，我们班占了四名，其中居然有我，另三位是许烨烨、施佐让和闻人凯。最令人意外的是黄以和的落选，因为他也是公认的数学精英。我很想让贤，把参加区县一级预赛的资格让给他，但这是不允许的，只好自己硬着头皮上场。事实证明，我是浪费了一个名额，赛题中有一大半是我一看就知道自己解不了的。我解答了几道题，其余的留了空白，第一个缴卷，带着既轻松又负疚的心情离开赛场。其他参赛者好像都通过了这第二轮预赛，有两人包括我班的许烨烨在全市竞赛中得了名次。

在填写具体报考志愿时，我的第一志愿是北大哲学系，然后依次是复旦新闻系，南开哲学系，北外西班牙语系，北大和复旦的中文、历史等系。除了前面三个志愿外，其余基本上是乱填。现在我懂得，按照这种填法，如果我考不上第一志愿，后面的都不会有录取的希望。我不太记得高考的具体情形了，只记得所考的科目有语文、政治、史地、数学，题目好像都不难，语文的作文题是《雨后》和《论不怕鬼》，我选了后一个题。

高考后的暑假里，我怀着不安的心情等候通知。一天，我正在家里玩耍，楼下有人高喊我的传呼电话。正是盛夏，我光着膀子、拖着木屐跑到弄堂门口，一把抓起话机。那一端传来黄以和的声音："北大哲学系！"我听了觉得像在做梦一样，不敢相信这是事实。这一年的高校录取工作，后来被批判为分数挂帅，是以考分为唯一标准的，而且招生名额大幅度下降。上中历年升学率在百分之九十以上，这一年降到了百分之七十。不过，毕竟是上中，我们班五十人，考上北大有三人，清华有五人，考上复旦的就更多了。黄以和考上了复旦物理系。上海有许多中学，这一年没有一人能升学。我住的那条弄堂里，应届考生也是全部落榜。自从我家搬来这里后，我住校的时间多，在家也是埋头读书，和邻居很少来往，现在他们都向我投来了称羡的目光。父母开始忙碌起来，为我准备行装。我意识到，我的生活即将翻开全新的一页。

第二部　北大岁月

1967 年，北京大学

1967年，北京大学，与同学方小早、林建初合影

1968 年，大学毕业前夕，北京

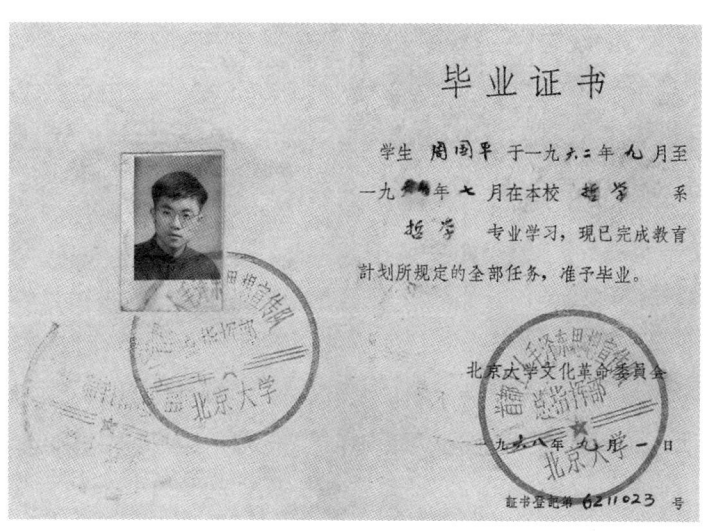

北京大学的毕业证书，盖的是"北京大学文化革命委员会"公章

一　走出上海

　　1962 年 9 月的一天，一趟列车从上海出发，开往北京。这是一趟为运送学生临时增加的列车，经常在途中停下，给别的列车让路，有时一停就一两个小时，因此慢得出奇，全程竟然走了两天三夜。车厢里拥挤闷热，列车又开开停停，使得人们很不耐烦，经常有人唉声叹气。然而,坐在靠窗座位上的一个少年始终很平静，在整个旅程中，他一声不吭，也睡得很少，多半时间侧着脸盯着车窗外。

　　我的确不觉得烦闷。我刚满十七岁，第一次离家远行，心中有惆怅，但更多的是兴奋。在此之前，我从没出过上海，除了有一次乘短程车郊游，也从没乘过火车。那次郊游是中学毕业前不久由班级组织的，去松江县境内的佘山。上海真可怜，见不到一座真正的山,号称最高峰的佘山也只有百多米高。我也真可怜，打生下来没有见过山，见了这座百多米高的山就激动不已。时值初夏，满坡青竹，我飞步登上筑有一个小型天主教堂的山顶，极目四望，顿觉天阔地圆，心旷神怡。环顾四围的地平线，当时我就下决心，一定要走出这个大圆圈，去攀登更高的山，见更大的世面。现在我真的走出了，列车载着我驶向陌生的世界。第一次乘长途列车，车窗外掠过的任何景物都使我感到新鲜，因而我的心情简直像是旅程越长越好似的。何况在前方等着我的是只在图片上见过的首都，是曾经遥不可及的最高学府，是罩在梦幻里的大学生活。我不知道未来将是怎样的，但我意识到了这次远行是一个转折点，我的童年岁月已经永远留在了身后。

从那一时段的照片上看，这个坐在沪京列车上的我是一个典型的少年书生模样，他有一张未脱稚气的脸，面容有些消瘦，脸色有些苍白，戴着一副650度的眼镜。若干年后，一个喜欢我的女孩这样向我表白："我觉得眼镜戴在你脸上再合适不过，好像你生来就戴着眼镜似的。"人群中偶尔闪现一张脸，斯文而又敏感，幼稚而又少年老成，我心中一动，仿佛看见了从前的我，在他身上藏着今天的我的全部密码。一个男孩在懵懂中生长，童年之皮一层层蜕下，逐渐长大成人了，这就是说，他的人格基本形成了。对于这业已形成的他的内在精神结构，他自己并不了解，但它大致决定了他一生做人处世的方式。与走过的路相比，前面的路要漫长得多，可是，一生走路的姿势正是在最初的一段路程上定型的。

后来的事实表明，我这第一次走出上海几乎是永久性的，此后仅是回去暂住，它不再是我的定居地。不过，我从未后悔。在大学第一个学期，我想家想得厉害，但不是怀恋上海这座城市。许多上海人强烈地留恋上海，相信全中国不可能有比上海更好的地方，在我身上完全没有这种上海情结。我生于斯，长于斯，但上海从来不曾给我一种可以扎根于斯的故乡感。当时我还缺乏对比，但我肯定已经模糊地感觉到了上海的某种缺陷。比如说，周围的乘客在用上海话热烈地交谈，我感到的不是亲切而是隔膜。尽管我讲了十七年上海话，却越来越觉得这种方言别扭，远不如讲普通话自如。每当我试图用上海话表达内心体验或哲学思辨时，我就会因为词不达意而结巴。上海话是一种市井语言，只宜用来谈论衣食住行，不适于表达精神内容。所以，坐在驶往北京的列车上，我甚至为今后可以不必经常讲上海话而感到高兴。这当然不只是语言的问题。高级的精神活动需要一个相应的场，而上海缺乏这个场，语言仅是一个方面的表现。经过革命的扫荡，昔日十里洋场培育的商业精神没有了广阔的用武之地，便只好在日常生活领域施展本领，表现为细小的精明。上海人在物质生活上讲究实惠，善于在这方面使用和表现其聪明，并且以此自豪，看不起外地人，而我恰恰因此看不起上海人。后来我还发现，即使在做学问上，上海人也多的是小聪明，有一股机灵劲，善于造噱头、出风头，但缺乏大气象。我说的是地域文化的一般特征，当然，无论何地，都有超越地域局限性的大胸怀和大手笔。

深夜，列车在一个不知名的小站停了很久，站上一根孤零零的灯柱，旁边一棵同样孤零零的小合欢树，在幽暗的灯光下，粉红色的花绒像低垂的长睫毛。坐在我旁边的那个女生也有长长的睫毛，睫毛后一对乌黑的瞳仁。她一直在瞌睡，脑袋常常不由自主地靠到了我的身上。虽然这使我又热又累，但我不忍惊醒她，尽量保持不动的姿势。直到旅途结束，我们没有说一句话。后来我在校园里经常遇见她，知道她在中文系，还知道了她的名字，但我们仍然没有说一句话。我之所以铭记这位漂亮的旅伴，是因为她在"文革"中自杀了。

不过，当列车在第三天凌晨到达北京站时，没有人能知道五年后的变故。我的这位漂亮旅伴也和我一样，义无反顾地出了站，在站前林立的各个高校的横幅中找到北大的横幅，然后跳上了接新生的卡车。卡车驶过长安街，我为天安门不如想象中雄伟而略感意外。从市区驶入郊区，北京到处显得清爽、安静、肃穆，我立刻喜欢上了这个气象恢宏的城市。到达学校后，新生被各系的老生领走，送往指定的宿舍。哲学系的宿舍在38楼，我的寝室是120室。房间里有四张双层床，四张简陋的书桌，住八个人，挤得满满的。我放下行李，打开铺盖卷，在属于我的床位上坐下。一路的奔波在这里停止，一路的梦想在这里结束，寒窗苦读的日子将在这里开始。

二 影响了我一生的人

然而，寒窗苦读的日子并没有开始。不论我对即将开始的生活怎样想象，我都不会想到，我在这里会遇见一个人，他不但改变了我在北大的生活，而且影响了我的一生。

到校第一天，就有消息灵通的同学对我说，郭沫若的儿子在我们班。北大是高干子女云集的学校，这没有什么。见到郭世英是在两天后，各班分组讨论系副主任的入学教育报告。那个报告乏味透顶，郭世英并没有听，他来校时正好碰上讨论。人们挤挨着坐在寝室里，一个接一个发言。郭世英也发言了。他坐在双层床的下铺，微低着头，长发下垂，眼睛凝视着地面某处。他的声音深沉而悦耳，话音很低，有时几乎听不清，仿佛不是在发言，而是在一边思考一边自语。他说的大意是，从高三开始，他对哲学发生了浓厚的兴趣，读了许多书。哲学的宗旨是追求真理。一种理论是不是真理，必须通过自己的独立思考来检验，对马克思主义也应如此。结果，从追求真理出发，他走向了怀疑和反对马克思主义。为此他陷入了苦恼之中，离校休学了。在休学期间，他想明白了问题之所在。马克思主义是有阶级性的，离开了阶级观点，单凭抽象思维，就无法理解马克思主义。

在发言时，他的脸上始终凝集着深思的神情，他的语调诚恳而富于感染力。发言结束后，寝室里出现了长时间的沉默。我心中有一种深深的感动。打动我的与其说是他发言的内容，不如说是由声音、神情、说话方式造成的整个氛围。当时我并不真正理解他的话，我相信别人更是如此，在座的人中还没有人想到要自己来检验马克思主义的真理性，因而对他的问题和苦恼都是隔膜的。然而，正因为如此，我格外鲜明地感觉到，眼前的这个人属于一种我未尝见过的人的类型，其特征是对于思想的认真和诚实，既不愿盲从，也不愿自欺欺人。这是一个真诚的人，一个精神性的人。

后来通过交谈，我知道了世英的大致经历。他中学上的是北京有名的干部子女学校一零一中学，在学校里，他一直是三好学生、模范共青团员，被誉为高干子弟的表率。同级不同班有两个学生，一个是张东荪的孙子张鹤慈，另一个是将门之子孙经武，因为思想反动受批判，而世英扮演的是批判会上主将的角色。但是，到快毕业时，他开始反省自己，进而否定了自己的过去，从此与这两人有了密切来往。离开一零一中学后，他进外交学院上学，因为思想问题而不能在这所政治性很强的学校继续读下去，休学一段时间，然后转学到了北大。

进入北大后，世英经历了一个短暂的精神平静时期。他在入学讨论会上的发言表明，他试图调整自己的方向，尽量与主流思想靠拢。可是，这一努力并不成功。时过不久，他的业已觉醒的思想者本能不再能忍受当时的政治和教育环境，冲突在所难免，内心十分痛苦。从第二学期初开始，张鹤慈和孙经武经常在我们寝室的门口出现了。1963年5月，东窗事发，他们三人被捕。世英没有上完一年级，就离开了北大。

刚开学时，世英总和一个名叫李建智的同学在一起，李也是一零一中学毕业的，喜欢画画，他们俩经常携着画夹到校园里互画人像素描。不多天，李因查出肺结核休学，我顶替了他的空缺。世英是一个离不开朋友的人，他显然喜欢我，而我又深深地被他吸引。只要他在学校里，我们几乎形影不离。我们住同一寝室，早晨一同漱洗，一同上食堂。去教室上课，往返路上，他骑自行车，我就坐在后座上。我们还常常一同逃课，躲在寝室里看书或闲聊。

晚上熄灯后，我们会在盥洗室里逗留一会儿，他压低嗓音向我发表各种感想。他对我基本上无话不谈，后来成立 x 以后，他以及张、孙写的作品，他也都拿给我看。因此，对于导致他后来惨死的那个 x 小团体的情况，我可以算是一个相当知情的人。

在语文课的一篇作文里，世英写道："我什么话都对周国平说，不知道这是因为他小，还是因为他能理解人。"语文老师在"因为他小"旁边打了一个问号，批道："小怎么是理由呢？"他有所不知，其实小还真是一个原因。我是全年级年龄最小的，而且样子比年龄又小许多，进大学后仍在长个儿，临毕业还常被人误当作中学生。有一回，我进一家旧书店挑了几本书，付款时，收款的老头好奇地问我是哪个中学的，突然瞥见我的校徽，立刻叫起来："快看，这么小就上北大了，还买这么多书！"正在架前挑书的几个女中学生都回头看我，使我既害羞又得意。世英对我的喜欢的确有怜小的因素，跟张、孙谈到我时总把我昵称作小家伙。其实，所谓"能理解人"也和小有关，因为小，不通世故，心地单纯，又敏于感受，因此在全班同学为求政治上的进步而与世英拉开距离时，我独能对他怀着同情的理解。不过，真正说来，我是崇拜世英的，这是一个少年对一个富有魅力的青年的情不自禁地崇拜。他比我大三岁，现在想来，当时也只是一个二十岁的大孩子而已，但在那时的我眼里就算一个大人了。他的外表就非常帅，一米七八的个儿，体格匀称结实，一张轮廓分明极具个性的脸，很像一张照片中的青年马雅可夫斯基，经常穿一件中式对襟布褂，风度既朴素又与众不同。当然，更令我折服的是他的精神素质，除了思想上的真诚之外，他又是一个极善良的人，对朋友一片赤忱，热情奔放，并且富有幽默感，顽皮而善于说俏皮话。我是在最容易崇拜一个人的时候遇见他的，然而，即使在已经度过了大半生的今天，我仍然敢说，他是我今生今世遇见的最具人性魅力的一个人。

我在北大一共生活了六年，其中，上学仅两年，农村"四清"两年，"文革"又两年。在这六年中，我与世英有两段密切的交往，一是大学一年级，另一是"文革"中直到他去世。当我回顾我的北大岁月时，与世英的交往无疑是其中最难忘也最重要的篇章。我完全有理由说，我从这一交往中学到的东西，远比哲学系全部课程所教给我的更多，当然也更本质。如果没有世英，我相信我仍能凭借自己的悟性走上后来走的路，但是，因为青春期播下的种子比较单薄，这条路上的风景会逊色得多。对于我来说，在一定的意义上，郭世英就意味着我的大学时代，而"文革"就意味着郭世英之死。因此，我在这一部分中不免要经常谈到郭世英，不过将限于主要谈他对我的影响。我不想在这里讲述他的全部故事，那应该是另一本书的题材。

三　世界文学的宝库

刚开学不久，世英的床铺上放着一本《牛虻》，我拣来翻看，立刻被吸引住了，半天就读完了它。

"半天就读完了？"他赞赏地说，"嘿，像你这种年纪，拿起一本书，就会忘掉一切！"

我告诉他，这并非事实，我看书时常常会走神，他摇头表示不信。这是我们交往的开始。从此以后，他从家里带来一批又一批书，堆在床头的桌子上，他看，我也看。

新生入学要进行体格检查，我遇到了一点儿麻烦。校医院的院长，一个戴眼镜的瘦老头，在我的腹部按摸了一阵以后，在体检表上写下"肝脾各大一指"的诊断。他拉来两个女医生，让她们也摸，她们表示摸不出来。瘦老头坚持己见，向我宣布：肝脾都大，不是有血吸虫病，就是有肝炎，而排除不了这两种病就得休学。他把我转到北医三院复查，那里没查出什么名堂，他又把我转到人民医院，仿佛不查出两种病中的一种就绝不罢休。人民医院在阜成门内，检查程序又相当繁复，我便一次次步行在海淀与阜成门之间十公里左右的路途上。每次从医院出来，我都去阜内的一家旧书店，把步行省下的钱换成书，作为对自己的犒赏。世英向我建议，真休学也不错，在北京住下自学，他向我提供书籍。最后，人民医院没有查出两种病中的任何一种，瘦老头勉强在我的体检表上签署了同意入学的意见。于是，在开学半个学期后，我领到了学生证，取得了正式入学的资格。

那半个学期的折腾对于我完全不是坏事，由于没有正式入学的资格，我便有了合法不上课的权利，因而能够把大量时间用于阅读课外书。这个势头一经形成，就仿佛有了惯性，在取得入学资格之后也延续下去了。事实上，在大学第一学年，我的主要精力都用来读小说了。我从未这样痴迷地沉浸在小说中，而且恰恰是过去觉得读不懂而不去碰的外国小说。也许智性的成熟也有其季节，读《牛虻》的快乐是一个信号，表明时候到了。世英见我喜欢读书，便给我拿来了许多俄罗斯文学作品。我猜这也许是他特意安排的，他少年时迷恋俄罗斯文学，考虑到我的程度，就让我由此入门。

我立刻入迷了，每天手不释卷，读到很晚，经常超过了规定的熄灯时间。这引起了同寝室其他同学的不满，终于爆发了一场纠纷。那天夜晚，我在灯下读《安娜·卡列尼娜》，已近尾声，不忍放下，比平时更晚了一些。一个安徽人开始谴责我，在床上不停翻身和唠叨。见我不理，他从床上跳起来，冲到门口，拉灭了电灯。等他上床，我又去把灯拉亮。他愤怒了，再跳下床拉灯，抓住灯绳不放，破口骂了起来。我感到委屈，一边还嘴，一边眼中沁出了泪花。世英拿起一本书，拉着我说："走，到走廊里看。"从此以后，寝室里多数同学决议，晚上十点准时熄灯。我那时候也真不懂事，我是本不该妨碍别人休息的。不过，我想不通的是，他们也都年纪轻轻，为何这么早上床，不珍惜夜晚最佳的读书时间。时常当我读书读得入迷的时候，突然灯灭了，我坐在黑暗中，凝望着窗外月光下朦胧的景物，两眼泪光闪闪。我痛恨那只拉开关的手，它多么残酷，夺走了我的欢乐，我的时间，从我的生命线上又割走了一天的光阴。

我是从屠格涅夫开始读俄国文学的，读了他的小说的全部中译本，包括《父与子》《前夜》《贵族之家》《罗亭》《春潮》《烟》《猎人笔记》等，而最使我震动的是中篇小说《初恋》。在那段时间里，屠格涅夫的少女们成了我的精神伴侣，我倾心于她们既优雅又充满激情的个性。接着读托尔斯泰，除《战争与和平》《安娜·卡列尼娜》《复活》三巨著外，还读了一些中短篇。我当然佩服托翁笔下场面的宏阔和人物的丰富，但是，最让我感动的是他的异乎寻常的质朴，他仿佛只是在叙述生活本身，从不刻意营造戏剧性，却比任何人都更深刻地揭示了人性和生活的真相。我觉得，他笔下性格和经历各异的男女不论与我多么不同，都是我可以凭借自己的内在经验理解的。我还喜欢他对人生的平实而又深邃的思考，体现了这种思考的人物如列文、彼埃尔都使我感到亲切。然后，我又读陀思妥耶夫斯基，第一本是《二重人格》，一次去世英家时他拿给我的，接下来读了《赌徒》《白痴》《罪与罚》等。读陀氏的作品，感觉与读托翁的全然不同，人物的神经质，场面的惊心动魄，冲突和高潮的密集，使人总是处在心惊肉跳的状态中，喘不过气来。世英酷爱陀氏，但我更喜欢托翁。此外，当时我还读过普希金、莱蒙托夫、冈察洛夫、柯罗连科、果戈理、契诃夫，等等。对于我来说，一年级上学期成了不折不扣的俄国文学年。我读得极快，囫囵吞枣，一天就能够读完一厚本。苏联的作品也读，例如高尔基、法捷耶夫、肖洛霍夫。高尔基的回忆录，尤其是回忆托尔斯泰的那一篇，称得上绝妙。那是由一些片段组成的，如速写一样寥寥几笔，却极为传神地勾画出了托尔斯泰的凡胎和灵魂的轮廓。除了托翁自己的日记，还没有谁使我如此真切地了解这个血肉之躯的伟人。我还喜欢巴乌斯托夫斯基的《金蔷薇》，它把艺术体验和欣赏还原成了个人灵魂中的事情。当然也读了一些西方作品，例如雨果、司汤达、梅里美、德莱塞，但数量相对较少。有一阵，世英在读易卜生，我也跟着读了，对于易卜生所揭示的优秀个人面对社会庸众的孤独和勇气深感同情，也很欣赏他的戏剧语言的凝练之美和尖锐的力度。

除了小说，我还经常读诗。读什么诗完全看心情，在不同的心情下，陪伴我的是不同风格的诗人。放在我床头的有雪莱和海涅，也有马雅可夫斯基、聂鲁达和希克梅特。世英时常翻开戴望舒译的《洛尔伽诗抄》朗读几句，在一次朗读之后，他把这本书送给了我。我从这位西班牙民谣诗人那里第一次领略了纯诗的魅力。"不安的少女，你卖的是什么，要把你的乳房耸起？""在一滴水中，孩子在找寻他的声音。"这些句子既纯净又朦胧，美到了极致。

一年级下学期，世英的情绪处于极度不安之中。他用钢笔描画了一幅陀思妥耶夫斯基的肖像，贴在床边墙上。他说自己颓废，并且开始读有颓废色彩的作品，例如安德烈耶夫的《红笑》、阿尔志跋绥夫的《沙宁》、波德莱尔的《恶之花》。听了他的盛赞，我也读了这些书。他还发现了海明威和雷马克，在他的带动下，我读了海明威的《永别了武器》《老人与海》和一些中短篇，雷马克的《西线无战事》《凯旋门》等。海明威的语言艺术使我耳目一新，但我那时候还不能真正体会他的革命性，更喜欢保留了较多传统手法的雷马克。世英的这些书都不像是他父亲收藏的，大约是他自己从旧书店淘来的。当时有少量西方现代派作品被翻译过来，用内部发行的方式出版，一定级别的干部才有资格买，世英常常带到学校里来。我也蹭读了几本，记得其中有塞林格的《麦田里的守望者》，凯鲁亚克的《在路上》，荒诞派剧本《等待戈多》《椅子》。爱伦堡也是世英喜欢的作家，由于被视为修正主义者，其后期作品也是内部发行的，世英当时已读《人，岁月，生活》，我在若干年后才读到，当时只读了《解冻》。在同一时段，世英还迷上了尼采，经常对我谈起，不过我在他的案头只看见一本萧赣译的《札拉斯图拉如是说》，因为用的是文言文，我翻了一下，没有读下去。有一回，他拿给我一本内部资料，上面有萨特的文章，建议我读一下，我因此知道了存在主义。大约是受孙经武的影响，在尼采之后，他又醉心于弗洛伊德的《精神分析引论》。我曾向他借这本书，他没有答应，笑着说："你也想读？早一点儿了吧！"如果说一年级上学期是我的俄国文学年，那么，下学期即1963年上半年可以说是我的现代思潮年了。通过自己阅读，也通过世英的谈论，我对现代西方文学和哲学有了零星模糊的了解。在当时的政治环境中，这已经很不容易，那些东西都被判为反动，一般学生根本接触不到，如果没有世英，我也接触不到。

我永远感谢郭世英，在我求知欲最旺盛的时候，他做了我的引路人，把我带到了世界文学宝库的大门前。我在这个宝库里诚然只走了很小一个角落，但是，一旦走了进去，看见过了珍宝，我就获得了基本的鉴赏力，懂得区分宝物和垃圾了。作为一名哲学系学生，我把主要精力投向了外国文学，这正是我的幸运。我从这些伟大作品中感受到了人性的深度和广度，仿佛在我的心中建立了一个秘密家园。有了这个家园，当我面对僵化的环境和课程时，就能够保持一份内在的自由，也保持了一种免疫力。从长远看，文学给予我的营养必能滋养我的精神成长，日后在我的一切精神果实包括哲学果实中体现出来。我始终相信，人类精神生活的土壤是统一的，并无学科之分，只要扎根在这土壤中，生长出的植物都会是茁壮的，不论这植物被怎样归类。

四　贫乏的哲学课

我上大学时，全国大专院校哲学公共课的统一教材是艾思奇主编的《辩证唯物主义历史唯物主义》，它同时也是我们哲学系的主要教材。区别只在于，我们必须在这本书上花费多得多的时间，除了书上的内容外，还得听取教员搜集来的对它们的烦琐的诠释。我们在北大只上了两年课，而这本书是两个学年的主课，第一年上辩证唯物主义，第二年上历史唯物主义。这本书的基本框架来自斯大林《联共（布）党史简明教程》中的一节，标题正是《辩证唯物主义历史唯物主义》，再添加上毛泽东《矛盾论》《实践论》中的一些内容，如此编写而成。哲学的观念由两条原则确定。第一条是恩格斯说的哲学的基本问题，即思维与存在的关系问题，据此把古今一切哲学划分成唯物主义和唯心主义两大阵营。第二条是列宁说的哲学的党性原则，由此进一步宣布，唯物主义代表进步革命阶级，唯心主义代表落后反动阶级，而辩证唯物主义历史唯物主义则代表最进步最革命的无产阶级，因而是哲学发展的顶点和终点。于是，哲学仅仅成了阶级斗争的工具，学习哲学的唯一目的和全部价值仅是树立无产阶级世界观，与反动阶级世界观进行斗争。很显然，由这个途径不但不能走进哲学中去，而且不能对哲学是什么获得一个概念。哲学原是对世界和人生根本问题的深入思考，现在这种思考不但不受到鼓励，反而成了禁区，世界观和人生观的丰富内涵被缩减成了一种阶级立场，一些不容置疑的政治命令和教条。

毫无疑问，在这样一个背景下，我们哲学课堂上讨论的问题基本上是非哲学性的。现在我竭力回忆，能够跟哲学挨上边儿的实在少得可怜。

比较起来，郭世英还是有一些哲学性思维的。一年级上学期，在讨论物质和意识的概念时，他提出一个论点：对于每一个认识主体来说，只有自己的意识是意识，除此之外的一切，包括别人的意识，都属于物质的范围。这个论点遭到了其余同学几乎一致的反对，而世英则像吵架一样地为自己辩护，争论得面红耳赤，青筋凸露。他的依据是列宁所说的物质与客观存在是两个相等的概念，那么，对于"我"的意识来说，别人的意识是客观存在，因而也就属于物质的范围了。我没有发言，觉得他的论点虽有很浓的唯我论色彩，毕竟是一个哲学论点，而那些强调物质和意识不可混淆并以此理由振振有词反驳他的人却离哲学无比遥远。如果在现在，世英也许可以这样表述他的论点："我"的意识是唯一的绝对所予的存在，其余一切包括别人的意识都是"我"的意识的意向相关项，都是作为"我"的意识所建构的对象而存在的。这正是胡塞尔先验现象学的著名论点。

我也曾试图用哲学的方式探讨一些问题，但显得表面且烦琐。譬如说，在学习《矛盾论》时，我曾为矛盾的同一性与斗争性之间是否又有同一性和斗争性的问题绞尽脑汁，因为如此推演下去，岂不没有止境了吗？围绕这个问题，我写了一篇一万字左右的论文，什么内容已经完全忘记了，但可以肯定没有什么价值，因为问题本身没有价值。比较有意义的问题是在学习《实践论》时产生的，我发现在实践概念下隐藏着太复杂的问题，大者有二。其一，实践是人与环境相互作用的过程，但要阐明人与环境是怎样相互作用的却是一件难事。比如说，一个人之成为什么样的人，是遗传加环境的结果，二者都是被决定的，他自己究竟有什么自由？所谓主观能动性不需要任何原因就能发动起来吗，或者说，人有凌驾于一切因果关系的自由意志吗？其二，实践是检验认识的标准，但要阐明实践是怎样检验认识的却也是一件难事。困难在于，对于实践同样有一个认识的问题，人们完全可以对于同一项实践及其结果做出相反的解释。后来我知道，这些问题涉及了哲学中的真正难题。

我最关注的还是人性问题，在历史唯物主义的讨论课上，我成了所谓抽象人性论的激烈辩护者。当时的流行观点是，在阶级社会中不存在共同的人性，只存在阶级性。我从逻辑上反驳了这个观点：如果没有共同的属性，人类怎么还成其为一个类？毛泽东有一句名言，大意是：在阶级社会中，人的一切感情无不打上阶级的烙印。我们的哲学教员据此推论说，爱情也好，民族感情也好，归根到底都是阶级感情，除去了阶级内容就什么也不剩了。

我也从逻辑上反驳：如果爱情、民族感情没有自身的特质，阶级烙印往哪儿打？只有阶级内容，没有两性之间的吸引和爱慕，爱情还是爱情吗？如此等等。今天来看，这位教员的论点之荒谬是显而易见的，似乎不值得一驳，但在当时却是一种普遍的论调。甚至在现实生活中，当人们谈恋爱时，也往往要从阶级出身和阶级立场的一致来证明其相爱的正当性。人们批评我主张抽象的人性论，可是，在我看来，情况正相反，我所辩护的恰恰是现实中活生生的具体的丰富的人性，而把人性归结为阶级性则是做了极其片面的抽象。

其实，促使我思考人性问题的直接原因仍是世英。一方面，通过接触，我深知他是一个真诚善良的人，在他身上闪耀着人性的光华。另一方面，就阶级性而言，他似乎越来越站到了无产阶级立场的对立面。与此相对照，一些标榜无产阶级立场鲜明的同学，在人性上却十分贫乏乃至丑陋。这就使我相信，单用阶级性评价人必定导致歪曲。我在历史上也找到了例证，譬如说，托尔斯泰在阶级性上是地主，但在人性上正直而伟大，列宁在政治上激烈批评马尔托夫的孟什维克立场，在个人方面又十分喜欢这个可爱的人。总之，现实中的人的属性是多方面的，绝不能归结为阶级性这唯一的属性。我当时没有看明白的是，唯阶级性论哪里只是一个理论问题，它实际上是专制主义的方便武器，靠了这个武器，只要用无产阶级的敌人这一个理由就可把人置于死地。

现在我感到遗憾的是，我上大学时没有认真自学西方哲学的原著。事实上，要领悟哲学是什么，最可靠的办法是系统阅读西方哲学史上那些大哲学家的重要著作。直到十几年后，在考研究生前和读研究生时，我才有机会在这方面进行补课。当时北大虽然开了西方哲学史课程，但是一则教科书贯彻阶级观点，内容简单片面，二则课程没有学完，因参加"四清"而中止了。不过，我还是读了几本原著，有休谟、马赫、罗素等，并且边读边记录我的理解和思考。记得有一回，我把读休谟《人类理解研究》的笔记忘在阅览室里了，那个本子是我用讲义纸装订的，纸质很粗糙，笔记就写在空白的一面。我心中很着急，因为那时读唯心主义是不合时宜的，何况我还写了许多自己的想法，于是急忙返回阅览室。我们系一位高年级同学原先坐在我旁边的位置上，他仍在那里，拿出我的笔记本给我，微笑着说："你研究得很深啊。"一年级时我读得最多的却是一本《古希腊罗马哲学原著选辑》，北大哲学系编的，差不多被我翻烂了。读着古希腊哲学家们的这些残篇断简，我看到的不是教科书所宣称的唯物主义和唯心主义两大阵营的殊死斗争，而是一种统一的哲学智慧。赫拉克利特的"我寻找过自己"，普罗塔哥拉的"人是万物的尺度"，苏格拉底的"未经思索的人生不值得一过"，这些句子在我看来意味深长，透露了哲学的真谛，从此铭刻在了我的心中。

五　不听课的学生

哲学系六二级有两个班，共五十名学生。其中，有四个学生是基本不听课的，即一班的曹秋池和方小早，二班的郭世英和我。我们经常逃课，一般是那种和别的系合上的公共课，逃了不易被发现。学校有规定，旷课多少节就要开除，所以最好不被发现。小课逃不了，我们便不约而同地找一个偏僻的角落坐下，在课上看自己的书。世英喜欢在上课时写东西，有时是诗和随感，有时是对课堂情形的冷眼旁观式的描写。我们总是选择邻近的座位，他写了常递给我看，有时我也回应他，互相用纸片交谈。

在一节辩证唯物主义课上，我正埋头看书，突然听见老师喊我的名字。我条件反射地站起来，脱口问道："干什么？"同学们哄堂大笑，老师则气得半天说不出话。他终于压住怒火，命我坐下，又喊起另一个同学，让那个同学回答他刚才提的问题。原来是课堂提问，但我完全没有听见。

一定是有人告状，系里出面干涉了。有一天，担任年级主任的陈志尚把我叫到他的房间里，给我看一张纸条，上面写着："你年级学生周国平上课从不听讲，屡教不改，希望加强教育。"署名是"系总支办公室"。陈也是上海人，对我一直颇为友好，这时也有些生气了，责备道："你看看，跟你说过多少遍了，你总不听，现在叫我怎么办？"接着好言劝告，"同学们对你们四个人意见很大，说你们成了特殊人物。当然，你们接受能力强，可以比别人多学一点儿。问题是要有个轻重缓急，重点要学好马列主义。"

其实问题不在于所学的是马列主义还是非马列主义，而在于从教学内容、方法到整个教育体制的僵化。大学教育的主旨本应是培养学生独立思考和自主学习的能力，而在我们的课堂上只是灌输，所灌输的还未必是知识，至少知识含量甚低，多半是教条和废话。我相信，任何一个智力活泼的学生，即使他强迫自己，也无法做到认真对待那些内容贫乏的课程。在这样的教育体制下，凡是有一点儿天赋的学生，最好的办法是以尽量少的精力对付课程，给自己留出尽量多的自学时间。现在我鼓励在校的学生向教育争自由，其实是有自己往日的经验为根据的。

北大当然有冯友兰、朱光潜这样的有真学问的教授，但我们低年级学生没有轮上听他们的课。在当时的环境中，他们即使上课，恐怕也不能自由传授自己的学识。上我们的心理学课的程乃颐是一位一级教授，一个瘦小的老头，总是用喉音讲话，边讲边打嗝。我相信他只在应付我们，在心理学课上一会儿谈论如何防治阿米巴疟疾，一会儿劝告我们吃东西要慢慢咀嚼，以免消化不良。在任课老师中，我喜欢听张世英的课，他当时是讲师，教西方哲学史中德国古典哲学部分。他显然对所讲题目真正下了功夫，用那一口带浓重湖北音的普通话讲得条理十分清楚，废话也少，内容比较厚实。课堂上废话多乃是常规，方式则各异。那个教党史的老讲师据说是大革命时期的党员，后来脱党，面对阶梯教室里的上百名学生，他一边抚摩八字须，一边大谈自己的光荣历史。这堂课说过的，也许他忘了，下堂课又会说。作为一个鲜明特色，提到毛泽东时，他从来不像当时约定俗成的那样称毛主席，总是称毛泽东同志，以表明自己的平等身份，这倒不乏可爱。我最受不了的是形式逻辑课，其内容本来十分简单，一看就懂，却讲个没完。任课的李副教授是一个矮胖子，一根皮带松垮地系在大肚皮上，上课时经常下意识地提裤子，引得同学们窃笑。他出版过几本小册子，已小有名气，又常在杂志上发表论后期墨家的文章，所以每课必讲后期墨家。这说明他多少还是做一点儿研究的，比不做研究的多数教员好一些。使我难以忍受的是他讲课的方式，那样地无穷重复，废话成灾。在一堂课上，我忍无可忍，写了一首题为《献给逻辑课》的诗——

教授用枯燥的语言
讲述着枯燥的课程，
每一种空洞的教条
要重复讲十几分钟。

"所谓直接推理
是这样的一类推理，
这样的一类推理
特点有这样一些。

"特点有这样一些，
就是这样的一类推理，
这样的一类推理
就是直接推理。

"我们的形式逻辑

对于直接推理

所要研究的就是

有关直接推理的道理。

"研究直接推理的道理

其主要作用就是

使我们能够懂得

有关直接推理的道理……"

够了，敬爱的形式逻辑，

请不要把理智嘲弄，

最有逻辑的头脑

也会被折磨得发疯！

请原谅我把这首毫无诗意的诗抄在这里，它本身由连篇废话组成，但我丝毫没有夸大，实际的讲课情形就是如此。如果你在读这首诗的时候感到难受，就可以体会我在课堂上的心情了。

然而，大多数同学是专心听课的，并且多么认真地记笔记。上课时，你可以看见许多手在不停地写，生怕漏掉老师说的每一个字。他们又把几乎全部课余时间用来互相核对笔记，精心整理，然后重新誊写。这些笔记的唯一用处是供考试前背诵，然后就被彻底遗忘。考试当然是必须应付的，不过我自有办法。多数课程有讲义或教科书，如果没有，我就借来同学的笔记，临考前通读一遍，列出提纲，这大约只需要两三星期的时间。我的短期记忆力很好，一般都能记住要点，顺利应试，得到好的成绩。考完当然也忘了，和别的同学殊途同归，不同的是我把成本降到了最低限度，赢得了大量自由时间。

哲学系低年级开自然科学基础课，第一学期是高等物理。考试前，我也是把讲义通读了一遍，列出二三十个我有疑问的地方，去向老师讨教。那是一位中年男子，不久前妻子移情别恋，也许因为这个原因，他显得很憔悴，脸上刻满了皱纹。看了我的问题清单，他忽然感慨万分，用一种低沉悲凉的声调向我讲述起了他的学生时代。他说，上大学时，他和我一样，也很聪明，目空一切，不听老师讲课，现在他不行了，已经一事无成。他还说，我的确很聪明，我提的这些问题，别人提不出来，希望我的未来比他好。听着他说这些话，我感到十分内疚。他显然知道我不好好听他的课，这使我产生了一种错觉，仿佛他的不幸是由我造成的，我怀着沉重的心情走出了那间灯光暗淡的斗室。考试时，我解答得很顺手。世英坐在我旁边，拉了拉我的衣角，我心领神会，把试卷挪近他。不过，他抄得不很高明，得了三十几分，而我得了七十几分。这个成绩在全年级是名列前茅的，绝大多数同学都不及格，而世英的成绩还不是最低的。这件事似乎给他留下了很深的印象，后来他多次对我说，我不应该学文科，而应该学理科。

六　寻求内心的充实

　　我是抱着做学问的理想进北大的，进来后发现，北大并不是一个做学问的地方，迎接我的是教条的课程和高度政治化的环境。不过，在世英影响下，我的初衷已经悄悄发生了改变。我认识到，学问不是第一位的，生活本身高于学问，做一个有丰富内心世界的人比做一个学问家更有意义。世英经常说，生活的意义在于内心的充实。这句话也成了我的座右铭。他自身就是我的一个榜样，虽然在同学们眼中，他是一个走入了歧途的人，但我相信他比我所见过的任何人都活得真实。他本是一个孩子般赤诚的人，只因对于精神事物过于执着，才常常陷入痛苦之中。我心想，我宁愿像他那样痛苦，也不愿像别人那样满足，因为他的痛苦其实是充实，别人的满足其实是空虚。

　　不过，我的这个决心曾经发生了一次动摇。那是在一年级下学期开学不久，开始了学雷锋的运动。有一天，我们走在校园里，他突然问我："雷锋是谁？我只知道两点：他是解放军；被电线杆砸死了。"我也不太清楚，把耳闻的一些情况告诉了他。晚上，在阅览室里，我们对面坐着一个学生，一会儿翻开一本《拜伦抒情诗选》看看，一会儿在一张纸上写点什么。"你看他的模样，像读拜伦的人吗？"世英对我耳语。他站起来，装作若无其事的样子，到那人身后转了一圈。走出阅览室，他对我说："我看他在写诗，想问他要来看看。可是，往那纸上一看，吓了一跳——又是雷锋！我们每人也写一篇关于雷锋的文章，怎么样？"我答应了。

第二天，他拿给我一沓纸。这是一组短文，我记得有这样的句子："雷锋是谁？他爱过吗？她是谁？他的母亲该高兴了，这下子又收了六亿五千万个儿子，她养得起吗？一根木头倒下来，他死了。一切都是必然。爱伦堡万岁！"此外就是嘲笑各种不同类型的人对学雷锋的反应。我觉得这有点儿过分。他嘲讽一切，反抗一切，但自己没有任何肯定的东西，没有一种要坚持的信仰，这样还是追求真理吗，会有一个积极的结果吗？我回敬了一组短文，模仿他的嘲讽口吻，内容是批评他的。

正在这时候，年级要举行学雷锋讨论会，团支部动员我做重点发言，我同意了。现在我分析，我之所以同意，一是对世英的倾向发生了怀疑，二也有庸俗的实际考虑，想改变自己因为与世英在一起而形成的在班上的孤立状态。夜晚，在教室的日光灯下，课桌围成一圈。以前无论上课还是开会，我和世英总是坐在一起，这天他坐得离我远远的，而几个积极分子故意坐在我周围，为我助威。轮到我发言了，我鼓起勇气，宣读准备好的稿子。我谈到个性发展与社会需要的关系，表示要向雷锋学习，以个人服从社会。我还把教授们和雷锋比较，宣称雷锋的贡献更大。发言时，我看见世英埋头不停地在一个本子上写着。我的发言是以对雷锋的慷慨赞辞结束的，大意是：雷锋是雷，轰鸣的惊雷是由无数平凡的小水滴组成带电的云而引起的；雷锋是锋，锐利的锋刃是由无数平凡的金属小分子结合在一起构成的；雷锋就是以无数平凡的小事体现了他的伟大品质。现在我当然会为这些话感到羞愧，它们空洞至极，是用堆砌的辞藻表达一个当时宣传的正宗观点。然而，话音刚落，响起了热烈的掌声，我周围的几个同学激动地握住我的手。在我发言前，其中一个同学写了一首赞美雷锋的诗给我看，我在纸上批道："这是诗吗？简直是乱喊，既无内容，又无形式。"这时他恳切地对我说："你的发言才是真正的诗。"

散会了，同学们簇拥着我朝宿舍走去。透过夜色，我看见世英孤零零的影子在前面走着，只有他一人，别人都离他很远，包括我。我突然感到深深的内疚，意识到自己事实上背叛了他。回到寝室，他朝我宽容地笑了一笑。

第二天上课时，我们又坐到了一起。课间，他给我念他昨天在讨论会上写的日记："好家伙，把教授全给否了……祝贺你，以前是朋友，以后呢，分手了，我不阻碍你……"听着听着，我流泪了。上课铃声响了，他在一张纸片上疾写，然后递给我。那是一首诗，其中写道："我是一块石头，还是一个恶魔？刚刚吸干了自己的血浆，却又把毒刺伸向了那颗幼弱的心窝。"我含泪回了一首诗，大意是说，我是又一个高略德金（《二重人格》中主角），心儿在彷徨，彷徨也难久。他立刻给我写了一封信，告诉我：个人与社会是必然会发生冲突的，这使得每个人不可避免地都是二重人格；应该倾听自己的内在声音，让个性得到自由的表达。个性自由一直是世英关注的中心问题，他在北大写的第一篇文章题为《论冲动和不安》，也是围绕这个问题的，其中说：每个人都有其内在目的，表现为冲动；遭到外部压制，被掩盖起来，表现为外在目的，造成虚伪，引起不安。我读信时，他一直注视着我，脸上肌肉神经质地抽动着。下课后，他对我说："其实我没有责备你，我也并不讨厌学雷锋，别人学雷锋我支持，问题是你——你学得了吗？你真愿意成为雷锋吗？你成了雷锋会心安吗？"

他问得有理。事实上，我内心一直是矛盾的。一方面，我感觉到所身处的巨大社会现实，知道自己不适应它就没有出路。正是在这种现实感的支配下，我做了那样一个慷慨的发言。另一方面，我内心的确认为，像雷锋那样做一个普通螺丝钉，人生未免太苍白了，我是不会真正甘心的。我仍然把独立思考和个性自由看得更珍贵，宁愿过一种虽然痛苦然而充实的生活。在此之后，我和世英更加亲近了。我这一只迷途的羔羊，一度被团支部领上正路，人家还来不及庆祝，很快又回到迷途上去了。

七　x和自由写作

大学一年级时，上海中学的一些老同学为了保持联系，委托我办一个刊物，由我负责组稿和编辑，然后交清华的同学油印和寄发。这种油印刊物只办了一期，后来嫌麻烦，就改为手抄本，在北京、上海两地传递。世英知道了这件事，很有兴趣地向我了解具体的做法。"我们也来办一个刊物，好吗？"他问我。我欣然同意，却未见下文。不久后我发现，这个刊物已经诞生，它就是x。

第二学期开学后，有一天，世英给我看他写的一首诗，题为《献给x》。开头几句是：

你在等待什么？ x，x，还有 x……

得到 x，我就充实，

失去 x，我就空虚……

他还把孙经武的一篇短文拿给我看，内容是针对他的，说自己可不想和什么 x 打交道，宁肯和 a、b、c、d……这些小娃娃玩耍。世英显得挺生气，表示要狠狠回击。文章马上出来了，是一篇寓言，写一头大象在森林里一往无前地行进，遇到任何障碍物，它都轻松地用长鼻卷起来甩开。应他的要求，我也写了一篇，论点是：无论 x，还是 a、b、c、d，离开 s 就没有意义。s 是物理学中代表方向的符号，世英看后用一句话打发了我："s 是虚构的，人生哪有什么目的？"

后来我明白，《献给 x》实际上就是世英为《x》写的发刊词了。这份如今被视为地下文学史上的经典的手抄刊物，其实不过是郭世英、张鹤慈、孙经武三人写了作品互相传阅而已。围绕这个刊物有一个小团体，成员除他们三人外，还有一个女孩叫叶蓉青，是北京第二医学院的学生，因为与孙经武关系亲密而入伙。按照世英事后的说法，我算一个外围。为什么叫 x 呢？据说三人各有自己的解释：郭说是未知数，张说是十字街头，孙说是俄文中赫鲁晓夫第一个字母。

自此以后，张、孙经常在北大校园里出现了。张鹤慈出现得多些，他的父亲张宗炳是北大生物系教授，他随父母住在北大的一个教师宿舍区。我常常看见他到寝室来找世英，然后两人一同离去。他留着长发，脸蛋小而精巧，脸色苍白，脸部的肌肉总在痉挛着，眼中射出异样的光，像陀思妥耶夫斯基笔下的神经质人物。孙经武则是微胖的中等个儿，一双聪明的大眼睛里含着不易觉察的讥讽，一副满不在乎的懒洋洋的神态，更像屠格涅夫笔下的多余的人。当时这二人都失学无业。从一零一中学出来后，孙参了军，因企图偷越国境被部队退了回来。张一度在北京师院数学系上学，以七门功课不及格的考试成绩被开除。据说他是故意考不及格的，世英多次以夸耀的口吻提起这件事，仿佛这也是他的光荣。

自此以后，我也经常读到他们三人的作品了。他们三人的写作体裁和风格各不相同。张鹤慈主要写诗，艺术上精雕细刻，写得精致、唯美而朦胧。我相信，他不愧是北岛、顾城这一代诗人的先驱，中国当代朦胧诗的历史应该从他算起。我保存着他稍晚些年写的四首诗，可惜的是 x 时期的诗作已经难寻踪迹，我只记得其中的两句诗："月亮患了癌症。""太阳是个大傻瓜。"他也写短篇小说，文字同样唯美而精炼。我记得一篇的情节，写一个美丽女子患了癌症，坐在炉火前一边烧毁信件和日记，一边回忆往事：她曾经与一个有才华的同学热恋，那个同学成了右派，她后来违心地和一个当公安干部的同学姘居，从此幸福毁了，只剩下痛苦和悔恨。孙经武擅长写评论。他有惊人的记忆力，在看歌剧《蝴蝶夫人》之后，写了一篇洋洋数万言的长文，对剧中细节的描述之详尽和准确使世英惊叹不已。世英告诉我，他经常钻研《毛选》和党史，然后写文章。我只看过一篇，题为《论纸老虎》。世英让我回他一篇，我就模仿孙的文风，描绘纸糊的老虎放在暗处，模样如何可怕，真假如何难辨。世英看后说："算了，甭给他看了，他准要骂你。"他认为，孙是犯了语义学错误，并按这个思路写了一篇反驳文章。现在想来，当时我的文章实在是够不上他们的水准，我才幸而没有成为 x 的正式成员。

世英的写作体裁比较多样，开始是诗和短篇小说，后来很认真地经营一个剧本，最后又写起自传体长篇小说来，但由于 x 出事，剧本和长篇都没有完成。他有一首自己很欣赏的诗，大意是说，他流着泪喝一杯苦酒，眼泪不断地滴进杯里，这杯苦酒永远喝不完了。在写作上，他真正坚持不懈做的一件事是即兴记录生活和思想的片断。他不知从哪里源源不断弄来许多废弃的纸张，纸质非常好，一面打印有英文字，他就利用另一面写东西。张、孙的东西都写在正经的活页纸上，一笔一画显出一种认真，而他使用的纸张本身就鼓励了一种随意。他常常对我说："思想不是追求来的，而是自己跑来被你碰上的。"现在我知道，这句话基本上是抄自尼采。不过，他的确这样做了，随时随地带着纸，随时随地记录瞬间闪过的思绪和反省到的心理活动。这种习惯对他帮助很大，使他在运用他所激赏的意识流写作方式时得心应手。

不但在阅读上，而且在写作上，世英都是给了我重大影响的第一人。事实上，我有意无意地在模仿他。较早的时候，我正沉迷于屠格涅夫，便以读初中时对一个女生的暗恋为素材，写了一篇近万字的书信体小说，题为《一札未发出的信》。我拿给班上一个似乎也喜欢文学的同学看，没想到他读后连连叫道："太丑了！太丑了！"世英知道了，责备我不该给那人看。他对这篇习作的评价是:"你能写东西,文笔很流畅。不过,情节太简单了,没有曲折和起伏。"又转述曹秋池的评论,说我写的不是爱情,而是性欲的觉醒。我听了为曹的敏锐吃惊,心里却不太舒服。后来,我也开始写自传体长篇小说,集中写上北大后这一段经历,但写了不多就中止了,原因是生活的浪潮来得太猛了。我给一个朋友写信说:"生活尚且来不及,哪里顾得上去回忆!"当时我写得最勤的也是感受和思绪的即兴记录,即所谓随感,这个习惯完全是在世英的影响下养成的。我还学他的样,热衷于用文字描述眼前某个实景,例如课堂上老师和同学的表现,某件事发生时人们的表情,校园里某一处的风景,我称之为文字写生。此外,我十分认真地写日记,每天都写好几页。我把日记当作我的主课,如果我在阅览室里埋头疾书,摊在笔下的多半是日记本。现在来看,所有这些随感、文字写生和日记,虽然不是正式的写作,却比任何正式的写作更有效地提升了我的写作能力。它们在我身上培育了一种猎人似的警觉,随时随地捕捉生活中和心灵中有价值的东西,并转换成文字储存起来。一个人一旦形成了这样的本能,不管他以后是否以写作为生,要他不成为一个真正意义上的作家几乎是不可能的了。

郭世英和张、孙当时都是二十来岁的青年,并且属于精神上十分敏感的类型,对西方的传统文化和现代文化又有相当的接触,因而格外感觉到生活中的压抑和痛苦,表现出了强烈的离经叛道倾向。在他们三人中,张、孙的作品较多涉及政治,按当时的标准绝对够得上反动,郭离政治要远一些。我完全不同,一方面更幼稚，另一方面还比较正统，对于他们的这种倾向并不太理解，甚至感到疑虑和害怕。但是，尽管如此，他们的写作——主要是郭的作品和张的诗——对于我仍是一种巨大的启示，令我耳目一新。他们使我看到，写作还有另一种可能性，完全不必遵循时行的政治模式，而可以是一种真正的艺术创造和思想探索，一种个人的精神活动。当时我并非很清晰地意识到这一点，但种子已经悄悄播下，总有一天会发芽生长。

八　为郭世英担忧

我上北大时，学校里政治学习很多，而多数学生的政治热情似乎也很高涨。从 1962 年底开始，反修斗争以抨击意大利共产党总书记陶里亚蒂的方式揭开序幕，不久后就升级为与苏共中央的公开论战，报上陆续发表重头文章。每次发表前，都先行广播，许多学生守在校园里的各个高音喇叭下面等候，准备好对那些他们觉得铿锵有力的句子大声喝彩。我心中不免反感，觉得这些人看似立场鲜明，其实并没有自己的立场，如果生活在苏联，他们同样会为苏联对中国的批判喝彩。郭世英更是压抑不住内心的反感，夜晚在盥洗室里，他经常向我发牢骚。

"我们说他们是修正主义，他们说我们是教条主义，你知道谁对谁错？两国领导人在词义上争执，引得全国人民跟着转。说人家是特权阶层，有别墅，中国哪个领导人没有呀。我父亲走到哪里，哪里就有他专用的房子，北戴河、上海、青岛都有。中国还不是凭资格吃饭，才能毫无用处……"他的浑厚的低音时而清晰，时而模糊，仿佛从一个风向不定的远处飘来。我不知道他说得对不对，但我知道他是在认真地为这些问题苦恼，他用自己的头脑思考也投入了自己的心，因而远比那些朝高音喇叭喝彩的人更接近真理。

使世英反感的另一件事是学校宣布要整顿纪律。他对我说："整吧，容得下我就容，容不下我就走。我恋着北大什么？是赵老师（辩证唯物主义教员）的讲义，还是陈老师（年级主任）的训话？"陈老师要他为旷课写检讨，他回答说："你处分我吧。你按照规定处分了我，我也按照规定受了处分，还有什么必要写检讨呢？"

他的情绪越来越烦躁了，经常头痛、失眠。他告诉我，他的神经衰弱是装出来的，人有点儿病就自由了，可以不受纪律约束。可是，我明明看到他控制不住自己的情绪。有一回，他当着我的面用火柴烧手指。还有一回，他逼方小早把他的双臂捆绑起来，说想试一试用多大的力量能够挣脱。当时大学生里基本上没有人吸烟，而他却烟斗不离手。其实他没有什么烟瘾，不过是显示一种叛逆的姿态，他知道老师和同学们对此反感，愈是这样，他就愈是当众大模大样地吞云吐雾。

在去教室的路上，他看见有几个工人在锅炉房外清扫煤渣，便对我说："以后我就是干这个的，而胡某某这些人会成为我的上级。他妈的，我什么也不要，我是天之骄子！"胡某某是我们寝室的一个同学，安徽农家子弟，心胸比较狭隘，最看不惯世英，在大吵过一次后，彼此不再说话。

在平静的时候，世英试图分析自己，他说："我不知道为什么现在人还会颓废，战后颓废还好理解。是因为不自由吗？我有什么不自由的？爱不上课就不上课，老师也拿我没办法。也许是因为才能不够，我的才能离我想达到的差太远了。但我不羡慕别人，我还是喜欢我自己。"又说："我的思想够灰的了，但还不算太灰，要不我跟你说这些干什么？还是想寻求同情。"

有一天，全校围歼臭虫，宿舍楼前的空地上，一张张双层床四脚朝天。我和世英在一起，我们正向床的缝隙里喷敌敌畏，他对我小声说："告诉你，有一天我要出国。"我嘲笑他说："你这个样子，出国能干什么？"他仿佛受了侮辱，用激烈的口气回答："怎么，你看不起我？我当个资本家回来给你看看！"我说："得了，没成为乞丐就不错。"他瞥我一眼，说："走着瞧吧。"可是，一会儿，他苦笑了一下，对我说："其实我不是很想出国，张鹤慈、孙经武他们出去还有事可干，我能干什么呢？"那天午睡时，我听见他在窗外叫我，便翻窗出去。他旁边站着张鹤慈，他们想去喝酒，但没有钱了，向我借钱，还要用一下我的学生证去旧书店卖书。张鹤慈手里拿着一套《莫里哀戏剧集》，几天后我在海淀旧书店里看到了这套书，扉页上有张的签名。他们三人经常去饭店喝酒，在半醉中写作。有一次，都喝得醉醺醺了，孙经武盯郭世英良久，咕噜一声："死鱼的眼睛！"这句话令他大为欣赏。

在当时的环境中，他们三人是不折不扣的另类。他们的行为，一半是对现实的反叛，一半是对西方艺术家的模仿，我估计主要是在模仿《人，岁月，生活》所描写的洛东达酒吧里的榜样。使我越来越担心的是，世英的情绪这样放任下去，与现行制度的冲突日趋激烈，不知会走向一个怎样悲惨的结局。

九　出事了

对于我来说，1963年5月是一段惊心动魄的日子，许多场景在四十年后的今天仍历历在目。

五一节前一天，下课后，回到寝室，郭世英对我说："五一我不回家，看他们怎么样！"他眯缝着眼凝视窗外，眼中闪烁着一丝冷笑。"不过，你可别告诉人家。"他补充说。一会儿，他抓起书包走了，把我一个人留在了深深的不安之中。我在他的长篇小说中读到过家庭餐桌上的冷战场面。譬如说，面对一桌丰盛的菜肴，他会发出挑衅的感叹："唉，要是把这些菜带回学校里慢慢吃，该多好。"这明显是对家里特权生活的讽刺，结果会出现一阵尴尬的沉默。然后，母亲开始重复他早已听腻的马列主义训话，姐姐附和，哥哥向他投以鄙夷的目光。在这种场合，父亲总是沉默无语。妹妹和小弟还小，与他同病相怜的只有大弟民英。我由此知道他和家里的关系有些紧张，但没想到紧张到了这个地步。

5月3日，他没有来上学。5月6日晚上，曹秋池突然来找我。这是很不寻常的，他和郭世英关系密切，和我却不曾有单独的来往。刚在床沿上坐下，他开口便说："喔哟，真紧张，出事了。"接着告诉我，五一期间，郭世英一直没有回家，他们试图偷越国境，被发现了。

这更是我万万没有想到的。在此之前，世英虽然说过有一天他要出国，但我只以为他在开玩笑，没有放在心里。现在回想起来，他最近的一些反常行为有了答案。例如用钱紧张，他和张鹤慈老去旧书店卖书，他还把食堂的菜票退了，吃白饭或者和我合吃一个菜。又例如格外热心地锻炼身体，天天早起练双杠和举哑铃。那么，这是在为出国做经费和体力的准备了。

"现在他在哪里？"我问。

"听说在张鹤慈家里。"曹秋池答。

曹秋池一走，我立即去陈老师家里，想从他口中了解一点儿情况。他刚送走叶蓉青，得意地说："过去你们不来找我，现在出了事，都来找我了！"我坐下后，他接着说："即使你们不找我谈，我就不知道情况了？我都知道！有什么了不得的事呢，不就是 x 嘛。"我听了心中一惊，知道 x 之事已经暴露。他对我进行了一番教育，中心意思是要我相信组织，组织上了解郭世英，一定能够挽救他。

第二天早晨醒来，我的第一个念头就是：去找世英！我不知道张鹤慈的家在哪里，只知道他的父亲是教授。北大西校门对面有一个蔚秀园，听说住了许多教授，我就去那里寻找。我在那个不大的院子里瞎转了整整半天，遇人就问，见门就敲，一遍遍狂喊着郭世英的名字，当然没有结果，筋疲力尽而返。

那两天里，我心中充满担忧，想世英想得几乎要发疯。在我心目中，全世界只有一件大事，就是见到世英，亲眼看到他是平安的。不见到他，我是无法生活下去的。8日那一天，张鹤慈自动出现在了我面前。他和蔼地说："你想见郭世英吗？在我家里——中关园某号。"然后把一张小纸条塞在我手里，匆匆离去了。我展开纸条，上面是那熟悉的笔迹："因为你聪明，我才给你写这封信。以后我们会有机会改变我们之间的关系的。"语气之平静出乎我的意料，但我想不明白他说的改变关系是什么意思。

当天下午，我去中关园，途中遇到曹秋池。他刚去过张家，扑了一空，遇见我后折回与我同行。他坦率地说，他的全部努力是为了让事情平息，自己不受牵连。"你劝劝他，现在谁的话他都不听，你说他会听的。"他对我说。

中关园由一排排整齐的红砖平房组成，每户门前有草坪。我们到时，孙经武和叶蓉青坐在张宅门口的台阶上，谈论着花的名称，黄刺梅、紫藤等等。曹秋池跟孙搭讪，说起郭世英："他是装英雄。"孙懒洋洋地纠正："他是装英雄玩儿。"等了一会儿，世英回来了，后面跟着张鹤慈。世英像精神失常似的瞪着眼睛，慢慢朝我们走来。看到他这个样子，我吓坏了，心怦怦乱跳。不过，我很快发现，他是在瞪孙经武。他对曹秋池极为冷淡，完全不理睬。见到我，他的神情立即放松了，和善地一笑，说："真倒霉，谁叫你认识我的。"在草坪上坐下，他轻描淡写地告诉我说，我们差一点儿见不着面了。后来我知道，在这些天里，他曾企图卧轨自杀，被张鹤慈察觉和跟踪，从铁路边拉了回来。

接下来的两天里，我常去张宅看世英。有一回，我们俩坐在草坪上，张、孙二人在屋里烧毁文稿，他们进进出出，显得十分忙碌。张鹤慈从屋里出来，举着那一沓未完成的长篇小说问郭世英："你这个烧不烧？"郭答："不烧，我还要写下去呢。"张的脸上掠过一丝不满的表情。我还听见孙经武说，他也想留下那些读《毛选》的笔记。我走时，张对我说，以后不要上这儿来，弄脏了洗不干净。

那几天里，学校、家庭、朋友都在努力，目的是让郭世英的情绪稳定下来，他终于回自己家住了。5月中旬的一天，他来到学校，重返学生生活。看上去他的精神很平静，只是完全不愿意谈曾经发生了什么事。我问他今后的打算，他说，反正哲学系是不能读了，因为他读哲学必然会背叛家庭。我看出来，他极厌恶曹秋池。有一次，他问我："你要不要我搞曹秋池一下？"我说："算了吧，就让他混，反正也混不久。"他说："你倒还挺善良。"还有一次，我看见他和张鹤慈一起把曹叫出去，曹一脸晦气。我隐约感到，是曹告发了 x，后来陈老师向我证实了这一点。陈老师还说，5月初，郭世英给家里留下绝命书，说他走了，他们再也不可能找到他了。于立群来找陈，哭了。张鹤慈到北大替郭拿衣服，被扣住，才知道郭在张家，陈陪于到张家见了郭。三十六年后，我见到张鹤慈，从他那里知道了稍微详细一些的情况。据他说，1963 年 3、4 月间，曹写信给郭沫若的秘书，告发了 x 小团体之事。其后，传出毛泽东批评高干子女的一次谈话，风声甚紧。郭世英和他便筹划从云南方向偷越国境，但事实上并未实施。

世英回校后不几天，5 月 18 日，我们俩正在寝室里下象棋，有几个同学在旁观战，突然来了两个人，把他叫了出去。那两个人是学校保卫组的。他这一走出寝室，就没有再回来。

十　拘留所半日

6月初的一个上午，我在阅览室里写完日记，从那里出来，被我们年级的党支部副书记赵鸿志截住了。他告诉我，保卫组找我有事。我跟他走进保卫组办公室，有两个人在等我，一个戴近视镜的瘦长中年人，一个矮壮的小伙子。小伙子拿出一张传讯证，在我眼前一晃，让我签名。然后，他们把我带进停在保卫组门口的一辆小汽车里。那个年头没有出租车更没有私家车，坐小汽车是高官的特权，而我平生头一回坐小汽车，却是以一个近乎囚徒的身份，心中十分委屈。

汽车驶进一个院子，我注意到门口挂着海淀区公安局的牌子。下了车，我被带进一个房间。他们在一张办公桌后坐下，我看见桌前有一把椅子，便朝那儿走去。

"你坐那里！"小伙子指着墙角一只窄条凳喝道。

我真是被当作犯人对待了，心中的委屈又加深了一点儿。讯问开始，中年人问，小伙子记，内容围绕着郭世英和x。完毕后，小伙子把记录递给我，让我过目。我因为委屈，就故意挑错别字。小伙子一开始顺从地订正，但很快就不耐烦了，生气地说："你别管这些，只看内容是否属实。"我看完后，他让我在记录末尾按上手印。

接着，我被带到另一个房间，搜去了书包和衣兜里的所有东西。中年人发现了日记本，眼睛一亮，说要拿去看一看。办完这些手续，我又被带往一排安着一扇扇铁门的房子，每一扇铁门上都有一个小窗。那是拘留所。在其中一个小窗口，我看见方小早的悲哀的脸，我们默默互望，点一点头。我被送进他隔壁的那一扇铁门里。

屋子很小，靠墙铺着棉毯，一共坐着六个犯人。他们马上热情地让出一小块地方给我坐，并好奇地向我发问。"大学生！"一个农民模样的汉子惊叫起来，指着一个青年人向我介绍："他也是大学生，你一定和他是一样的事，他进来三天了。"那个大学生朝我点点头。一会儿，一个警察送来一沓纸和一支钢笔，让我写材料。我以膝盖为垫，开始写了起来。犯人们注视着我写，啧啧赞叹："到底是大学生，写得真快！"有一个矮个子犯人一直在哭泣，逐渐升级为号哭，使劲捶门喊着要回家，别的犯人凄声劝他。

送饭来了，每人两个窝窝头，一碗看不见菜叶的青菜汤。我毫无食欲。犯人们七嘴八舌地劝慰我："吃吧，我们刚进来也这样，慢慢就好了。""不是一天两天，不吃饭咋成？""下午三点前不叫你出去，你就别想出去了，至少得蹲几天。"我拿起了一个窝窝头，至于另一个窝窝头和那碗菜汤，我表示无论如何不要了。这时在我眼前出现了一个可惊的场面，那些犯人一边继续说着劝慰的话，一边向窝窝头和菜汤靠近，突然一齐伸出手，抢夺起来。

午饭后不久，我写完了材料，共写了十几页纸。今天的传讯使我明白，被保卫人员叫走后杳无音信的世英，现在一定是在牢房里。我最担心的是政府只看到他表面上的反动，看不到他本质上的善良，而他的脆弱的神经会受不了，可能做出极端的反应。因此，在材料的开头部分，我用了很大篇幅描述郭世英的善良，反复申说他是一个好人，情绪激动地请求政府千万不要伤害他。在正文部分，我基本上如实交代了我所知道的 x 的情况，主要是我看过的那些作品的内容。我没有想要隐瞒，而隐瞒也是没有意义的，因为那个被搜去的日记本里记载着这些事。

交卷以后，在犯人们羡慕的眼光中，我走出了拘留所，先到被搜身的那个房间领回物品，再到起先受讯的房间里。气氛明显好转了。中年人把日记本还给我，让我在椅子上而不是那只窄条凳上坐下，和气地教训了几句，无非是用功读书、不要胡思乱想之类，就让我回学校去。

回到寝室后，我发现世英的皮箱打开着，说明已被搜查过。我刚坐定，陈老师笑容满面地来找我了。他拉我去他的屋里，兴致勃勃地打听我进局后的经历，又问我是否看了传讯证上的落款单位。看见我摇头，他叫起来："哎呀，你应该看一看。你知道是谁在处理这件事吗？你知道了会大吃一惊的！"当时他没有告诉我，后来我知道，这个案子是周恩来亲自处理的，具体经办单位是公安部。最后的判决是，张、孙各劳动教养两年，对郭最宽大，按照人民内部矛盾处理，以自愿的名义到河南黄泛区一个农场劳动一年。期满后，在他自己要求下，又延长了一年。不过，实际的后果严重得多，因为发生"文革"，张、孙被关了整整十五年，而郭世英付出的是生命的代价。

十一　幼稚的复杂

我写过一篇短文，大意是说：我跟在一个灰色的人影背后走

133

人生的路，这个人影就是郭世英。我从他的面容上看世界。他转过脸来，脸上是痛苦的表情。于是，我以为这个世界也是痛苦的。世英看了这篇短文，苦笑了一下，没有说话。现在，这个人影消失了，但我并没有看到世界的真相，反而觉得世界空了。

我对世英的感情称得上是一种痴情。我绝非一个有同性恋倾向的人，这种对一个同性朋友的痴情只发生过一次，并且只有在那个年龄才可能发生。凭借这一经验，我觉得我能理解古希腊那些少年学子对他们的哲学家老师的爱。从进北大开始，世英就是我的引路人，不管走的这条路算正路还是歧路。现在没有了他，我的生活突然失去了目标。我得不到他的一点儿消息，每日每夜遏止不住地想他。许多天里，我除了写思念他的诗之外，做不了别的事。

我开始自己上海淀的小饭店喝酒。有一回，我喝多了，跌跌撞撞回到寝室。赵鸿志看见我难受的样子，搀我到校园里散步，从宿舍区一直走到未名湖边。刚在一条石凳上坐下，我就不省人事了。当我再睁开眼睛时，看见的是一望无际的天空，不知身在何处。耳边响起赵鸿志的声音，问我好受一些没有，我才意识到自己是在石凳上睡着了。他告诉我，我睡了一个小时。这是我生平第一次醉酒。这位比我年长十岁的同学一直耐心地守在我身边，我心中十分感动。在回寝室的路上，他好心地、词不达意地规劝我："你很爱动脑子，但你想的问题和大家不一样。如果你和大家想一样的问题，你的进步就更大了……"

平心而论，班上多数同学对我是友好的，这和我年龄小有关，大家把我当作一个幼稚的小弟弟予以宽容。那个小个子东北人经常伸开两臂试图把我抱起来，说要掂一掂我的重量，我不客气地规避了他的亲热举动。那个年长的浙江人把正睡午觉的我推醒，关切地叮嘱我小心着凉，我嘲笑他为何不直接替我盖上被子。有时候我恃才负气、出语伤人，对象常是那个我觉得迂腐的北京人，他也从不和我计较。然而，我在感激的同时仍然感到孤独，原因也许正是赵鸿志所说的我想的问题和大家不一样。有一回，陈老师兴冲冲地约我去冯定家里，给这位写了一本流传甚广的《共产主义人生观》的著名红色教授祝寿，我躲掉了，而另几个同学却争相前往，引以为荣。当时报考哲学系的学生，多数是中学里当学生干部的，他们认为读哲学就是搞政治、当干部。事实上，那时候哲学系学生毕业后的主要去向的确是政府机关。可以想象，在这样的背景下，真正对精神事物感兴趣的人必然寥寥无几。有少数几个喜欢文学的同学，他们应该算是最接近于这个要求的人了。

早就听世英说，一班有几个不错的人，他最欣赏的是方小早。一年级期末，我和小早的接触多了起来。我们都受 x 案的牵连，有点儿同病相怜。原先他与曹秋池的关系之密切，不亚于我与世英。现在，我没有了郭，而他也和曹疏远了。疏远的原因是，他发现曹经常对他撒谎。即使在疏远之后，谎言仍在继续。有一次课后，我们走出教室，他看着曹的背影戏谑地说："我们一无所有，不像他，还接触过异性的芳唇。"吃饭时，他举着汤匙学曹的口吻："她的苗条的身材就像这把匙子。"当时曹在追求东语系一个女生，曾向他吹嘘如何与她跳舞，互写情书，互赠《叶甫根尼·奥涅金》中的诗句，如此等等。不久后真相大白，事实是那个女生没有理睬曹的追求，最后曹威胁要杀她，她向校方求救，曹受到了校方的警告。

那些天小早最担心的事是，他听说系总支正在查他的旷课情况。他告诉我，一个学年旷课二十五节要开除，而他至少超过了一倍。好在此事最后不了了之。他后来因为肺病休学一年，比我低了一级，但我们的友谊持续了终身。他班上一个同学曾对我说："在我们年级，你和小早最聪明，而你比他用功。"我知道这不是事实，小早比我聪明，也比我用功。不过，他的用功完全没有功利的动机，所以显得不像是在用功。无论中外书籍，他读得都比我多，并且读后多有轻松机智的议论。他身上有一种陶渊明的气质，读书只是享受，散淡至极，对于虚名浮利几乎有一种生理上的抵触。这种性格保持了一生，使得他终于成了这个喧闹时代的一名隐士。我惋惜他的才华，有时不免劝他进取，而他始终安之若素。我的超脱是自我训导的产物，他的超脱是骨子里的，在他面前，我会觉得自己到底是一个俗人。

小早只比我大一岁，当时我们都非常幼稚，有一件事很能说明问题。学年结束前，校方让一年级每个学生写一份自传，放进各人的档案里。我们两为一个相似的问题发愁，我发愁的是要不要写郭世英，他发愁的是要不要写曹秋池。经过商量，我们决定写，都觉得如果不写对自己发生了这么大影响的人，自传就不真实了。我的自传写得十分抒情，抒情的重点有二，一是郭世英对我的影响，二是书籍在我的生活中的意义。这原是符合事实的，在我近十八年的生涯中，找不出比这二者更值得写的内容了。后来我大致知道了人事档案的性质和功能，才意识到自己的做法有多傻。

也是在期末，我们二班发生了一个所谓小凳子事件。事情本来很简单：学校给每人发了一只小凳子，班长的小凳子丢了，他就占用了别人的一只，并写上自己的名字。班上几个同学抓住这件事开始大做文章，旨在颠覆班级权力。他们干得很有步骤，第一步是分头找人谈话，争取所谓中间派。我从来不关心班里的是非，竟也被列为争取的对象。为首的一个江苏人亲自找我谈话，很有技巧地展开攻心。他开头就指出："人家说你思想复杂，我看你是幼稚的复杂，虽然书读得多，政治上却很幼稚。"这句话说得到位，我欣然赞同。接着他问我："你知道是谁在整郭世英？"他给我的谜底是陈老师和这些班、团干部。这就离谱了，他大约不知道，我是了解一点儿内情的。谈话最后落脚在小凳子事件，动员我站出来做斗争。可笑的是，他们还把工作做到了一班，甚至没有放过小早这样超然物外的人。造足了舆论之后，他们便逼迫陈老师召集班会，敦促系总支派人参加，对班长进行了一次又一次批判，而那位班长也就做了一次又一次检讨。不过，罢免班长的要求遭到了拒绝，夺权的目的并没有达到。我怀着厌恶的心情目睹了这一出争夺班级权力的丑剧，只感到自己身处在一群完全陌生的人之中。回想起世英，我不能不惊诧人与人之间的巨大差别。哪怕世英是在一条错误的路上追求真理，与这些人相比，也是何等光明磊落。后来我发现，在权力本位的体制下，凡人群聚集之处，都有这类争权夺利的渺小斗争，而我理所当然地做了一个永远的局外人。我喜欢那位江苏籍同学给我的评语——幼稚的复杂，愿意自己只在精神探索的领域里复杂，在社会关系的领域里不妨永远幼稚，或者说，永不世故。

大学第一学年结束了。在这一年里，我经历的事情比过去十七年加起来还多。我脑中的印象是鲜明而纷乱的，暂时还整理不出一个头绪。对于未来，我也仍感到迷惘。但是，当我启程回上海度暑假时，我知道自己已经不是一年前走出上海的那个我了。在我的内心深处，某一口泉眼已被凿开，它的水流若隐若现，但即使在被时代的大河淹没之时，仍有着自己的存在。一个人的精神自我一旦觉醒，他就不会甘心完全随波逐流了。

十二　典型小资

大学第二学年是我的诗歌年，我沉湎于写诗的快乐。海涅是我的偶像，我写了许多爱情诗。我偷偷写，不让人知道。一个爱好文学的同学无意中看见了一首，我马上告诉他，这是抄的海涅的诗，他信以为真，我为此暗自得意了一阵。我在很大程度上是在模仿海涅，我熟读他的诗，心中有了他的旋律，当我的歌从心中流出时，自然而然地带着他的旋律。我没有恋爱，但每天都被恋爱的心情笼罩着；没有爱上某一个姑娘，但爱上了邂逅的每一张美丽的面影。十八岁的青春具有不可思议的魔力，我的身心突然都像醉了酒一样，而且醉得恰到好处，飘飘欲仙。我独自在燕园徜徉，眼中的世界春意盎然，连空气也是绿色的。我当然知道世界如此美好的原因，强烈地感觉到异性在世界上的存在，她们的气息融入空气，把空气变成了酒。可是，与此同时，散布在空气里的那些不经意的眼波、倩笑、莺语，给我留下的又是浓郁的惆怅，我只好用诗歌抚平这甜蜜的痛楚。

我上大学时，大学生是不准恋爱的，这是学校正式宣布的一条纪律。在校园里，绝看不到学生成双成对的景象。倘若有学生发生了性关系，一旦被发现，必然的下场是开除学籍，并在全校大会上宣布，当众受到羞辱。由此类推，写爱情诗当然也会被视为情调不健康。在"文革"中，当我毁掉全部日记和文稿时，对诗歌下不了手，于是仔细甄别，只毁掉所谓不健康的，全部爱情诗都在其列。我曾经为这些诗自负，现在已无物证，看看留下的那些诗，总体水平一定高不到哪里去。不过，我对写诗还是有一定的心得。在留下的文字里，我找到了若干论诗的片断。例如，描述诗兴袭来的感觉："和别人一样，我读书、聊天、沉思、散步、睡眠、参加会议……突然，有另一颗心脏跳跃在我的胸腔里。"谈论诗艺："一个妙句可以照亮整首诗，就像一个生动的人可以照亮整个屋子。"

虽然没有人知道我写爱情诗，但是，无论走到哪里，在周围的人眼里，我仍是一个典型的小资。有人捡到一个纸片，上面写着多愁善感的文字，同学们就一致断定是我写的，而其实不是。我养了一盆文竹，立刻有同学对我说，由它可以想见主人的性情，大约是说我的情感和文竹一样纤柔。有一天，在校园里，别的专业一个素无往来的男生朝我走来，为了告诉我一句话："我觉得你和别人都不一样。"他从表象就看出，我游离于众人，生活在自己的世界里。到农村参加"四清"，工作组长是一个女教师，她给我的评语是"敏感、脆弱、清高"六个字。直到大学毕业后，我与郭家通信，世英的小弟建英在一封信上还径直称呼我为"周君（小资产阶级）"。

小资在今天是一个时髦词，使人想到白领、丰厚的收入、温馨的居室装修、酒吧、咖啡屋，等等，在当时完全没有这些意思，因为完全没有这些事物。在当时也有约定俗成的用法，大致而论，行为上的个人主义、自私自利、损人利己，就是资产阶级，情感上的个人主义、缠绵悱恻、顾影自怜，就是小资产阶级。或者用当时的政治话语来说，一个人如果不能和工农兵打成一片，在内心中还保留着一个私人情感的王国，他就是一个小资。我似乎很乐意对号入座，也把自己定位为小资。在这个称号下，我感到自己的内心生活未被强大的意识形态完全同化，在千人一面的世界上还拥有一个可怜复可爱的自我。

我当然不能一味孤芳自赏。世英被带走了，那个代表资产阶级争夺我的人已经不在身边，我的四周全是无产阶级。我们年级五十个学生，绝大多数是党、团员，而到二年级时，只剩下了我一人入不了团。不久后我还知道，世英也真诚地忏悔和转变了。我不愿被时代淘汰，也渴望改变自己。不过，甚至我的自我改造也富有小资特色，我不自觉地要在消灭个性的思想运动中显示自己的个性。人们用千篇一律的时行政治语汇展开批评和自我批评，那些语汇的真正功能是向一个权力结构表示认同和忠诚，完全不触及个人的真实内心活动。我偏偏不使用这种语汇，宁愿使用有个人感情色彩的语言，在话语上把自己与人们区别开来。我不喊政治口号，不上纲上线，而是尽可能说真心话，谈自己内心的矛盾、困惑和认识。哪怕是批判自己，我也愿意自己在这样做时是一个活生生的人，而不是一架按照统一指令转动的机器。毛泽东的《在延安文艺座谈会上的讲话》是专门教育到延安的文艺人士的，我发现其中所批判的"小资产阶级的、自由主义的、个人主义的、虚无主义的、为艺术而艺术的、贵族式的、颓废的、悲观的"情绪，在我身上都具备，感到格外对症和亲切。我把这篇文章读了又读，一度称之为我的"圣经"。我真心想按照毛泽东的教导克服自己身上的这些情绪，我的思想改造基本上集中在对它们的清理、剖析和批判上。可是，在我心里同时潜伏着一种优越感：比起没有这些情绪的芸芸众生，我毕竟拥有一个丰富得多的内心世界。同为思想改造，我和他们是不一样的，我的改造虽然更艰难，但似乎更有品位。

然而，多么有品位的改造，其结果仍是自我扭曲。现在翻阅劫后剩余的所谓健康的诗时，我不禁脸红，其中充斥着空洞的豪言壮语。在二年级学年末，马雅可夫斯基取代海涅成了我的诗歌偶像。这反映了我的感情上的变化，越来越革命化的环境在我身上产生的效果。在完全正面的意义上，海涅也是一个革命诗人，具有非凡的讽刺本领和深刻的内在批判力量，但我当时对此并不理解，反而觉得他的柔情已成为我与时代之间的障碍。我一直也喜欢马雅可夫斯基，这位诗歌界的革命领袖此时凸现出来了，十分符合我的需要，我模仿他写了大量梯形诗。在二年级和三年级暑假，我两次报名到部队参加军训，一次在十三陵，一次在河北固城，那两段时间里写得格外多。我向我的诗宣布："我是你们的将军，我给你们找到了最好的政委，他就是革命！"我写部队生活，站岗、打靶、急行军、野营等等。我歌颂"正在逼近的战争"，当时正打越战，国内也在宣传备战，有一种似乎即将要和美帝国主义决一死战的气氛。我想象自己将战死疆场，并且告诉未来和平年代的人们："在你们鲜花盛开的花园里，有一朵很不显眼的小花，那是一个无名小诗人的鲜血，他曾经一手写诗，一手扣扳机。"在相当一段时间里，我对战争怀着期盼的激情，仿佛战争能解决我的一切问题。对，正是我的问题，而不是世界的问题或国家的问题。这表明在我内心深处有一种绝望，看不到自己在消灭个性的思想改造运动中的出路，消灭了不甘心，不消灭又行不通，只能靠一个连肉体一起消灭的英勇壮举来打上句号了。很显然，这种病态的激情仍是小资性质的。然而，当时我陷在其中，竟还以豪情自夸，在军训归来时宣称："我们挺胸肩枪，要用雄壮的脚步声把北大唤醒！"图道是一个有健全常识的藏族同学，他读到这句诗，不以为然地摇摇头，用一种几乎是怜悯的目光看了我一眼，以后我每想起这目光就感到惭愧。

　　我不想对自己太苛刻，在那些诗里，我毕竟还找到了一些尚可称道的内容，那大抵是对周围各种现象的讽刺。我最讨厌班上几个滔滔不绝用所谓马列主义教训别人的人，明白告诉他们："在浅薄的人手里，真理也会变得无耻。"哲学系学生普遍喜欢自称书呆子，我可是知道底细的："我们读过几本书，与书何尝相干？我们是呆子，如此而已。"在一首诗中，我宣布我的使命是："把辩证法的子弹装进诗的机枪，向形而上学开火。"按照当时通常的用法，形而上学指静止、僵化、孤立地看事物的思想方式，于是我可以把我所痛恨的一切具有教条特征的现象塞进这个概念，予以抨击。相反，辩证法意味着思想上的灵活性，借助于这个概念，我得以曲折地捍卫已经所剩不多的精神自由。在无产阶级的汪洋大海上，辩证法是我这个小资所能抓住的唯一的救生圈。

十三　不得不提及一个人

在第二学年末，我们年级又发生了一件大事，就是批判"反动学生"曹秋池。后来我知道，在同一时期，全国高校抓了一批"反动学生"，显然是来自上头的统一部署。曹一直担心 x 案会殃及他，终未能逃脱。

根据当时的标准和所公布的材料，曹是够得上反动的。他的父亲是历史反革命，解放初病死在监狱里（一说被镇压了），他针对这一经历写道："巨大的历史车轮碾碎了路旁无辜的紫罗兰……我心中升起了一种事业感。"这无可辩驳地被解释为阶级仇恨。他还说过：资本主义是地狱，共产主义是天堂，而社会主义是横在其间的炼狱。这当然是对社会主义的恶毒攻击了。定性的主要根据是 x，据交代，他出席了 x 的成立会议，虽然表示自己不参加这个团体，但充当了军师的角色，提出不成立有形组织、不出版有形刊物、不制定成文纲领、订立保密规则等建议，均被采纳了。

在批判会上，我和小早作为受害者发了言。小早发言时有点儿慌乱，我忘记他说的内容了，只记得他宣读了曹不久前写给他的一封威胁信，开头两句是："希望是妓女，舆论是娼妇。"我和曹接触不多，其实算不上受害者，但我心中想着郭世英，相信郭是最大的受害者，站在这个立场上声讨了一番。人们事后评论说，我的发言有力量，但暴露了对郭仍有温情。我的确爱憎分明，对郭有多爱，对曹就有多恨。我恨的是，对于郭世英这样一个纯粹的人，曹与他来往时仍怀着强烈的功利心，开始时利用他，最后出卖他。不过，尽管如此，我现在感到遗憾的是，众口一词声讨一个人而同时剥夺他的申辩权，这种方式根本就是丑恶的、非正义的，可是，由于偏激和无知，我在客观上充当了这场斗争中的一个工具。

曹秋池人缘不好，公平地说，原因不在他思想反动。他的才气使他十分自负，曾经说，他们班只有一个半大学生，这种话当然得罪了一大片。人们还有一点看不惯的，便是他热衷于拜访教授名流。在北大，他走得最勤的是宗白华家，但听说宗并不喜欢他。一班还流传着一个笑话，说刚入学时，他知道郭沫若的儿子在我们年级，便使劲儿靠拢他们班上一个姓郭的同学，不久发现弄错了目标，马上和那个同学疏远了。我不知道这是否事实，只知道后来他到我们班来结交郭世英是非常主动的。

他给郭的见面礼是一篇关于黑格尔美学的论文，我看见过，厚厚一沓。郭对我说："完全看不懂。"不过，郭很欣赏他的才华，交往逐渐密切起来。在第一学期末，因为一件事，他们的交往达于顶峰。曹让郭借来郭沫若的七种史论，据说几天就读完了，并写了一封数万言长信与郭沫若商榷。那是一个星期天，世英例外地不回家，我看见他伏在桌边不停地抄写，有时去找曹争辩几句，熄灯后又在走廊的灯下继续工作。之所以要誊抄一遍，是因为曹的字迹十分潦草，怕郭老不能辨认。下周一，郭回到学校，我发现他情绪激动，面容痛苦。在寝室放下书包，他立即去找曹。后来听说，郭老看了长信很生气，不准世英再与曹来往。从曹那里回来，郭的眼角留有泪痕，他发疯似的抖落床铺，找出纸笔，立即埋头写起来，写了揉掉，揉掉了再写。一会儿，他抓起写完的两页纸匆匆离去。我把他揉掉的纸团展开，那是一封给父亲的信的废稿，其中感情冲动地说，他发现了一个天才，但爹爹不理解，这件事不但关系到曹，而且关系到他自己的一生，他的命运是与曹联系在一起的。此后若干天里，他与曹几乎形影不离。他对曹的遭遇充满同情，还以之为素材写了一篇小说。

但是，蜜月的时间不长，不久后就起了冲突。一年级下学期，他们的关系相当冷淡。原因之一，是上述事件之后，曹经常在郭面前辱骂郭老是宫廷文人、御用学者，伤害了郭的爱父之情。一次上课时，郭把刚写的一张纸片递给我们传阅，曹在上面批道："不要像父亲似的乱叫了，还是认真研究一些问题吧。"郭脸上顿露不快之色。原因之二，是郭认为曹虚伪。一次下课后，我们在一起走，他对我说："我现在很讨厌曹，不想和他说话了。他说他要共产主义，他要的是什么共产主义啊。他还要一块招牌。"据我所知，曹最推崇的是卢卡契，而郭直接欣赏西方流派。郭还对我说："他总是在演戏。演给别人看还可以，演给自己看就太恶心了！"他讲了一件事。有一次，曹向他借手枪，他问曹想干什么，曹指着自己的右胸说："你不是想退学吗？你用手枪打我这里。""这倒好，"郭继续对我说，"我打他右胸，他反正死不了。他去住院，吃得好好的，而我去蹲监狱。这种人居然还天天想着要写他的《人，岁月，生活》。"

曹的演戏冲动的确令人费解，小早说的追求东语系女生是一例，我也遇到过类似例子。1963 年 5 月上旬，郭刚出事，有一天，我与曹在校门外散步，他突然决定立即去郭家一趟。回来后，他向我叙述经过。据他说，他见到于立群，开口尊夫人，闭口贵公子，使于大为气恼。他还把郭沫若又娶新妇并遭到周总理责备的谣传告诉了郭本人，并指出人们一致认为他现在写的诗根本不像诗。几天后，我从陈老师那里知道，事实是他吃了闭门羹，郭沫若和于立群拒绝见他。当时，因为做郭世英的工作之需，陈老师与于立群保持着密切联系，他应当是了解真实情况的。我看不出曹有什么必要向我编造这种故事，只能解释为这是他自己的一种心理需要吧。

不过，即使在最讨厌曹的时候，世英坚持认为，他确有很高的才分，现行教育体制对他这样的人是一种摧残。批判会之后，曹被判劳教三年，因为"文革"，实际上也是到七十年代末才获自由。此后他留学剑桥，研究量子力学，据国内媒体报道，一度成为三一学院的签约研究员。在牢中度过十多年，出来后很快就有这种状态，证明了他的毅力和才分。我不喜欢他的为人，但现在我倾向于认为，在当时中国的特殊环境中，他必须经历特别艰难的生存斗争，他的一些毛病也许部分地可以由此得到解释，是人性在非正常条件下的扭曲。

写郭世英，无法不涉及与他有密切关系的曹秋池。听说曹现在定居美国，如果他读到这本书，发现有不符合事实的地方，我希望他指正。我很愿意通过这个机会，澄清我的一段重要生活经历中的疑点。

十四　根深蒂固的右倾

1964年2月，学校组织学生到农村写村史、家史，我们年级到平谷县，我在那里的复兴村住了一些天。这是我第一次近距离和农民接触，感觉很新鲜。冬日的北方村庄，土墙枯树，偶闻狗叫，一片静穆。农民朴实而热情，把旱烟袋递给你，一定要你抽一口。有一个青年农民向我赠五言诗，我愉快地应和回赠。有时也不免闹笑话，乍见农民如同乍见老外，觉得他们长一个样，判断不了他们的年龄，见了一个和我年龄相仿的农民开口就叫大叔。最大的笑话出在执行这次下乡的任务上。我负责写一个老雇农的家史，他在解放前给地主扛长工，在我的引导下，他大诉其苦，我如获至宝，赶紧笔录。可是，到头来我终于听明白，他诉的是三年困难时期的苦。我追问他扛长工时生活怎样，他的表情顿时舒展开来，说那时候可好了，吃得饱，活不重。这个家史当然没法写了。

去平谷只是下农村的小小前奏。从1964年开始，根据毛泽东的指示，全国党政机关人员包括高校师生组织成工作队，分期分批到农村参加社会主义教育运动，又叫四清运动。所谓四清，就是清政治、清思想、清组织、清经济。整个大学第三年，我们在顺义县城关公社搞四清。原先宣布只参加这一期，然而，该上四年级时，北京市委在北大哲学系搞学校社教试点，哲学系停课，便安排我们先去首钢劳动一个月，后到怀柔县崎峰垞公社参加了第二期四清。

在顺义，我被分配在城关大队的一个生产队。工作组是混合编制的，共六人，成员来自不同学校，组长是北京轻工业学院的一名女教师。一间农舍兼男宿舍和办公室，我们没完没了地在那里面学习和开会。房间里整天烟雾缭绕，把我也熏成了一个忠诚的烟民。我抵御不了烤烟香味的诱惑，一开始卷喇叭筒抽着玩儿，后来就自己买烟，从八分钱一包的绿叶过渡到两毛一包的黄金叶。时常为生产队里的问题发生争论，我和小傅总是右派，那个小严永远是唱高调的左派。小傅是轻工业学院的男教师，有动人的歌喉，为人轻松随和。小严是科技大学的男教师，担任副组长，正在争取入党，整日绷着一张煞有介事的面孔。我发现，右派和左派的区别就在于是否尊重常识，而不尊重常识的人往往有极强烈的功利心。大队会计刘殿才在我们生产队里，便成了我们工作组的重点清查对象。这个人十分精明，能说会道，无论怎样攻心、查账，都无奈其何。最后只好追究他的生活作风问题，他倒也痛快地交代，如何把村里一个女青年拉进厕所里发生了多少次关系。他说那个女青年是情愿的，那个女青年说自己是被迫的，工作组为此分别对二人进行了一次次讯问，结果不了了之。我分工负责队里的青年工作，这项工作单纯而令人愉快，那些青年男女都很喜欢我这个与他们年龄相仿的大学生，他们的父母也把我引为子女的榜样。

怀柔如今已成为北京人消度周末的休闲胜地，当年却以穷山恶水著称。我被分配在崎峰垞公社西台子大队，工作队的指导员是一个军人。与第一期的大兵团作战不同，这一期人员较少，全队不过几人，不再分组。同队还有两个北大学生，都是西语系的，一个是从中央警卫团转业的，担任工作队长，自我感觉极好，总与一个从农村抽调上来的风骚的女队员打闹厮混，另一个是比我还笨拙的书生，成了经常遭指导员数落的受气包。我身上右的倾向根深蒂固，记得最清楚的一件事是，队里有一个老汉是"坏分子"，戴帽的原因只是与大队书记吵过一架，我发现他其实是一个耿直勤劳的人，便坚决主张为他平反，结果被批评为阶级立场不稳。我还十分同情一个富农的女儿，她是一个漂亮温顺的姑娘，却不得不经常参加为地富子女召开的会议，恭听侮辱性的训示。正是在四清运动中，我领教了当时中国农村的等级制度何其严酷，所谓四类分子固然被剥夺了人身自由，他们的子孙实际上也都成了世世代代低人一等的贱民，永无出头之日。我不能不将心比心，设想自己倘若投生在这样的人家，情形将是何等悲惨、绝望、不公正。

那时候怀柔山区的农民真是穷苦。大石山中仍要以粮为纲，便只好炸开石山，沿坡垒筑坝阶，造出一小块一小块薄田。造田之后，为了解决水源，还必须凿石开渠。隆冬季节，我常和农民一起在山坡上抡镐，领略过与顽石搏斗的辛劳。然而，产量仍然极低。我们吃的是派饭，除了四类分子和特殊困难户，一家吃一天。人们尽量把家里最好的拿出来，也不过是杏叶馍之类。村里常见因近亲通婚造成的痴呆人，还有一个患梅毒的老太，鼻子、手、足都烂掉了，天天匍匐在院子的地上。生产队长是一个复员不久的军人，人很正派，因为自己的胃病和村民的落后而总是愁眉苦脸。我和一个养牛老汉睡一条炕，染了一身虱子，一件棕色毛衣因为结满虱卵而变成了浅灰色。开始感到痒、恶心，浑身有小虫子在爬，时间一久也就麻木了。有一回，我独自去远处一个村外调，在山路跋涉了大半天才到达。调查完毕，天已黑了，当地工作队的人留我与他们同住，我十分犹豫。我是为我的满身虱子自惭形秽，如果我住下，肯定会传给他们。如果要当日赶回，只能抄近道，翻一座大山，山上有野兽，而且几乎必然迷路。最后我怀着一种罪恶感住下了。

在运动中，我也曾为上头精神的多变感到奇怪，例如开始时推广王光美的桃园经验，后来又批为形"左"实右，但只是奇怪而已，未能深想。1966年6月1日夜晚，中央电台广播了聂元梓等七人攻击校长陆平及校党委的大字报，次日，全国各报均在头版头条刊载。聂元梓是哲学系的党总支书记，其余六人也都是哲学系的教员，我闻讯自然为之震惊。几天后，指导员宣布，接上级通知，北大学生立即返校，四清的鉴定不做了，每个人将在"文革"中给自己做出鉴定。

十五　洪流中的兴奋和疑惧

从农村回到学校，立刻就置身在一种火热的气氛之中了。校园里，在临时搭起的篾席上，在每一座建筑物的墙上，在宿舍的走廊里，到处都是大字报。这些大字报的矛头大抵是指向业已倒台的旧北京市委、校党委以及各系总支的。在第三学生食堂，开辟了内部大字报栏，揭批彭、罗、陆、杨和其他大人物。不过，这个内外界限很快就打破了。人们十分兴奋，三五成群热烈地议论着。聂元梓的大字报是 5 月 25 日贴出的，从贴出到广播，几天之内，留校的师生已分成两派。当我们回校时，胜负早已分晓，保陆平的一派消沉了，支持聂元梓的一派则兴高采烈，四处演讲，向刚返校的听众介绍其光荣的战斗经历。

我的心情是矛盾的。一方面，受周围气氛的感染，我也异常兴奋。一向在台上指手画脚的校领导突然被打倒了，虽然派进了工作组，但学校仍处于准无政府状态，常轨不复起作用。列宁曾把革命称作人民的盛大节日，当时确是一派过节的景象。革命意味着暂时的权力空白，人民一向受着严格的管束，现在突然没有家长了，成了无人管束的孩子，洋溢着乍获自由的喜气。大字报所揭露的一些大人物的隐私千奇百怪，匪夷所思，也令我大开眼界。另一方面，我心中又有强烈的隐忧乃至恐惧。事实上，早在半年以前，报上发表姚文元评《海瑞罢官》的文章，这种忧惧就已经开始。我不知道高层斗争的内幕，但是，对文艺作品和学术文章做出极端牵强附会的解释和臆测，据此在政治上提出吓人的指控，不能不使我有兔死狐悲之感。和常轨一起，常识也被打破了，如果说常轨的打破使人解放，常识的打破却使人迷惘了。魔鬼已从瓶中放出，它将施怎样的魔法，所有的人心里都没有底。

怀着这种矛盾的心情，我天天在大字报栏前流连，贪婪地读着，惊讶着，激动着。北大是一座大字报的森林，我一头扎了进去。有一天，我在一张大字报上突然看见了郭世英的名字，并用红墨水打着一个可怕的叉叉。那张大字报列数校党委的罪状，其中之一是包庇反动学生郭世英。我的头脑一下子痴乱了。当时的感觉是，当我在大字报的森林里漫游时，不期而看见其中的一棵树上吊着我的朋友。我立刻逃离大字报区，漫无目的地在校园里乱走，心中充满不祥的预感。

返校后不久，北大发生了"六一八"事件。由于这个事件的主要发生地点是我住的38楼前，我目睹了全过程。6月18日上午，哲学系若干学生把本系的"黑帮分子"揪来，在楼门口的台阶上进行批斗。所谓"黑帮分子"，在哲学系是指北大社教中的右派，我们的年级主任陈老师亦在其列，在学校和其他各系则是指当权派。事情发展得极为迅速，别系的学生纷纷效仿，揪来了他们系或校一级的"黑帮分子"。在学生宿舍楼里，只有38楼的楼前有高台阶，很适合做"斗鬼台"。那些兽性发作的学生把厕所里装便纸的铁丝篓拿来，套在被斗者头上，又朝他们头上脸上浇黑墨汁和红蓝墨水，逼他们下跪，拳脚相加，斗毕押往校园游街。在这场暴行中，活跃着我们班一个同学的身影。我在一旁无言伫立，一阵阵冷颤，为人的丑恶而震惊。

"六一八"事件后，工作组要求大家对事件进行讨论，吸取教训。新的一轮辩论掀起，有三派意见。一派说是革命事件，好得很，理论根据是毛泽东的《湖南农民运动考察报告》。一派说是反革命事件，有反革命分子在其中捣乱，甚至有黑后台。一派说是错误事件。我持第三种意见，出发点仍是常识，觉得这种侵犯和侮辱人身的行为与革命、反革命都不相干，纯粹是刑事犯罪。这场辩论没有结果，很快就转为对工作组的性质展开辩论。由于工作组倾向于认为这是反革命事件，激进分子便贴出大字报，说工作组推行反动路线，已成为革命的绊脚石，必须赶走。正当自发的辩论热火朝天而又相持不下的时候，中央文革小组来到了北大，7月25日和26日，连续两个晚上在东操场举办万人辩论大会。名曰辩论，实际上已有定论，便是肯定"六一八"事件，驱逐工作组。

这两场辩论大会对我震动极大，使我第一次对"文革"产生了明确的怀疑。由于江青的特殊身份，在人们的心目中，中央文革小组是直接代表毛泽东的。当然，这个判断基本符合事实。由此而进一步，人们出于对毛泽东的敬仰，对江青也怀有相当的敬意，我也不例外。在当时，绝大多数人都不了解江青的历史和个人品质，对这个突然成为中国政治舞台上红角的第一夫人充满好奇。然而，第一次目睹她的公开表演，我不禁目瞪口呆。最令我吃惊的，一是她的飞扬跋扈，把工作组长张承先像孙子一样地辱骂，二是她的公报私仇，当着万人之众抖搂家庭私事。在第二场辩论会上，形势已经明确，支持工作组的人不再有发言权，台上站着北大附中"红旗"的中学生，其头目彭小蒙是一个伶牙俐齿的女孩，做了一个火药味浓烈的发言。江青为之助威，高喊："谁不革命，谁就走开！"群情激愤之时，康生又火上浇油，厉声宣布："张承先不只是反动路线，他是反党反社会主义反革命的反动路线！"话音刚落，彭小蒙等举起皮带抽向张承先，而台上的中央文革小组成员皆作壁上观。在做总结发言时，江青越说越激动，一声"我要控诉"，便开始详细数落张韶华如何利用毛岸青患有精神病而与之同居，张韶华的母亲又是一个多么坏的女人，说到最后，声嘶力竭地叫喊："我们家没有这么个儿媳妇！我们不承认有这么个儿媳妇！"会场上立即响起呼应的声音："把张韶华揪出来示众！"张韶华当时是北大学生，幸亏她早已逃匿，不在现场，暂时躲过了一劫。

辩论之后，当天晚上，我在日记里记下了江青、康生的表现，也记下了我的不解和反感。在"文革"前期，我仍保持着写日记的习惯，陆续记下了许多困惑。随着反对中央文革就是反对毛主席就是反革命的逻辑越来越成为铁律，不断有人遭殃，这些日记就成了我的心病，后来是我第一批毁掉的文件。

我在政治上绝非一个敏锐的人，如同当时绝大多数学生一样，也以天真的热情接受了对毛泽东的个人崇拜。在我的心目中，他不啻是一个神，甚至偶尔想到毛主席也有普通人一样的生理活动例如排泄，便感到不可思议，仿佛是一种亵渎。现在人们会觉得这种想法太可笑，但我曾与人交流，发现当时有过与我同样闪念的大有人在。我对毛不完全是迷信，也有真正心悦诚服的成分。"文革"前期，他的一些未发表谈话传抄出来，不胫而走，我读后真心折服于他的天才。尤其是他抨击现行教育制度摧残人才的谈话，何其痛快淋漓，简直像是说出了我们这些受压抑学生的心声。因此，虽然我对他老人家亲自发动的"文革"常有想不通的地方，也仍是强迫自己从正面理解和适应。"文革"前期报刊上出现的一些醒目口号，例如"触及灵魂的革命""在大风大浪中前进""关心国家大事"，在我这个小资眼里被赋予了一种浪漫色彩，也诱使我努力顺应这场运动。我感觉到了理解和适应的困难，便从自己身上找原因。我对自己说：这场运动既然是史无前例的，其发展进程必然会不断地出乎我的想象，是我这样思想一贯偏右的人所难以接受的，我必须自始至终对自己的右的倾向保持警惕。于是，在我写的第一张大字报《关于当前运动的若干问题》中，我特别强调了这场运动的主要危险始终是右倾。我心里清楚，这个论点丝毫没有某种政治分析作为根据，其实只是我的不自信心理的隐晦表达而已。那时已有许多外地学生来京串联，我惊讶地发现，他们争先恐后地阅读和抄写这张大字报，并在上面写满了赞同的批语。我还写过一张题为《造反有理，夺权有理》的大字报，时间大约在 1966 年 9、10 月间，由于开头引用了从民间小报上看到的朱德的一句话，结果整篇文章被误传成了《朱德同志讲话》。不久后，我在北京外国语学院、延安、成都都收到过这个标题的传单，内容正是我的大字报。我忘了具体写些什么了，大约不外是说夺权才能使造反成正果罢，是逻辑上的推演。1967 年"一月风暴"后，全国真的掀起了所谓夺权斗争，我去中组部看过，那里已是空楼，北京红卫兵两派为争夺一枚中组部公章打得不可开交，着实是一场闹剧。我在"文革"中写大字报很少，这是主要的两张，都是所谓理论思考，虽然没有伤害具体的人，但多少也起了煽风点火的坏作用。现在我提及这一点倒不是要忏悔，而是想说明当时的总体氛围，我不属于极少数能够超越这种氛围的先知先觉者之列。

十六　校门外的世界

在"文革"初期，哲学系的情形比较特殊。全校和各系的当权派都相继垮台了，阵势大乱但显得比较有生气，唯独在哲学系，由于党总支书记聂元梓是响当当的左派，原来的当权派仍基本控制着局面，反倒显得沉闷。系里要求全体学生以班组为单位，坐下来学习文件，提高认识。哲学系是北大社教的试点，教师以社教中的态度画线，界限已经分明，社教中的左派是革命路线，右派就成了反动路线。我们的年级主任陈老师恰巧是右派，这给了那几个曾借小凳子事件向他和班干部发难的人以机会，他们立刻以一贯正确的左派自居，声称他们与陈的斗争从来就是两条路线的斗争，而他们是革命路线在哲学系六二级的代表。他们挤进年级临时领导小组，掌握班组讨论。我们被关在宿舍里，人人必须对年级里的所谓两条路线斗争表态。原来的班干部，尤其是那位班长，被迫一次次做沉痛的检查。听着人们没完没了地唠叨鸡毛蒜皮的陈年琐事，一方恬不知耻地夸为光荣历史，另一方痛心疾首地给自己上纲上线，我感到荒谬和愤懑，只能以沉默抗议。透过窗户可以看见校园一角，外面的世界生气勃勃，越发衬托出寝室里的死气沉沉。左派们频频使用当时社论中的用语，命令每个人"触及灵魂"，我在笔记本上恨恨地写道："你们的灵魂当然不必触及，也无法触及，因为你们根本没有灵魂。"红卫兵运动兴起后，这些人又率先给自己套上红袖章，神气活现，所做的事却仍是关起门来纠缠班级破事。我忍无可忍，写了一首题为《搅乱哲学系》的梯形诗，抄成大字报贴出来，讽刺哲学系的红卫兵不过是戴着红袖章的小老头儿，呼吁打破班级界限，到社会的大风大浪中去。贴出不一会儿，上面就写满了批语，指责我形"左"实右、仇恨红卫兵等等，宣布要和我辩论到底。我再贴出一首诗，满意地赞许："瞧这群激动的小老头儿，现在总算有了一点儿生气。"

　　毛泽东8月18日第一次接见红卫兵之后，社会上沸腾了起来。作为一个对政治内幕一无所知的学生，我的"革命热情"也被煽动了起来。所谓"革命热情"，其实并无具体的目标，只是一种想要投身到沸腾中去的渴望。我心目中的榜样是马雅可夫斯基，我想象自己像他那样写出许多革命诗篇，抄成大字报，然后被转抄到红卫兵的笔记本上，传遍全国。然而，在现实中，我自己连红卫兵也不是，班上的红卫兵组织被那一伙自封的左派把持着，因而备感压抑。"八一八"后不久，北京学生开始到全国串联，我和几个比较亲近的同学商议结伴出行，某一个左派立即在我们寝室门外贴出告示，宣称倘若狗崽子胆敢外出串联，他们一定要把我们从火车站揪回，绝不留情。在红卫兵极端分子的语汇中，狗崽子是指出身不好的人，其实我们都不够格。他们所骂的，一是图道，他的父亲是西藏贵族，但同时也是在"文革"中受保护的国家级领导干部；另一是班长，他的家庭出身不过是小业主罢了。有趣的是，许多年后，这两人是全年级官运最旺的，分别为副部级和正部级，远非那些孜孜于争夺班级权力的人所能企及。

我们是直到11月份才走出北京的，那时候大串联在全国已成燎原之势，班上那些左派也早走得不见人影。我们一行六七人，包括班长、图道和图道的弟弟晋美，还有一个正在北京串联的名叫许凤的上海中学生，是一个容貌清秀、性格爽快的姑娘，也加入了我们的队伍。我很喜欢图道，他在印度和西藏度过童年，从小受佛教熏陶，心地慈悲善良，待人接物有一种优美的平和风度。由于他始终以一种正直的立场和健全的常识看待班级里的纠纷，因此深遭左派们嫉恨。他对我十分友好，有时我因年少无知而口出狂言，他也总是予以宽谅。和他在一起，我感到无比踏实。大串联期间，乘车不要钱，见车就可以上，但每一趟列车都塞得满满的，超员何止一两倍，闷罐子货车也常常用来载人。每到一地，当地有接待站安排食宿，一般是在机关、学校腾出的空屋里打地铺。

当时毕竟年轻，倒也不觉得苦。我们选择的是西行路线，第一站西安，折道去延安一趟，然后到成都。一开始，我们怀着关心国家大事的热情，把主要精力用于到大学看大字报，但很快发现情形大同小异，而我们实际上做不了什么事。

到达成都后，中央宣布停止大串联，要求学生立即回自己的学校。我和晋美决定上峨眉山一趟，然后再回北京。图道不想去，在成都等我们。许凤特别想跟我们去，我也很愿意带这样一个漂亮的旅伴，但晋美坚决反对，认为一个上海姑娘肯定会是一个累赘。出发那天，天蒙蒙亮，趁许凤还没有醒，我们就悄悄动身了。晋美健步如飞，我紧紧跟随，整个行程只用了三天。第一天，乘汽车到山脚下，登上半山腰的洗象池。第二天，登上金顶，那天阳光明媚，脚下四周是无边无际的金色云海，云海里闪出一枚指环形的彩虹，人称佛光，据说是峨眉山极著名又极难得一见的景致，却被我们不期而遇。第三天，飞跑着下山，穿越积雪的原始森林，鞋子被雪水浸透了，衣服被汗水浸透了，当天回到成都。这是我第一次攀登大山，为了跟上晋美的节奏，一路连滚带爬，而他好像仍嫌我娇气，下了一句"毕竟是一个上海人"的断语。我对他这个旅伴却很满意，他像图道一样寡言，但更有一种深思的潜质。留宿金顶的那个夜晚，他勤勉地阅读散落在僧房里的文献，并向临时充当招待的僧人请教。我们在串联中结下的友谊延续了多年，我分配到广西，他去内蒙插队，我们一直通信。我知道他在农村表现积极，做了许多好事，例如用自己的钱为生产队买猪种。有一回，他写信说，他有一个秘密，暂时还不能宣布。我立刻猜想他有了心上人，事实却是他即将被批准入党，但这件事最后告吹了。后来我们断了联系，直到有一天，我在《参考消息》上惊诧地读到，他在美国，成了达赖的发言人。

从峨眉山下来后，我们便打道回府，唯有班长决定从成都出发开始步行串联。他说到做到，走了小半个中国，许多天后脏兮兮地回到学校。这人身上有一种超常的克己品质，意志十分坚强。其表现一是极能吃苦耐劳，刚学游泳时，他的姿势非常别扭，却每次都以这别扭的姿势坚持游一千米以上。二是极能忍让，无论左派们怎样纠缠他的小是小非，他都只做自我批评，我和他住同一寝室，从未听见他有半句怨言。毕业后他分配在某省一个最贫穷的乡里，没有任何权力背景，而能在中国官场稳步上升，除了机遇之外，他的坚忍品质必定起了很大的作用。

1967年上半年，我还曾两次外出串联。与第一次不同，这两次可以算是组织派遣的。那时候，北大已成立以聂元梓为首领的新北大公社，我是这个组织的群众成员。反对聂元梓的那一派叫井冈山，人数很少，但气势很凶。根据后来的传闻，高层在接见聂元梓时劝她去上海避一避风，她便带了若干人奔赴上海。她的一员干将是孙蓬一，此人一向对我友好，邀我参加。我们住在上海一栋旧式小洋楼里，也是打地铺，小楼里一派繁忙景象，但我不知道在忙些什么，插不上手。孙蓬一交给我和历史系一个学生一项任务，让我们去无锡工厂调查两派斗争，然后写出支持造反派的文章。我和那个同学在调查后觉得造反派毛病很多，结果写了一组批评造反派的文章，印成传单散发了出去。当时孙蓬一不在，他回来后看到传单，脸色陡变，勒令停止散发。孙绰号"大炮"，容易冲动，"文革"未结束便被当作现行反革命抓了起来，暴死狱中。

从上海回来后，闲着没事，历史系另一同学对中学的"文革"运动感兴趣，约我一同研究。我们一起走访了若干所中学，留在记忆中的只有三个镜头。一是西郊一所中学，好像是六十七中，造反派头头叫奚小明，一个军干子弟。这是很特别的，军干子弟一般都站在联动立场上，而他是反联动的。他很矜持，一副思想家的派头，而最使我难忘的是那个围着他转的女孩，叽叽喳喳说个不停，全是崇拜他和体贴他的话语，实在令我艳羡。二是八一学校，这是一所军干子女聚集的学校，我们去时正看见叶剑英的小女儿被校革委会扣留，通知叶办来人把她领走。三是联动头目牛皖平家里，他刚获释放，慰问者川流不息，而他始终沉默不语。

5、6月间，四川传来武斗消息，北大一些学生去那里支持造反派，我也跟着去了，分在简阳县。当时北京的学生到外地，只要是支持造反派的，都打着首都红代会的旗号，我们也如此。既然新北大公社是首都红代会的成员组织，这样做也算符合事实。我们到达后，当地造反派声势大振，很快就占据了绝对优势。在两派发生冲突时，我曾被对立派短暂绑架，混乱中摸走了钱包。我们驻扎在简阳中学，那里有一支精悍的文艺宣传队，四川姑娘的美丽使我心醉神迷。我单独下到该县禾丰公社，作为首都红代会代表在集会上发表演讲。离开简阳时，送别的场面十分壮观，造反派倾城出动，车站前是人面的海洋，人们唱着歌，哭着，我们每个人胸前被别上几十枚毛主席像章，臂上被套满红袖套。有一个天使一样可爱的小姑娘，她蹦蹦跳跳地拉着我的手，车启动时哭得特别伤心。回北京后，她给我寄来了信和照片，照片上的她像一朵清晨带露的鲜花。我还和禾丰初中的孩子们通信，他们回信说，大家争相阅读我的信，结果只好油印几百份，人手一份，许多对立派的孩子哭了，说不该围攻这么好的红代会哥哥。在这次串联中，我没有看到真正的武斗，只看到了那些被卷入政治大潮的外省青少年的无比天真的热情，这种热情很容易被引向残酷的自相残杀。

十七　我的立场出自直觉

在"文革"鼎盛期，北京高校有五个著名的造反派组织，即新北大公社、清华井冈山、北航红旗、北师大井冈山、地质东方红。它们之所以著名，是因为有中央文革的直接支持。后来的事实证明，中央文革只是把它们当作工具，用完后就抛弃了，五大组织的头目无一例外落得了悲惨的下场。不过，尽管如此，对于当时群众中发生的大规模的观点分歧和情绪对立，恐怕仍不能只用少数野心家的操纵来解释。在绝大多数高校里，学生最初的分派大致反映了与现行教育体制的关系。一般来说，保守派的中坚是这一体制中的既得利益者，造反派的头目和骨干则往往是一些被称作痞子的学生，用现在的话说是另类，他们有较多的独立思考精神，对于旧教育体制相当抵触，往往被党团组织排除在外，处在比较受压抑的地位。因此，他们的造反包含了某种反传统的成分，清华可以算作这种情形的一个典型。

北大的情形就很不同，一个明显的事实是，这里的造反派头目根本就不是学生，而是一个专职党政干部。聂元梓其实完全是传统中的人，上台后也仍以传统的方式领导北大的运动。这种格局使得北大学生中的反传统力量不但没有分化出来，而且仍受着压抑。有人把这种情况称作北大运动的先天不足。新北大公社虽然是北京高校五大造反派组织之一，但是，它完全不像清华井冈山那样是在反抗中形成和逐步壮大的，相反，它是聂元梓在坐稳江山之后自上而下组织起来的，囊括了全校多数师生。毫不奇怪，这样一个组织不可能有多少锐气。事实上，当时的社会舆论几乎是把新北大公社视为保守派的大本营的，以至于人们在打派仗时，倘若想证明对方是保守派，举出的最有力理由便是对方得到了新北大公社的支持。

我是新北大公社的成员，但我对聂元梓领导下的北大运动一直很不满意。在校系"文革"委员会的控制下，北大基本上是一潭死水。如果说有浪花，也是因为不时有一些倒霉的学生被扔下水而溅起的，更使人感到压抑。校园里风行揪斗学生中的"反革命"，这里那里的宿舍墙上会突然贴出大字报，抄录着某个学生的"反动日记"，有时还可以看到一伙人架着那个学生在大字报前进行批斗。我读后发现，所谓反动无非是小资情调罢了，最严重也仅是流露了对"文革"的困惑不解，这不能不使我感到自危。还有一些学生因为反对聂元梓而遭到批斗，反聂就是反对中央文革的论调甚嚣尘上。在这种高压下，时有学生自杀。最使我痛心的是沈达力之死，她就是我刚考上北大时在沪京列车上的那位漂亮旅伴，在未名湖畔服毒自尽。我听说，事情发生后，对立一派的女生在宿舍走廊里幸灾乐祸地尖叫："307的伙计们，那个贱货断气啦！"我在中文系宿舍外的墙上看见她们贴出的告示，用大号字体宣布："要把这堆臭肉里的反动灵魂揪出来斗倒斗臭！"当时我心中充满厌恶，深信迫害她的人一定容貌丑陋，她是被嫉妒杀死的。那天夜晚，我独自在未名湖边徘徊，凭吊这个美丽的冤魂。湖面上倒映着淡黄色的灯光，老柳树披头散发地站在湖旁，在风中摇晃，仿佛也在呼叫着她心中的冤屈。

事实上，新北大公社成立伊始，就有一个与之对立而坚决反聂的组织，即井冈山兵团。这个组织人数很少，其骨干分子在哲学系，我不喜欢他们中的若干人，所以从未考虑加入。他们一直在起劲地声讨聂元梓的反动路线，我虽然也对聂不满，但觉得他们调门太高。然而，大约在1967年6月，聂元梓召开了全校师生大会，对井冈山的骨干进行有组织的批斗，此举使我做出了一个判断。我断定，由于她开始镇压群众，从这个时刻起，她的确是在执行反动路线了。其实，对于任何人事争斗，包括"文革"中的派别斗争，我之采取某种立场，往往不是基于清楚的理论分析，而是出于一种本能式的正义感。

与此同时，新北大公社本身也在发生着分化。化学系有一个战斗队，为首者是后来搞人才学的雷桢孝，虽然属于新北大公社，但思想很活跃，一直在从内部批判聂元梓。这个战斗队贴出的大字报总是很吸引人，我也十分欣赏。由于这个战斗队的名称是以零开头的，其拥护者便逐渐形成为所谓零派。到1967年7月，零派人数激增，一次举行游行，队伍浩浩荡荡，有人开玩笑说："老聂现在一定在伤脑筋，要派多少辆大卡车才能把这一小撮抓光。"零派兴起后，北大的面貌为之一变，学生中被压抑的才智迸发出来了，在大字报和辩论会上各显其能，出现了前所未有的生机。大字报重又琳琅满目，大抵是批聂的，极尽讽刺之能事。聂被比作慈禧太后，"老佛爷"的绰号不胫而走。淘气的学生大写打油诗，有一首影射她与某政要的风流韵事云："夏菊凋零秋菊开，为比风流眼半斜。"口才好的学生也有了出风头的舞台，后来当上联合之后井冈山兵团司令的牛辉林就是在辩论会上崭露头角的。我对零派的欣赏几乎是审美性质的，我觉得这一派开心，好玩儿，有生命力。哲学系女生很少，漂亮女生更少，很可惜，我眼中唯一的一位站在了对立面。我为她写了一首题为《保守派的姑娘》的诗："姑娘，你干吗叫得这样响，还要扯起尖嗓子骂娘？你的脸挺美，你的头脑可真糊涂，那里面装满了保守思想。一会儿你低下头读书，好像挺认真的模样。说真的，我有一个感觉，我总觉得你是在读《修养》。"附带说一说，尽管刘少奇在"文革"中的经历极令人同情，但我从来不喜欢他写的这本充满陈腐儒家伦理和平庸老生常谈的《论共产党员的修养》。

零派从新北大公社中分裂出来已成必然之势，无人能够阻挡。1967年底，零派与小井冈山合并为大井冈山，宣告分裂完成。联合后的井冈山兵团有五千人之众，著名物理学家、北大副校长周培元被选为第一任总勤务员即总头目。这位老人富有正义感，始终旗帜鲜明地支持受聂压制的学生，但当选不久即在周恩来的劝告下辞职，由牛辉林接任。我在北大"文革"中从一派转到另一派的经过便是如此，支配我的不是思想，也不是利益，而只是直觉。也许正因为此，无论在哪一派中，我都不是风云人物，而只是一个普通群众。我安于这样的角色，一生中不曾有过成为政治人物的想法，因为我有自知之明，在这方面既无动力，也无能力。

十八　原罪与忏悔

现在我来追叙一下郭世英在 1963 年 5 月之后的情况。

他被从与我对弈的象棋盘旁带走以后，直接进了拘留所。据说他当时火冒三丈，要动手打人，结果是用刺刀押送进去的。在短暂的监禁期间，他的思想发生了突然的变化。6 月的一天，家人收到了他从监所寄来的信，后来郭平英在给我的信中抄录了这封信。他在信中写道："我在这里谈出了全部心里话以后，眼睛突然亮了起来，这一变化来得那样突然，我一个人在屋子里又笑又哭，只觉得自己变轻松了。"他还说："以前我们大家在欢笑中团聚的景象一次又一次地浮到我的眼前，一次次我在泪眼蒙胧中看见爹爹的笑，妈妈的笑……这一切是曾被我破坏了的，但我一定要把它们争取回来。你知道，我是爱你们的，这爱一直偷偷地藏在心里。现在我集中了一年半对你们的感情,它不是文字能表达的,也不是眼泪能发泄的。我只是真心希望你们好,希望你们快活。"由这些话判断,促使他发生突然变化的重要因素之一是对父母的爱和负疚感,是与家人团聚的渴望。世英是一个极重感情的人,对父亲又十分敬爱,他曾向我叹息:"我活着有什么用,能把我的生命加给我父亲就好了。"事实上,在以前因为离经叛道而与家庭关系紧张的时候,他的确已经常常感到负疚了,只是不知道该怎么解决这个矛盾。因此,入狱实际上提供了一个浪子回头的最好机会。至于在思想实质上究竟发生了什么变化,从这封信上还看不出来。

处理决定很快就做出了,让他去农场劳动。在成行之前,1963年暑假里,他曾来北大一次,我因为回沪度假,没有见到。他让陈老师转告我,说我们一定有机会再见面。陈老师还说,郭世英大大地变了,我见了会大吃一惊的。1964年除夕之夜,我们寝室的同学正在聚餐,忽然听见有人喊:"郭世英来了!"随即我看见他站在寝室门口,原先的长发已换成短短的平头,脸胖了,黑了,变年轻了。他用清澈的目光看着我,微笑着说:"把我忘了吧?"我傻坐着,目不转睛地看着他,一股欢乐的暖流涌遍全身。在当晚举行的年级联欢会上,他感情饱满地唱了一曲他父亲作词的《人民的领袖万万岁》。1965年春节期间,他从农场返京探亲,又来学校看我。那天夜晚,我们在街上散步很久,他错过了回城的末班车。他对我谈在农场的感受,说:农场的组织太严密,有一个牢固的体系,个人对此毫无办法;如果几个志同道合的人一起搞一个生产队，一定很有意思。他还告诉我，农场有一个姑娘追求他，他必须小心维持平衡，很难办。我问他今后的打算，他说对棉花感兴趣，想研究植棉。果然，在农场劳动两年之后，遵照他自己的意愿，他的学籍从北大转到了农大，义无反顾地走上了学农的道路。当时我正在农村参加"四清"，中间暂时回校时，我们曾约在北海公园见面。我们还时不时通信，他的最后一封信写于1966年1月，信中邀我去他家，不久后我和图道一同去了一次。这是我们在"文革"前见的最后一面。

我保存着世英给我的全部信件。这些信表明，他确实在非常诚恳地清算自己的过去，剖析"反动"思想的根源，渴望走上新路。在农场期间写的几封信里，就充斥着这样的内容。如同可以预料的，他把根源归结为个人主义。所谓个人主义是万恶之源，这是那个时代最流行的论调之一，他终于也接受了。不过，他看出个人主义是建立在狭隘的个人式的实践基础之上的，因此，要战胜个人主义，就必须改变实践基础，投入到全面的社会实践中去。这就和毛泽东关于知识分子到工农中去的指示挂起钩来了。他在信中摘录了一段日记，其中把自己与麦贤德、焦裕禄这些榜样人物进行对比，说他们思想的出发点是人民怎样，从不问"我"怎样这种问题，自己思想的出发点却是"我"怎样，即使为人民服务，也觉得这是"我在为人民服务"，失去了"我"字，就一切都没有意义了。造成这个区别的原因在于不同的实践，基于这一认识，他衷心地呼喊："到工农中去，滚他一身泥巴！全世界什么最干净？泥巴！"

个性自由曾是他最崇尚的价值，现在还要不要呢？他找到了一个思路来说服自己。他说，过去他把共产主义等同于个性发展，认为个性发展应成为社会的动力和目的，现在他认识到："人性论的提出本身就是阶级斗争的反映，而在共产主义提阶级社会中的理论是风马牛不相及的。"也就是说，个性自由作为资产阶级人性论的范畴，不能用来解释阶级已经消灭的共产主义。什么能解释呢？他极佩服当时刚发表的毛泽东的一段论述，大意是说在阶级消灭后仍有新与旧、先进与落后的斗争。他据此得出结论：共产主义也不是个性绝对自由发展的社会，个人与社会之间仍会不断产生矛盾。

现在我重读这些信，多少感到悲哀。如果世英只是在探讨理论问题，当然很正常，他的思考中还不乏闪光之处。但是，实际上他是在一种被迫接受的原罪意识的支配下进行这些思考的，忏悔者的身份业已预先规定了思考的路径。他是一个真诚的人，不肯口是心非，也不肯敷衍了事，一定要用自己的头脑把问题真正想明白。这使他的忏悔显得不是盲目的改宗，而是理性的选择。然而，唯其如此，就更可哀怜。他身上最宝贵的东西是一种强烈的精神本能，这种本能驱使他追求个性的自由和独立思考的权利。他的思考可能会并且事实上也发生了这样那样的错误，但是，当他现在用个人主义和资产阶级人性论等理由否定个性自由时，他不只是在批判自己确实犯下的错误，而更是在否定自己的精神本能。在貌似自觉的自我革命下面，隐藏着的正是不自觉的对自身精神能源的压制。当然，这种情况不只发生在世英身上，凡是有比较强烈的精神本能的知识分子无不是如此，我也不例外。区别只在于，在他身上这种本能格外强烈，已造成严重的后果，因而必须施以格外努力的压制。在中国当时的政治语境中，知识分子是有原罪的，真正被判为原罪的正是这种精神本能，而所谓思想改造就是与之进行斗争的漫长过程，改造的成效则体现在能否成功地将它削弱乃至扼杀。回头想一想，多少人把一生中最好的时光耗费在与自己的精神本能做斗争上了，而他们本来是应该让它结出创造的果实的。

不用说，上面这些都是我现在的认识。由于我一向比世英正统，因此，当时我不但由衷地为他的转变高兴，而且在他旁边起劲地喊加油。

十九　友情呼唤

自从"文革"开始，我一直怀着一个心病，就是郭世英。从整个运动的状态判断，他在农大的日子不会好过。不管他多么真诚地悔改，x 的历史问题不可能不被纠缠，而性格直率的他不知会做出什么激烈的反应。我没有他的一点儿消息，很想去农大打听，但又不敢，怕的是凶多吉少，实际的情形会令我承受不了。

没有料到，在音信隔绝一年之后，这个让我百般惦念又百般忧虑的郭世英，他自己给我来信了。1967 年 2 月中旬的一天，我捧着刚寄到的信，如同捧着一枚定时炸弹，躲到一个没人的角落，小心翼翼地把它拆封。我真觉得它会爆炸，把我炸伤，如果这样，我要偷偷地舔净伤口，不让任何人察觉。然而，爆炸没有发生，信中的语气出乎意料地平静。信的开头是对"文革"和毛泽东思想的赞颂，然后，他点出了写信的目的："我们自从'文革'以来便断去了联系，既无斗争亦无联合，突然成了素不相识的路人。这种沉默虽是心照不宣、有其背景的，但我仍为此遗憾。这种突如其来的沉默绝不是毛泽东思想的产物，它是资产阶级自由主义的产物，是应被打破的。"接着，他提出了几点建议，大意就是打破沉默，一起来对我们各自的错误思想进行批判，或在斗争中合，或在斗争中分。读完信，我长长地舒了一口气。谢天谢地，世英眼下总算是平安的，这个信息比信中的任何具体内容重要一千倍。

我很快回了信，表示接受他的建议。这封回信的抄件还在，我在上面读到我是这样为自己的沉默辩护的："我没有把握断定你在这场革命中的发展方向，因此几次想与你联系，又拖延下来了。"谈及他的错误思想，我汗颜地发现自己在个性自由问题上穷追不舍，说这是他过去一整套资产阶级思想的基础，这个基础仍未彻底摧毁。最后我询问他，是什么具体情况促使他想到要和我一起来进行自我清理的，其实我是希望知道他现在的实际处境。

世英也马上回信。他到底聪明，针对我说的没有把握云云，他回敬说："我也将以其人之道，还治其人之身，反向你提出同样的议论。"在这封用小字密密麻麻写了四页的信上，他比较详细地谈了他从"文革"开始以来的经历。正如我所担心的，"文革"开始不久，就有大量的大字报揭批他的历史问题，从此他陷入十分孤立的境地，背上了精神包袱。大串联时，他去河南农村生活了三个月，从而"更下定了到农村与贫下中农同生死的决心"，本不想回来了，因为要接受批判，才回了学校。但是，"今后的道路很明显，心意也很扎实"，即最后的归宿一定是农村。我想起 1964 年 2 月他在农场期间给我的一封信，其中也说到永远留在农场的心愿，可见这是他几年来的一贯想法。这个心愿被涂上了浓厚的革命色彩，骨子里却是一种绝望。也许他不愿承认，但实际上他已经看清，他在这个时代的唯一出路是彻底脱离意识形态纷争，做一个地道的农民。

谈到自己的过去，他强调："干部子弟的问题在运动中暴露出来了，这给我打消了很多疑问。许多干部子弟是新贵族，我就是一个样板吧。"他把他的问题归结为两点，一是对群众和个人的关系的错误认识，那种极反动的超人思想总是以各种形式反映出来，二是对阶级斗争的错误认识。对于我提出的个性自由问题，他表达了这样的认识："个性自由中的个性是有阶级性的，自由则服从阶级性而且是相对的。以前以为个性自由是绝对的东西，但正是这个错误思想使我在政治上失去了自由。"但是，他接着写道："那么是否因之便是再无个性，再无自由了呢？我还不这样理解。问题很抽象，以后有机会可以讨论。"这个伏笔表明，他仍在坚持独立思考，他的思考深度远非当时的我所能比。他对我的问题的分析是，一是对他的问题用温情主义代替了阶级斗争，二是缺乏社会实践。

怎么想到要来找我呢？他的解释是，为了批判的需要，因为我比较了解他的思想发展过程。"同时，也有其他的愿望，如果能经过斗争重新在毛泽东思想的基础上团结起来，岂不是一件有益的事情？"不久后我明白了，这个"其他的愿望"其实是第一位的动机。他实在太孤独了，周围没有一个理解他的人，他是在以革命的名义呼唤友情和温暖。事实上，在通了这两封信之后，我们就见面了，从此频繁来往，谁也没有再提所谓批判的事。

通信后的第一次见面是在农大。我按照约定的时间到他的寝室，只见到一个显然农村出身的学生。我向他打听郭世英的去向，他怒气冲冲地说："谁知道他，吊儿郎当的，被子也不叠一叠！"我心中一惊，扫视屋内，一眼认出了郭的床铺，被子仍是几年前在北大用的那条，倒是没有叠。可是，那是郭自己的被子，郭没有把他床铺上的被子翻乱，他何必如此气愤呢？好像我也要为郭不叠被子负责似的，他背过脸不再理我。这个见面礼使我一下子看清了世英所处的人际环境有多么低劣。一会儿，世英回来了，他瘦了些，但还是那样开朗。我们在校园里散步，一路上，他说些农大运动的情况。走到校门口，他说干脆回家吧，我跟他跳上了公共汽车。那一天，我们在西屋闲谈，郭老走了进来，他告诉郭老，我就是周国平。郭老向我点点头，似乎想说什么，停了一下，终于什么也没有说就走出去了。这是我第一次见到郭老。

二十　前海那一座深院

在和世英恢复了联系以后，我就经常去他家了。这个宽敞精致的二进四合院如今是郭沫若纪念馆，每当我踏进去，心中便会弥漫开一股浓郁而复杂的情绪。这里的一石一木都是我熟悉的，然而，物是人非，昔日合家聚居的和美情景已经一去不返。在那一年多的时间里，我几乎每隔一两个星期就在这里度过一个周末日，品尝过餐桌上不是寻常百姓能见着的丰盛菜肴，也领略过这个家庭非外人能想象的特殊悲欢。作为红色中国第一文人家庭，这里笼罩着一种高贵优雅的生活情调。然而，虽然郭沫若在"文革"中受到保护，民族的灾难仍以特别的方式潜入了这个家庭，向它索取牺牲，最惨重的代价便是两个儿子的死。

1967年5月2日，我到郭家去，世英正在西屋给小弟理发。他看见我，第一句话便是："我弟弟死了，知道吗？"我一愣。前些天，外面传说郭世英自杀，但我刚见过他，当然不相信。"我听说是你自杀了。"我说。"是啊，真不可理解！"他说，"外面都传是我。"接着，他谈起了郭民英自杀的情况。

我见过郭民英一面。那是我上北大后的第一个国庆节，世英邀我去他家，那时他家住在西四大院胡同。我到时，哥俩每人刚画完一幅油画，都是两只苹果的写生，在比谁画得好。在我的印象中，民英个子比哥哥略矮，脸皮白净，一双大眼睛中含着忧郁。当时他是中央音乐学院的学生，学小提琴。后来他退学了，到浙江的海军部队当兵。我曾问过为什么要退学，世英说是因为手指坏了，不宜再拉小提琴，现在看来这是搪塞，他不愿意深谈。我在网上读到，真正的原因是郭民英把录音机带到学校里听西洋音乐，那时录音机是稀罕之物，一个同学便写信给毛泽东，检举他搞特殊化,这封信被刊登在了内参上,毛泽东还做了批示,说类似这样的事应该抓一抓。郭民英因此感到极大的精神压力,遂决定弃艺从武。后来听民英的好友林铭述说,还有一个原因是,民英学小提琴学晚了,感到没有前途,恰逢罗瑞卿做了一个报告,提出培养未来的将军,民英知道后大为兴奋,便决定参加海军。

世英告诉我,民英参军后,据说表现很好,被当作特殊的接班人培养,几个月就入党了。正要讨论他的转正,他突然自杀了,用冲锋枪打自己的脑袋,子弹从前额穿到后颅。事情发生在 4 月 7 日,世英和林铭述一起去料理了后事。我保存着世英的一张照片,是在这趟治丧之旅的归途上拍的,他身披夹克,斜靠在轮船的桅杆上,嘴角挂着顽皮的笑,那副轻松的样子倒像是在假日旅游中。

我问是什么原因,世英说:"思想问题,部队的人也说是悲观厌世了。他也一点儿不隐瞒,什么柴可夫斯基、贝多芬,都谈了,但部队根本解决不了,怎么解决啊。说他有精神分裂症,我才不信呢。中央文革都急了,前几天,周总理、陈伯达、康生、江青都来我们家了。我母亲得了心脏病,查出的第二天就接到了弟弟的死讯。"说到这里,他笑了,接着说道:"这件事一出,对于我们又是一个阶级烙印!我们班的同学想整我,这下多了一条理由。"一会儿,他给小弟理完发,却和我讨论起了共产主义社会的问题,盛赞毛泽东关于阶级消灭后仍有矛盾和共产主义也会消灭的论断,最后激昂地说:"黑格尔说现在就是绝对境界,马克思说将来是完美的,只有毛主席是最彻底的辩证法!"

民英的死似乎没有打乱这个家庭的正常生活节奏,表面上一切平静。除了于立群因患神经官能症，时有情绪郁闷的情形之外，气氛仍是轻松的。屋里放着正受批判的西洋音乐，世英和建英着迷地玩摄影，我也常和他们一起在暗室里埋头苦干。就餐的时间，我经常见到郭老。在餐桌上，他很少吃菜，也很少说话。可是，有一回，是他的生日，他自己说起他曾单独一人做了一百人的饭菜，口气特别自豪，大家都笑了。他很细心，常常示意让人把我够不着的菜挪到我面前。一次饭后，他亲自剖了一只椰子，走到我跟前，首先递给我一块。郭老是非常平易近人的。我在客厅里翻一本日本画报，他走过来，问我懂不懂日语，我说不懂，他便给我讲解片假名和平假名。我和他玩儿康乐球，我第一次玩儿这种游戏，却赢了他，他向于立群夸我打得好，结果于立群立刻把我打输了。他仍常常写诗，写好了就拿来给我们看，虽然我们看了必定是不置可否。

毛泽东诗词是当时的热门，我曾两次听郭老讲解。一次是为我办的专场，我请教，全家旁听。我请教的是《清平乐·会昌》，问他如何理解"莫道君行早"这一句里的"君"，是否有所喻指。他答："我看不出来。"我说："可是，有一种说法认为，'君'是指西方帝国主义。"他说："那太牵强了。"我翻开一本资料，指给他看，正是他自己曾经提出过这种说法。他立即快活地大笑，全体在场的人也大笑。还有一次，平英带来一拨国际关系学院的学生，其中一些人有造反派的盛气，向郭老摆出一副辩论的姿态，但郭老毫不介意，总是耐心地阐述自己的看法。有一个学生提到毛的诗句"莫道昆明池水浅，观鱼胜过富春江"，问郭老，听说柳亚子得到这首诗后向毛要颐和园，是否真的。郭老连连摇头，于立群也插话说，他们了解柳亚子的为人，不可能提出这种要求。我记得柳此后的确有"倘遭名园长属我，躬耕原不恋吴江"之句，与世英耳语，世英也记得，立即去找出这首诗，让我递给郭老，郭老看了也哈哈大笑，说真没有想到。

大约在1967年6、7月间，世英向我提出一同编鲁迅语录。他说，这是音乐学院一个学生让他编的，并许诺编好一定能印行。他如此描述那个学生："这个人只要想干什么，总是能干成的。"不久后我见到了这位能干的人物，他就是与世英一起去浙江料理后事的民英的好友林铭述。世英对这项工作十分投入，我开始有些马虎，在他的感召下也认真了起来。我们各自通读鲁迅全集，详细摘抄卡片，然后把两人的卡片放到一起，进行取舍和分类，拟订编目。我们常常为一条语录的取舍和归类相持不下，互相挖苦。有一回，编目已定，他又推倒重来，提出一个别出心裁的新方案，兴奋地说："如果你不同意这个方案，你就不是人！"我反唇相讥："看来你是现在才成为人的喽。"在前海西街的那个深院里，不时响起我们愉快而激烈的争吵声。在工作间隙，他会闲谈对各种问题的看法。有一次谈到他母亲的病，他说："其实她有什么病？就是生活太舒适太安逸了，才什么病都来了。"他用的那套全集是他父亲的藏书，上面有郭沫若阅读时画的记号。有时候，他会指着画了问号的某处笑着说："瞧，尽挑毛病了。"他还对我说起一些掌故，其中之一是，他听父亲说，鲁迅那首著名的《自题小像》的主题并非通常所解释的爱国，而是写鲁迅自己的一段爱情心史的。快到年底时，我们的工作已经完成，并由世英的未婚妻肖肖誊抄完毕，有厚厚一大摞，篇幅比当时人们编的版本都大得多，我相信思路也更为独特。不过，能干的林铭述始终未能把它印行，那一大摞稿子也不知去向了。林后来告诉我，他的真正目的只是想让世英有一件事可做，免得太寂寞。与林相识后，我也觉得他很能干。他个儿不高，精力充沛，做什么事都兴致勃勃，在任何场合都谈笑自如。我最佩服的是他的摄影，看了他的作品感到心迷手痒，便向世英借相机。郭家的相机都很高级，鉴于我是初学，世英就把一台徕卡借给林，我则用林的那台国产 58-2 玩儿起了摄影。

进入 1968 年后，林铭述又出新点子，提议我们一起来研究"文革"思潮。当年 3 月，我们在林家及音乐学院教室先后举行了四次讨论，参加者除我、郭、林之外还有方小早。世英依然十分投入，每次给我写信都要谈论这件事。在讨论时，他也非常认真。我们规定每人写一篇论文，他说他打算以对群众的态度为主线写"文革"："'文革'的成果就落实在群众，打倒'走资派'是为了教育群众，革命委员会就是让群众直接参与政权……"我们都不同意，认为应该以无产阶级专政为主线。他激烈地和我们争论，反复论证群众问题是最根本的，专政问题受群众问题的制约，说到末了大声宣布："所以，老三篇是最高的，是无产阶级人道主义的顶点，高到老三篇就没法再高了！"老三篇是林彪号召学习的毛泽东三篇短文，即《为人民服务》《愚公移山》《纪念白求恩》，当时许多人能全文背诵。后来，我们都写了论文初稿，他的主题正是群众，我的是无产阶级专政下的继续革命，林的是江青的文艺革命。我忘了方的主题，印象中他的观点算比较中性。这些稿子集中到世英手中，还没有来得及传阅，他就遇害了。

当时我们做的都是正面文章，指导动机都是力图理解"文革"的必然性，现在来看当然水平甚低。不过，世英的心态要比我们复杂。表面看来，他对"文革"怀着一种浪漫主义的激情，歌颂的调子比我们高许多。可是，这也许正是因为，他在内心深处已预感到"文革"所释放的那股盲目力量可能毁灭他和他的家庭，于是借着用极端方式为它辩护来说服自己。在一次讨论时，他忽然显得心不在焉，眯眼望着窗外某处，沉默半晌，迸出了一句话："郭沫若迟早也完蛋！"

二十一　永远的咒语

杀害世英的凶手是他班上的若干学生，他们无名无姓，微不足道，如今已像蚂蚁一样消失在无人知道的犄角旮旯里了。然而，在他们一生中的某个时候，他们曾经结集为一支仇恨的小分队，坚持不懈地追杀一颗他们不能认同的灵魂。从"文革"初期起，这个追杀行动就没有停止过。这几个人属于农大的造反派组织东方红，按照一种解释，他们整郭世英是为了反周恩来，因为这个组织是反周的中央文革操纵的，而当初郭的问题是周亲自处理的。世英死后，周恩来来到郭家，还曾说了"世英是为我死的"这样一句痛心而又内疚的话。我相信这是重要动机之一，但我认为最深层的动机不在政治上，而在人性中。我第一次到农大找世英时的遭遇给我印象至深，那个怒气冲冲的男生是一个缩影，表明世英落入了一个多么格格不入的环境里。我常想，虽有"文革"的大背景，如果世英不是落在这伙狭隘的人手中，悲剧未必会发生。事实上，"文革"中一个个具体的悲剧都是由一只只具体的手促成的，大背景是它们得逞的条件，但不是赦免它们的理由。"文革"只是暴露了人性中的恶，恶的存在却不能用"文革"本身来解释和辩护。

世英多次对我谈到班上同学整他给他造成的苦恼。他死后，我烧毁了我的全部日记，但是，仿佛是要留下证据，在烧毁前我抄录了其中记载的他的这些谈话。其中，最重要的有两次。1967年5月2日，在向我报告郭民英的死讯后，他说："我们班上的同学前一时期要整我。有一个女生特别恨我，她一直在外面，回来以后，班上对我的态度就变了。有什么理由呢？我在最艰苦的时候就支持造反派了。毛主席说，只有头脑是研究主体，其他一切都是研究对象，我对这一点体会很深。有时候我想，你们怎么老这么看我呀。其实，这一切自己都得研究，靠自己改变这种状况，不靠自己，还靠别人？就看你有没有毛泽东思想的水平。所以，他们让我写检查，我原来准备写一个十万字的《十批判书》，让他们去读吧。现在我什么也不准备写了。我对他们说：'怎么，我就是一辈子反革命了？'"一个多月后，他又告诉我，班上一些人故意找碴儿，在枝节问题上整他。

同年12月17日，林铭述从外地返京，我和他在郭家初次见面。

原定这一天请他验收编好的鲁迅语录，我们正议论着，世英突然说："我认为今天的任务是玩儿。去外面玩儿玩儿吧。"他不看我们，若有所思地望着别处，接着说："我宣布退出这件事，以后你们两人去搞吧。"林铭述站起来，踱了几步，出屋去了。屋里静极了，世英看着我，说："我们班上又要整我。星期四下午，突然发出通令，要我签字承认是叛国分子。我当然不能承认。又提四条，什么不许和外校同学来往，一个月只许回家一次，多少天写一份检查，等等。我都签了，星期五我就跑回家来了。"我问他准备怎么办，他说："明天回学校。我有什么办法呢？他们要斗，就让他们斗。打我，我也不抵抗。反正叛国分子我不能承认，以前都下过结论了。群众这么做，也是可以理解的，这是合潮流的。不了解我的人，站在他们的地位上，也只能这么看我。我非常矛盾。"我说："你不是说过要离开农大吗？"他说："现在离开学校，就是死路一条。说实话，现在就这样死去，真不愿意。"我问："他们会动武吗？"他说："动武我倒不怕，就让他们打，孤立的味道才不好受，这是精神上的压力。鲁宾逊能在孤岛上活下去，是因为还抱着回大陆的希望。"

晚饭后，我们又回到这个话题。他说："我回去后真不知该怎么办。历史发展总是一个浪潮一个浪潮的，不会以每一个个人为线索……"停顿了一会儿，他问我："你说我怎么办？"我说："这只是一个浪潮，有涨潮，就总有退潮。"他说："以后还有涨潮。"我说："涨潮后还有退潮。"林铭述插话："这是暂时的。"我赶紧附和："对，是暂时的。"我们都想安慰他，但这安慰是多么苍白无力啊。

离开他家时，他送我到院门口，对着我的背影说："等候我的噩耗吧！"我回过头，看见了他的冷静的、闪烁的目光。

走在冬夜的街道上，徘徊在冷清清的车站旁，我的耳边一直回响着这句不祥的话。设身处地想一想，二十岁时的过失如同咒语一样附在他的身上，这咒语只有到死时才能解除，他怎么能不绝望。我又想到他如此热情赞美的群众运动对他如此无情追杀，感到无比荒唐。我恨自己眼看着他濒临没顶之灾却无力拉住他，世上没有任何人能帮助他，我的心为个人的渺小而哭泣。

多年后，我读到他给林铭述的一封信，日期正是上述谈话的第二天，是他应林的要求在回学校的当天写的。他告诉林，回校后遇到的是意外的平静。他谈到自己深深的无奈心情："说来好笑，几天来，存在主义的无能思想总在脑子里转，自己改造思想的积极的能动性没有什么意义了，老是跟在事情后面跑，去追寻它的必然性。"然而，他仍试图正确理解事情的必然性。林的母亲骂那伙整他的人是"反动路线"，这是"文革"中最严重的罪名，他让林劝林母不要这样看，强调群众整他只是"革命大风暴中的小缺点""不是主流，也不是逆流，而是支流"。不过，他又表示，他既要相信群众，也要坚持真理，不能接受违背事实的罪名，因为不坚持真理就是最大的不相信群众。看来，他觉得自己已想明白要采取的态度，就是绝不抵制，也绝不违心认罪。抵制会使他站到群众运动的对立面，这是他不愿意的，实际上那伙人也必定会更凶狠地整他。违心认罪同样会给那伙人提供整他的理由："我很清楚，只要胆怯心理占了上风，一下子就可以失去我的基本权利，而那又只是因为胆怯，就太没有意义了。"在这个分析中，他忽略了一点：只要他不认罪，在那伙人看来就是抵制。他不得不忽略，因为他的真正处境是，认罪不认罪都逃不脱追杀，他已被逼入死角，无路可走。

在这段时间里，还有一件事加重了历史投在他身上的阴影，就是曹秋池的出现。当时曹利用保外就医的机会活动平反，要求郭世英协助。他来找郭时，我刚巧也在农大，看见郭的表情冷淡。但是，他仍同意陪曹去公安部，后来也确实去了。他对我说，把曹算做 x 的主要成员，这不符合事实，既然找到他，他就要帮助澄清。我问起他们去公安部活动的详情，他沉默良久，脸色很不好，最后只是说："现在不想谈。这次我又上当了，但也有所戒备。"不管具体经过怎样，这件事显然使他不快，不但把他拉回到了过去，而他正在为这个过去挨整，而且，如果整他的人发现他与曹的来往，就是现行罪行，更加罪不可赦了。

农大那伙人在发出通令之后，突然没有了下文，意外的平静保持了四个月。后来我知道，原因是他们到公安部索查关于 x 的档案，遭到了拒绝，公安部明确告诉他们，郭的问题是"无产阶级司令部"处理的，不许他们插手。世英暂时躲过了这个恶浪，心情又逐渐开朗起来，到 1968 年 4 月几乎可以说是阳光灿烂了。那些天里，除了讨论"文革"思潮，他还热衷于两件事，一是摄影，二是围棋。在 1968 年 4 月 1 日给我的信中，他天真地自夸："我发现一个极好的摄影方法，第一次把人的面部线条、纹路如此逼真地再现出来了，一根根的头发，一丝丝的眉睫，一个个的毛孔，甚至是鸡皮疙瘩，毕露无遗。好极了，头像摄影的高峰已经到来。"他的围棋是向我这个刚学了几天的臭棋手学的，很快就与我旗鼓相当了，但仍以一二子输给我。在同一封信中，他和我争论："姓周的，你太不像话了，你是从哪儿搞来的不三不四的围棋胜负规则？我无意中翻书，才知道受了你的骗！你必须在无私的围棋法面前承认你是输给我了。"我不记得我们是怎样解决这个争端的，总之，后来他仍然没有赢过。最后一局结束，他异常激动，咬牙切齿地吐出一句话："告诉你，我还要和你下！"然而，我们岂会想到，再也没有下一局了，几天后他就死了。

二十二　郭世英之死

那是一个星期天，晚上我去郭家，门卫说郭世英不在家，不让我进去。这是很反常的，以往不管世英在不在家，门卫对我都是放行的。我只好说找郭庶英，门卫打电话，郭庶英出来把我接了进去。一到内院，我便发现全家人处在一片手足无措的惊慌中。两天前，也就是星期五，世英被农大的那伙人扣押了。那一天，他匆匆回来过一趟，带走了朋友们的信件，当时只有警卫员见到他。随后，农大一伙人气势汹汹闯来，向郭老和于立群要人，又急冲冲离去。他们大约直奔肖肖所上的中学去了，那天她在学校里，门房告诉她，郭世英来过，在校门口就被农大的学生截住了。所知道的情况只是这一些。肖肖好像知道更多内情，但她闷闷地不说话。我走时，她跟了出来，把我叫住。在幽暗的廊檐下，她问我是否知道曹秋池的地址，使我感到曹与发生的事有某种关系。我焦急地问她，郭老为什么不出面，她说，郭老刚给周总理写了信。

第二天一早，我奔往农大，漫无目标地在校园里乱走，徒劳地想得到一点儿世英的音信。我往郭家打电话，拨了一次又一次号码，从听筒里传出的始终是尖锐的占线信号。我站在他家门前按电铃，朱红色大门上的小窗打开了，露出门卫的没有表情的脸，他摇一摇头，又把小窗关上。一个白天东奔西走，一无所获。傍晚，我拉着小早去林铭述家，林伯母开门，瞪着失神的眼睛望着我，说："郭世英自杀了！"我瘫坐在床上，头脑里一片空白，无休止地流着眼泪。

郭世英死于1968年4月22日，年仅二十六岁。这次农大学生对他采取行动，据说直接的导因是他给肖肖打电话时用了英语，被同学听见，诬他里通外国。他必定立刻逃出了学校，并打算携肖肖远走，不幸被抓获。在关押期间，他还曾试图逃跑，躲在楼道内一间厕所的隔板顶端，结果被发现，招来了更残酷的虐待。惨剧发生在这一天清晨，他从那间用作牢房的学生宿舍四楼房间的窗口坠落下来，落地时双臂仍被反捆着，绳索深深地勒进皮肉。事发后，暴徒们通知郭老的秘书，说郭世英已经自绝于人民，秘书带着平英和肖肖去学校处理后事。她们看到的尸体遍体鳞伤，手腕和足踝的勒痕处皮开肉绽。遗体于第二天火化，我和林铭述闻讯赶往火葬场，途中得知火化已结束，未能见最后一面。

世英究竟是自杀还是他杀，已成千古疑案。关于事情真相的唯一证词来自凶手，据说世英向充当看守的那个同学要水喝，看守回来时，他已跳楼。这是一个近乎不可能的高难度动作，因为当时纱窗关着，插销的位置相当高，要用捆绑在背后多日的麻痹了的手够着插销绝非易事，更不用说在短时间里把它拔开了。从动机看，世英也是不想死，他曾试图逃跑就是证明。在逃跑前，他留下一封绝命书，两张薄纸上写着斗大的字，大意是说，他一心想投入史无前例的"文革"，但不可能，既然这样，还不如去死。这当然只是为掩护逃跑施的障眼法，不过，说不定正是这个失败了的小计谋害了他，自尊心极其强烈的他绝不肯给敌人留下笑柄，于是用生命兑现了谎言。所以，自杀的动机也不是完全不成立。只有一点是可以肯定的，便是他在不愿意死的时候死了。事发之后，我和平英、肖肖、小早去了一次农大，找世英班上的一个同学，向他了解事发那天的情形。那个同学到过一次郭家，也许是班上郭的唯一同情者。他说，那天凌晨，他在空地上徘徊，向楼上张望，远远看见郭世英的身影一动不动地印在那扇灯光暗淡的窗户里。在最后的时刻，世英隔着纱窗久久地凝望窗外的世界，他一定思绪万千，但我们永远不可能知道他想了些什么了。

我和林铭述再去郭家是在惨剧发生后的第三天。于立群一直在哭，边哭边喊着一些难以听辨的话。看见我们，她号啕大哭起来，我听见她断断续续地诉说："对不起你们啊，世英就你两个好朋友，为什么朋友在一起就是反动小集团啊，他们才是真正的反毛泽东思想……"接着她骂了一串粗话。这时建英走进客厅，把我叫到隔壁一间小屋。屋里光线微弱，我坐着发怔，他在一旁摆弄相机，对准我按动快门。"我做个试验，B门，不用三脚架。"这个十五岁的男孩咬着嘴唇，做出坚毅的模样。透过窗户，我看见郭老独自在院子里，正弯着腰，切割用牛油自制的肥皂。我走出去，帮他扶住盛肥皂的搪瓷试盘，他朝我默默地点一点头。世英的卧室仍是以前的样子，我看见书架上有两厚卷爱伦堡的《暴风雨》，夹在其他书之间，那是他死前一个星期向我借的。当然，我让一切维持原状，直到某一天有一只不相干的手来打乱它们。晚上，我到客厅向于立群告别，她仍在哭，平英蹲在她身边，一边给妈妈捶背，一边仰起脸来悲切地望着我。走在街上，我和林铭述都默然无语。并肩走了一会儿，他突然嚷道："这家伙真卑鄙，把我们害得好苦啊！"

在世英被关押期间，郭老有一个和周恩来见面的机会，事先打算对周说这件事。如果他说了，周亲自出面干预，世英也许能够得救。但是，郭老看总理这样忙累，没有忍心说，回家后受到了于立群的情绪激动的责怪。郭老当时用颤抖的声音说了一句："我也是为了中国好。"便说不下去了。可以想象，接踵而来的世英的死使这位老人感到怎样的内疚。他是极喜爱聪明活泼的世英的，为了寄托和排遣哀情，在几个月时间里，他天天端坐在书桌前，用毛笔抄写世英在农场期间的日记和家书，亲手装订成八册，整齐地放在自己床头的窗台上。听肖肖和平英说到这些情况，我不禁黯然神伤。

我一直不能接受世英已死这个事实，无数次地梦见他。每次梦见他，他都仍然生龙活虎，于是我对自己说，原来他还活着，可是只要这么一想，我就立即看出他已是一个死者。事情过去三十多年后，我仍会做这样的梦。在这一生中，我梦见得最多的人就是世英。

1980 年 6 月，我在读研究生，农大专案组给我单位发来一份为郭世英平反的决定，系里的政治干事向我宣读了全文，大意是：郭在农大学习期间政治立场坚定，表现很好，农大原"文革"一伙人明知总理亲自处理了郭的问题，仍揪住不放，残酷迫害。郭死后,总理指出："矛头是指向我的。"郭是受迫害含冤而死，所谓"现行反革命"等污蔑不实之词一律推倒。政治干事表示，系里将为我清理有关档案。对于这迟来的公正，我感到的只是悲哀。

二十三 焚稿和哀歌

1968 年 3 月，北大两派的斗争趋于激化，武斗有一触即发之势。我最担心的是床底下的那一个纸箱，里面是我从中学开始到那时的全部日记和文稿。如果武斗爆发,这些东西落入对立派之手，从中肯定能找出编派罪名的材料，后果不堪设想。可是，哪里有一个安全的地方，可以让我藏匿这满满一纸箱文件呢？我的姐夫的父母家在北京，我曾询问是否可以寄存，得到的是否定的回答。小早帮我把一部分文件寄放到了他的一个亲戚家里，但不久也被退了回来。这是可以理解的，当时北京的单位和街道都得到通知，不准收留北大学生和存放北大学生的东西。无奈之下，我狠了狠心，决定精简我的文件，只保留其中的一小部分，而把大部分毁掉。一开始我用焚烧的办法，但那样太引人注意，后来就蹲在厕所里，把文件撕成碎片，扔进马桶冲到下水道去。这项工作花了我好几天的时间。

中旬的一天，忽然传来消息，新北大公社要来占领我们的38楼了，井冈山的同学纷纷逃离。当时，在偌大的北大，只有两栋相邻的学生宿舍楼是井冈山的势力范围，即34楼和36楼。我随手挑了几本书，与未毁掉的少许文件捆在一起，放到34楼里。返回我的寝室，想再拣些东西，却突然感到心灰意懒，躺在床上听楼道里忙乱的响声，觉得这一切离我无限遥远。待响声平静下来后，我站起身，空着手走出了已经寂无一人的楼道。

我住进了34楼顶层的一个房间。在此之前，在对立派弹弓的袭击下，这个房间的窗玻璃已经全部破碎。34楼原是女生宿舍，现在被井冈山占领，房间里也是一派逃难后的景象，散落着女生的小物件。我一个人住这个房间，睡在女生的被窝里，床上有女生的内裤，感官大受刺激。窗外挂着一只高音喇叭，成天播放着井冈山的战斗檄文和对聂元梓的谩骂，震耳欲聋。当时两派的广播都是这个德性。也许正因为太吵，没有人愿住这个房间，而我为了能够独处却宁愿忍受。利用独处的机会，我着手整理带过来的那些文件，主要是把自以为挑不出大毛病的诗抄到一个本子上，又从最近的日记中摘录了与世英有关的几页日记。然后，我把那些文件都付之一炬。只有一个本子，我实在舍不得毁掉。大学一年级时，和世英在一起，我在日记中和纸片上记了许多东西。我记录他的一言一行，我们之间的对话，我对他的观察、欣赏和担忧。这完全是因为，他已经成为我生活中的主要内容，既是最精彩的内容，也是最令人不安的内容。在他出事后的那个暑假，我在上海的家里做了一件事，便是把所有这些内容按照时间顺序加以整理，抄写在一个厚厚的本子上，大约有二百页之多。我决定留下这个本子，不到万不得已时不毁掉。

然而，不多天后，世英死了。这使我感到，我生活中的郭世英这一页真正翻过去了，世上已经没有郭世英，我已经没有郭世英，这个记载他的往事的本子似乎失去了意义。于是，怀着一种殉葬的悲愤之情，我点燃了这个本子。在我的一生中，我无数次地痛悔当年的这个举动。这个无比生动的人，我有幸在他最精彩的一段时光中与他密切相处，不会有人如此详细地记录他那时的情形，我本是应该为世界保存好这一份证据的。记忆太不完整，也太不可靠，许多生动的细节已经与我的这个本子一起永远消失了。我也痛悔我毁掉了我的全部日记，从十四岁到二十二岁，整个一个青春啊。在那以后，我便觉得自己仿佛成了一个没有历史的人，我的成长中最重要的岁月没有留下任何文字，那个男孩的秘密的悲欢都不留痕迹地化为乌有了，我的存在也因此显得虚幻了。

在世英死后没几天，北大的武斗升级，成为真正的武斗了。在此之前，两派只是通过高音喇叭互相谩骂，或者架起弹弓互相发射石弹。那些弹弓的威力也了得，井冈山人自豪的是从空军弄到了一批韧性极好的橡胶，做成的弹弓射程甚远。但是，我们基本上还能在校园里自由走动。4月下旬，两派在36楼南边的街上发生了第一次正面冲突，双方的队伍都用盔甲和长矛武装起来，展开搏斗。从此以后，井冈山占据的两栋楼就成了真正的围城，我们龟缩在里面，不能越过新北大设立的包围圈。我们这边为了防御，在两栋楼之间筑起了掩护通道，还挖了地道，临街的36楼外侧的围墙打开一个缺口，作为临时的大门，上方挂了一块写着"誓死保卫毛主席"几个大字的横匾。

我们上街都从这个缺口进出，不过仍须小心，因为外面的街面受到新北大的弹弓的火力封锁。更有一层危险，便是他们用望远镜监视着这块街面，发现有人从缺口走出，无论向西还是向东，都会经过他们所控制的某一个校门，他们就会冲出来抓人。我对打派仗的态度十分淡漠，几近于中立，便自信他们会对我手下留情。因此，有一回，我确实要进城办事，就大大方方地从缺口走出，朝东边的公共汽车站走去。然而，在靠近车站时，果然有一个人骑自行车挡住了我的路，接着一伙人冲过来把我抓住了。他们脱下我的外衣，裹在我的脸上，然后把我带到一个地方。我能感觉出这是一个房间，一些人在我旁边说话，其中有几个女生。开始审讯了，问我地道在哪里之类，我嘲笑说，你们不能攻占这两座楼，知道地道在哪里就没有意义，你们能攻占，到时候就自然知道了，何必要问。其实，我没有下过地道，还真不知道具体的位置，完全是出于气愤偏这样说的。当然，招来的是一顿狠打，把我颠来倒去，拳打脚踢。挨打时，我听见那几个女生在清脆地笑，真令我对女性要刮目相看。审讯时间倒不长，我被带到另一个地方，除下蒙在脸上的衣服，我发现眼前站着几个我班的对立派同学，其中有李主庆。李是调干学生，比我年长得多，一向像兄长般对我友好。他说要和我聊聊，我回答说，我不想以俘虏的身份聊，要聊以后再聊。话音刚落，那两个押我来的外系学生怒不可遏，举手就要揍我，被李劝阻了。李依然对我友好，带着沉默的我穿过校园，把我送出了校门。刚回到楼里，我班一个在井冈山总部任职的同学立刻跑来慰问我了。原来，总部对新北大的电话实施监听，听到了抓我的那伙人与我班新北大人之间的通话，已经了解全部经过。他免不了要对我的英勇表现夸奖一番，并且告诉我，因为我班那些人的求情，我才免遭更多的折磨。

其实，我的勇敢完全不是因为忠于井冈山，而只是在受侮辱时的自然反应。当时，守在困楼里的人大多是铁杆分子，也有的是觉得好玩儿，积极参与拼长矛和打弹弓的战斗，而我连弹弓的胶带也没有摸过，更不用说拼长矛了。人们困在楼里，除了武斗便无事可做，天天聚在一起打扑克或聊天，我对这种环境也已经十分厌烦。因此，在被抓以后，有一位同学建议我住到地质学院去，我就乐意地接受了。当时北京高校的学生组织分成天派和地派两大派，北大井冈山属于地派，而地质东方红是地派的大本营，因此很乐于收留地派的难民。我住在那里的一间学生寝室里，和那些心地单纯的工科学生相处得十分融洽。

在蜗居困楼和避难地质学院期间，我真正不能忘怀的只是一件事，就是郭世英之死。为了发散心中的哀痛，我别无途径，仍然只能写诗。在那些日子里，我写了三十五首诗，结集为《哀歌》，保存下来了。我写我穿过熙熙攘攘的人群，寻找一个声音，我请它不要躲避我，因为已死的活人并不害怕复活的鬼魂。我还写我爱诗，对诗句却毫无兴趣，唯有诗人表达不了痛苦的滋味，我最是熟悉。这些都是当时的真实感觉。世英死后的两个月里，我很少去郭家了，以前去都是和世英玩儿，他不在了，我又是那样拘谨的性格，再去未免尴尬。但是，我心中真是惦念那一家人，便在6月的一天给郭平英写了一封信，开始了我们之间的通信。在当时的情境中，我们只能用一些革命的豪言壮语来振作自己，而真正的悲痛又是任何语言无法表达的。平英对此比较清醒，不愿意再说空话，便在一封信里提出要求，让我写一写世英在北大时的事情，那是她很不清楚的。于是，我趴在地质学院避难所的床铺上一气写了四天，小32开的纸写了四十二页，寄给了她。二十年后，我考研究生回到北京，平英把这一封长信交还给了我。多亏她的提议，我在印象还相当鲜明时写了这些回忆，还多亏她完好地保存了这些纸片。1976年，我在广西时也凭借记忆写了北大期间郭世英的往事，题作《大学第一课》。现在我把这两份文件进行核对，发现出入倒不大，可见那一段经历给我留下的印象之深。当然，还是有些出入的，事过十三年的记忆毕竟要比事过五年的磨损得多些。现在和以后我写郭世英时，手头有了这些文字的依据，不必凭空在事过四十余年的记忆中费力搜索，这也算是不幸中的大幸吧。

二十四　告别北京

　　大约在 7 月份，正当武斗相持不下的时候，工人宣传队进驻北大，掌握一切权力。这个举措等于把两派学生组织都给解散了，从而一下子结束了武斗。事实上，学生组织业已完成其使命，即借其冲劲打倒了从中央到地方的所谓"走资派"，继续存在下去只会制造麻烦，因此理应让它们退出历史舞台了。工宣队要做的事情实际上很简单，就是举起大扫帚，把学生们统统扫下乡去，扫入全国各地的偏僻角落。所有学生都奉命回到了学校，作为毕业班，我们的任务是马上做鉴定，迅速离校。六一届的学生在当月就草草打发走了，我们六二届也要在一两个月内走人。去向已定，主要是外省的农村，大城市一个不留。

　　经过两年的折腾，重新坐到桌边来，谁什么样还是什么样，一切依旧。我在一篇日记——不错，积习难改，在毁掉全部日记之后，我又开始写日记了——里写道："这几天的鉴定使我厌恶极了。一群小资产阶级临到末路，还要互相吹捧一会儿，不害臊吗？宁可做一个真诚的、谦逊的小资产阶级，绝不做那种虚伪的、妄自尊大的小资产阶级，他们太不老实了。我承认，在我身上有明显的小资情调，比如脆弱、动摇、人情味、正义感等等。但是，某些人骨子里浸透了的市侩气、商人气、政客气，我是没有的。我也没有那些臭架子，那种自鸣得意的驴子性格，我是能和普通工农群众相处好的，绝不会比这些人差。"

　　分配方案很快下来了，我班二十五人，去广西最多，共十一人，其次是山西七人，浙江五人，诸如此类。问到我的志愿，我说随便。几个家在江南的同学都想去浙江，问我不去行不行，我说可以。结果我被分配到了广西。分到广西的人先去湖南洞庭湖农场锻炼，锻炼结束后，宣布具体地点，我是南丹县，另一个同学是资源县，他问我肯不肯交换，我的回答也是可以。结果我去了资源县。我真是觉得无所谓，去哪里都一样。

要离开北京了，我别无留恋，只舍不得世英的亲人们。在与平英通信后，我去郭家又多了一些。第一次去，我在东屋午休，平英叫我进偏室，把一个黑色的小木盒搬到桌上，低垂头出去了。这是世英的骨灰盒。一会儿，她带我去洗相片。洗出的相片中，有一张我和世英在院子回廊里的合影，我坐着，世英站着，都是深思的神情，她指着说："两个思想家。"有一回，我和郭汉英在下围棋，她从外面回来，远远看见我便发出欢喊声，走到我的身边来。没有了世英，全家孩子中只有她和我年龄接近，比我小两岁，仿佛因此成了最合适的接待我的人。在一封信中，她写道："一年前，郭世英做了林铭述的郭民英。现在呢，现在谁来做你的郭世英，又是谁去做林铭述的郭民英啊。"我从中读出了令人心酸的善良。我希望是她，但知道不可能，在我眼中她是这样高贵的一个女孩，我们之间有着微妙而难以逾越的距离。

因为我给平英的信，于立群对我格外热情。她告诉我："那天夜里，我感到奇怪，怎么小妹还没有睡觉？到她房里一看，她正在给你写信。我看了你的信，很感动。"接着，她把我叫到她屋里，说那天她也给我写信了，写了两页就写不下去了，她让我看这未完成的信和她写给肖肖的信。世英死后不久，肖肖被送到青海当兵，情绪极为低沉，大家都为她担着心。悲剧过去两三个月后，于立群的情绪倒是稳定了一些。心情比较好的时候，她对我谈世英的往事。他串联回来，好几次提出："咱们家应该来一个革命化。"她问他学校整他的事，他把头一仰，笑一笑，显出轻松的样子说："彻底的唯物主义者是无所畏惧的。"她分析死去的两个孩子的性格，说世英是热情奔放，民英是细腻，削苹果皮稍有粗细厚薄不匀都会难受。她鼓励我："你们一定要坚持住，如果了解郭世英的人都死了，还有谁知道他？"

9月8日，我在离京前最后一次去郭家，他们让厨师备了一桌丰盛的晚餐给我饯行，餐桌上有我爱吃的大对虾。四个孩子一起把我送出大门，汉英说："这一别，恐怕很难再见面了。"建英说："去了以后，大大地来信。"又马上一笑，指一指平英，纠正说："不是给我，给她大大地来信。"平英朝我点点头。我和林铭述走在夜晚的街头，他议论道："这个温情脉脉的家庭，面纱背后是外人想象不到的悲剧。"静默了一会儿，又补充一句："我觉得悲剧还没有完。"他问我想不想写小说，我说等将来吧，他说："我是指将来，现在当然不成。十年以后吧。"我问他："你看有希望吗？"他小声说："这是迟早的事。"然而，分手时，他给我的临别赠言却是："跟上时代，不要太消沉。"

那一天有一件事留下了一个小遗憾。我曾在林铭述家里看到郭老送的墨宝，很羡慕，便鼓起勇气让平英帮我也要一幅。上一个周末，郭老给我写了一幅，内容是他尚未发表的词《水调歌头·游采石矶》，写在大约四开大的宣纸上。他为我诵读了一遍，盖章后送给了我。"借问李夫子：愿否与同舟？"这个意境十分合我的意。我捧在手中，自是不胜喜悦，建英在旁边说："爱不释手。"由于那天我是骑车往返，怕途中损坏，就让建英替我暂时保存，准备今天拿走。今天临走时，于立群劝我不要拿了，她说，我去部队农场那样的地方，带去了影响不好。在当时的政治环境中，这层顾虑是有道理的。不过，倘若现在能把这幅字找出来还我，我会很高兴的。

9月10日晚上，我走出居住了六年的38楼120室，最后看一眼窗外那一排木槿，它们还是六年前的老样子，一点儿没有长高。武斗已把我的书籍杂物洗劫一空，我几乎是空着手离开北大的。大卡车把我们这些去湖南部队农场的学生运到天安门前，在一个军人指挥下，我们匆匆排成队列，举手向毛主席宣誓，再被运到北京车站。我们登上了列车，两个同学隔着车窗向前来送行的一群大中学生慷慨陈词，我在一旁无言静听。火车启动后，那两个同学也静默下来了，只听见车轮碾过钢轨接缝处发出的单调的震响。我久久凝望着窗外的黑夜，心中回旋着李贺的一句诗："我有迷魂招不得。"

第三部　农村十年

1971 年，广西桂林

1973 年，上海，父亲和我

1974 年，广西资源

1974 年，广西资源

一　南湾湖

一个漆黑的夜里，几艘机动木船在风雨中艰难地靠岸，卸下了一群学生。我们肩扛行李，淋着雨，跌跌撞撞地踩着稀泥地，来到一个荒凉的地方。四周什么也看不见，只有几间低矮的小茅屋透出暗淡的灯光。门很矮，我们猫着腰钻进去，胡乱地挤躺到几块铺板上。接受再教育的生活就这样开始了。

这是在洞庭湖内围堤造出的一块土地，被命名为南湾湖，表示发扬南泥湾精神的意思。举目荒无人烟，只有一支农垦部队驻扎在这里，附近还有一个劳改农场。为了接纳学生，部队建立了一些学生连，派军人担任连排级干部。我找出那一时期的来信，偶然发现还留着两个信封，上面有我所在连队的地址：湖南沅江6939部队学一连。

最初的任务是安家。这里原是一片空地，那几间小茅屋是临时盖了让我们暂住的，现在要建起正式的营房。建房的材料除油毡外都就地取材，共三样：稻草、芦秆、泥巴。用稻草搓出一大堆草绳，然后把草绳缠在芦秆上，一根紧挨一根插进泥地里，两面糊上泥巴，就成了墙壁。顶上如法炮制，覆盖上油毡和稻草，就成了屋子。全连四个排，每个排一间长屋子，屋里架起两列大通铺，就成了我们的居所。

接着马上投入了繁重的劳动。在泥地上往下挖四五米，开出一条航道，泥巴垒在两岸，一边垒成水渠，另一边垒成公路。挖去一层表土，底下是一层层淤泥，泥土又紧又黏，仿佛有一股吸力，把插进去的铁锹牢牢吸住。越往下挖，泥越稀，两腿插在里面，以不可抗拒的重力作用往下陷，徒手尚且难以拔出，何况肩上挑着百斤重的担子。由于泥巴太黏，粘在撮箕上倒不掉，担子始终是沉重的。我们团共八个学生连，学六连是女生连，开始时，她们也干同样的活，许多女生根本挑不动，就坐在稀泥里哭。冬天来临了，湖区的冬天十分奇怪，突然下起了雷阵雨，闪电划破长空，雷声震得窗户格格响。雷雨过后是连绵的阴雨天，在冰风雪雨中，我们上身穿棉衣，下身只穿一条裤衩，依旧浸在冰凉的泥浆里干活。我做梦也想不到活儿这么重，一天下来全身散了架，哪里还有力气洗漱，带着一身泥巴倒头便睡。

不过，那时毕竟年轻，居然也渐渐适应了，并且感到自己的体力明显在增长。第二年开春后，我们的主要任务是种水稻，比起挖航道来，田间作业就显得轻松多了。5月份，连续十几天，天天弯着腰插秧，并不觉得太累。我是新手，一开始完全不会插，几天后称得上是能手了。手指如同织机上的梭子一样飞快地移动着，眼睛只盯着鼻子底下的一小块水田和秧苗，脑子里什么也不想，累了直起腰来歇一歇，看见前面又多了一大片绿色，心里真是欣喜。我喜欢田野劳动，这种劳动虽然机械而单调，却使人亲近土地和生命，头脑和心灵都变得单纯。

湖区有许多小生物。挖航道时，常常挖到藏在淤泥里的甲鱼，挖到了也就随手一扔，没有人想到要拿回去煮汤。每条小水沟里都有鱼，用泥巴拦截出一段，再把水舀干，必定满载而归。一到春天，水蛇四处爬行。有一回，早上出工前，我拿起放在屋外的雨靴，正准备穿上，从里面爬出来一条小蛇。在水田劳动时，蛇是最常见的生物。一个小个子华侨学生见了蛇就捞起来，双手一掰，取出蛇胆立刻吞进肚里。水蛇无毒，我渐渐也不怕了，但始终厌恶蚂蟥。在别处我再没有见过这么多的蚂蟥。一次收工后，我下湖洗澡，在岸边浅水处的草丛里站了一会儿，上岸时，旁边的同学惊叫起来。我低头看，只见一条腿在流血，上面叮满了蚂蟥，不下数十条。

对于我们这些学生，当时有人这样形容："学生的名义，干部的待遇，农民的劳动，军人的纪律。"因为领工资，所以说是干部的待遇。纪律十分严格，完全按部队的一套管理，到商店买一支牙膏也必须请假，无论上哪里做什么事都要排队。劳动累了，谁都顾不上修边幅，穿得破破烂烂上几公里外的一个小镇，那里的农民揶揄说："大学生在学校里是书呆子，出了校门是叫花子。"

到农场后，始终没有宣布再教育的期限，没有人知道我们究竟要在这里待多久。环境和生活毕竟太单调了，人们渐渐都疲塌了。年轻人火力正旺，开始想女人，学六连成了人们口头最有诗意的一个词儿。平时聚在一起，谈论得最多的是老婆问题，才二十多岁就称之为"老大难问题"了，真个日夜盘算，长吁短叹。有些湖南学生已娶妻，老婆来探亲的日子，住进连部一间小屋，人人眼馋。睡在我对铺的那个学生特无耻，经常兴高采烈地大谈和老婆做爱的细节。人们还悄悄传播部队里的丑闻：有个女兵把玻璃瓶插进下部，动手术才取了出来；有个养猪的战士发生兽奸行为，"母猪在叫，战士的心在跳"……

我仍是一个爱情上的理想主义者，自命清高地对这一切嗤之以鼻。但是，我也厌倦了单调不变的生活，渴望变化。因此，1969年10月，当部队要抽选一些学生去附近的正规连队锻炼一个月时，我就积极争取，终于被批准。我在那里表现很好，干部和战士都喜欢我，受到了团一级奖励。最高兴的是过足了打靶的瘾，我意外地发现，我的枪法相当准，卧姿百发百中，跪姿和立姿也脱靶甚少。然而，没想到这次出行染上了肝炎病毒。

回到学生连不久，有一天，我感到浑身乏力，没有一点儿胃口，两个同学便陪我去团部医务室。到了那里，一量体温，已烧到39度，医务人员让那两个同学马上送我去师部医院。所谓送我去，也是要我自己走去的，我真不知道我是怎么走完这几公里路程的。师部医院也十分简陋，几间茅草房，没有医疗设备，甚至不能验血，我住在那里，一直被当作感冒治。八九天里，高烧持续不退，完全不进饮食，靠输液活着，上厕所时几次昏倒。我对那个精神抖擞的院长说，我的病不像感冒，应该是消化系统的毛病。他立即称是，说可能是肝炎。事实上，黄疸性肝炎的症状极为明显，脸色蜡黄，尿也黄得发绿。

在病重的那些天里，我昏昏沉沉地躺在病床上，我的床正对着门口，门外架着一条木板，是给病号分发饭菜的地方。有一天，正是开饭的时候，我在昏沉中突然眼睛一亮，看见领取饭菜的队伍里有一张美丽的面庞。从此以后，我的卧病生活有了意义，便是等候开饭的时刻，看一眼那张脸庞。高烧退后，我可以起来活动了，就常常在院子里看见那个女生了。师部医院住着几个来自印尼的华侨女生，她是其中之一，她们在洞庭湖区另一个农场劳动锻炼，得了一种怪病，一条腿——仅仅一条腿——没有了支撑力，因此走路时必须向一侧大幅度地弯下身子。这么美丽的一张脸配上这么古怪的走路姿势，真使我无比同情，我越发怜爱她了。另一个女生察觉了我的心思，仿佛不经意地和我聊起她，说她是一个很自私的人。我在医院住了一个多月，出院后再没有回去过。听说直到锻炼结束，这几个女生的病仍无好转，但愿她们后来治愈了。

我出院之后，连里照顾我，不让我再干重活，我成了一个牛倌儿，任务是看住几头水牛，不让它们损坏庄稼。这是一项无中生有的工作，专为我而设，这些水牛其实从来无人看管，也不需要看管。在农场的最后两三个月，我天天坐在水塘边看天上的云和手中的书，与这几头水牛为伴，过得十分逍遥。

二 诗人与狗司令

在学一连，我有两个绰号，一是诗人，二是狗司令。

叫我狗司令的原因很简单，因为连里养了几条狗，我爱和它们逗玩儿，给它们喂食，它们都听我的号令。其中一条狗特别依恋我，我出工时把它带在身边，它就会一直坐在田埂上耐心地等我收工。有一回，它自己跑到田里来找我，跟随在我左右寸步不离，情绪很不安。回营房后才知道，原来那天上级命令打狗，它一定察觉情况不妙，就跑来寻求我的庇护了。结果，别的狗都被杀死，它幸免于难。此后一些天里，我天天带着它，躲过了风头。

写诗是我的积习。除了诗，我还常写日记。排长看见我躲在床角写东西，就投以怀疑的眼神，有一次终于走过来盘问我写什么，并教育我好好改造，不要再乱写。房间里两列大通铺，站在门口看一眼，谁在做什么一目了然，没有任何私人空间。事实上，只有我经常在写东西，难怪惹人注意。我心想，我写的一些诗不是挺革命吗，何不公开，免得人猜疑。于是，我给排长看了几首诗，也给排里的一些同学看。连里开晚会，有的同学便要求我朗诵，我照办，结果大受欢迎，诗人之名传开了。这一着很有效，此后排长看见我写东西再不盘问了，我获得了一定的自由。我们连的多数学生毕业于湖南本地学校，湖南人颇尊重文学，他们在发现我是一个诗人以后，都对我相当友好。

在湖区，天天接触的事物是太阳、大地、泥巴、水渠，它们就成了我的革命诗歌的主题。我当时写的许多诗称得上革命。比如《警句》，第一节是："假如眼前的靶子是地球，瞎子也可以当射击能手。假如共产主义是土豆烧牛肉，馋鬼也可以投入革命洪流。"普希金在一首诗中写道："不，我不会完全死亡，我将永远光荣，只要月光下的世界上还有一个诗人存在。"我便写了一首针锋相对的诗，先把月亮批判了一通，然后把普希金的诗句改成："不，我不会完全死亡，我将永远光荣，只要阳光下的世界上还有人民存在。"我的若干诗句经常挂在同学们的嘴上，有时是为了抒情，有时是为了调侃。好玩儿的是，他们善于从我的革命诗歌中挑出一些句子，来表达并不革命的情绪。有一首《泥巴的价值》，头两句是："要问南湾湖有什么？除了泥巴，还是泥巴。"后面便讲泥巴可以种庄稼、盖房、筑路、使人身心健康等等，而女娲用来造人的原料也是泥巴。他们略去了后面的内容，单挑出头两句在工地上朗诵，发泄对单调环境的不满。还有一首的前四句是："我建议，干脆把地平线取消，让大地变得更加宽广。年轻人明亮的眼睛啊，要一眼看到共产主义远方！"往往在收工的归途上，他们便齐声喊出第一句："我建议，干脆把地平线取消！"以此表达离开这块土地飞向外面世界的渴望。其实，我自己何尝不是在借这些看似激昂的诗句曲折地表达同样的心情。

当然，激昂也不是装出来的，常常是真心想要激昂，以求与时代合拍，也把身处的境遇理想化。然而，事实上内心充满迷惘，激昂的高调就常常透出一种病态。有一些诗，直接就是用激昂的高调表达内心的绝望，我自己很明白其性质，是不会让连队里的人看到的。例如《暴风雨》——

　　穿不透的暴风雨——
　　雨如海倾，风如山倒！

花布小伞留给太太们吧，

衣服湿透的人

怕什么雨淋水浇？

龙头拐杖留给教授们吧，

满身泥巴的人

干吗要担心摔跤？

我原是一阵风、一滴雨，

暴风雨正是我的故巢。

嘴角抹一丝鲜红的笑，

去迎接更猛烈的风暴……

还有一首《大战前夕》，我刻意渲染一种动荡不安的气氛："夜空闪烁着电光，爆炸的云满天游荡。电光下的世界，像一堆篝火在摇晃。"然后便写如何盼望战争快快到来，但求捐躯在疆场。那时正大肆宣传中苏战争乃至第三次世界大战即将爆发，我就借题抒发心中无法解决的苦闷。其实，我对自己在苦闷中故作振奋的状态是清楚的，在偷偷写的古体诗中有直截的表白："心事微茫夜夜思，判杀愁字不须题。九天揽月兴风雨，四海扬波落长堤。掏此寸肠慷慨意，滚它一身洞庭泥。有时怀恋难煎焙，强赋新诗吹志奇。""南风无惮乱推门，夜半枕衾厌雨声。社稷从来贬儒朽，生灵几度许英魂。但期北伐征沙帝，犹可提携献此身。惯借豪言强写志，我诗往往意难伸。"

我的苦闷，是因为看不到前途。不过，置身于大自然之中，也常常有忘却一切忧愁的时候。湖区的景色是美丽的。站在大堤上，一边是浩淼无际的湖水，一边是伸向天边的田野，真感到天地辽阔。有的湖面荷叶丛生，渔船平稳地驶过，不时地从荷叶丛里飞出一群水鸟。清晨，太阳滴着露水，像第一枝花苞吐晕，颤悠悠、颤悠悠地伸出了天边的丛林。黄昏，耕牛归来了，衬托着晚霞的背景，宛如一幅美丽的剪影。冬天，冰下游鱼雪中鸟。最撩人的是春天，湖水涨了，帆影多了，池塘绿了，一到夜间，世界沉浸在无边无际的蛙声中，这样辽阔稠密的蛙声只在湖区有，后来我再也没有听到过。这些镜头都摄进了我的诗中。有一首诗写春天，开头的句子是："春天到了，一支红木桨，一叶绿扁舟。"结尾的句子是："春天到了，一轮红太阳，一颗绿地球。"在那个时代，"红太阳"的唯一所指是伟大领袖，我仿佛偏要复活它的丰富的能指。在《晨歌》中，我还用"红太阳"表达对爱情的憧憬——

嘘，晨风，嘘，树叶

嘘，田野里窸窣的绿纱裙

瞧潮湿的地平线上

太阳——一颗爱情的心

就我一个人在这里吗

太阳真红、真嫩、真清新

就我一个人在这里吗

唱一支清晨的歌给谁听……

三　与郭沫若通信

农场是一个封闭的世界，八百里洞庭把我们与外界隔绝，通信几乎是与外界联系的唯一途径。不是身处其境的人很难想象这里的人盼信的心情，每天由通讯员从团部把信件取回，这成了一天中最激动人心的时刻。我常常在大堤上久久地伫立，凝望飘向天边的白帆，心中想念远方的朋友。有时候，这种与世隔绝的孤岛生活简直要把我逼疯。多么希望每天都收到信啊，而最盼望的是来自郭家的信。因为寂寞，也因为思念世英，我遏止不住地要给他们写信。一开始主要是给平英写，那些信写得非常糟糕，情绪既冲动又压抑，还充满强作振奋的空话，现在我是羞于再读到的。在我当时的心境中，她是一切美好价值的化身，因此我的感情不可避免地朝着一条警戒线突破，而她也就理智地回避了。不过，隔些日子能收到她的一封信，这毕竟是我的单调生活中的最迷人的等待。除了平英，我还与建英和于立群通信。当时建英因患肾炎在家养病，平时只有他和二老在家，我给他和于立群的信，郭老都看，于是我和郭老之间也开始了通信。

在一次给建英写信时，我抄了几首我写的诗，其中一首由李白诗句点化而来。建英回信说："你写的信真有意思，诗写得很好。爹爹看了说，信写得有诗意，说你很有诗才，并又写给我一首李白的诗。"这首诗是："划却君山好，平铺湘水流。巴陵无限酒，醉杀洞庭秋。"然后问我一个问题："君山那样的好，为什么要铲却君山呢？"我的回答是：就像"槌碎黄鹤楼""倒却鹦鹉洲"一样，"划却君山"也是李白的豪言，未必要有什么目的。在下一封信中，建英揭破谜底："你的回答好像是错了，也可能不错，好像他铲平君山是为了种稻米，把米做成酒，就'醉杀洞庭秋'了。"后来我读到《李白与杜甫》一书，才知道郭老当时正在研究李白。在这本书中，郭老不指名地把我对上述谜语的解答和他的反驳也写了进去。同一书中还第一次发表了那首他曾经抄录给我的《水调歌头·游采石矶》。

差不多与此同时，在于立群给我的一封信上，郭老写了一小段话，署名"老兵附笔"。我是一直不敢打扰郭老的，但有了这段附笔，我就放胆给他写信了，还写了一首诗给他，题为《寄语老兵》。他很快给我回了信，写信的日期是 1969 年 1 月 6 日，全文如下：

"国平：你的信和写给我的诗——《寄语老兵》，我都看了。其他的诗也看了。

"我这个老兵非常羡慕你，你现在走的路才是真正的路。可惜我'老'了，成为了一个一辈子言行不一致的人。

"我在看世英留下来的日记，刚才看到 1966 年 2 月 12 日他在日记后大书特书的两句：'全世界什么最干净？泥巴！'

"我让他从农场回来，就像把一颗嫩苗从土壤中拔起了的一样，结果是什么滋味，我深深领略到了。你是了解的。

"希望你在真正的道路上，全心全意地迈步前进。在泥巴中扎根越深越好，越久越好，扎穿地球扎到老！

"不多写了，再说一遍：非常羡慕你！"

其后，在同年 6 月 16 日，郭老还给我写过一封信，信中说："你寄来的诗，我都看过。写得好，有生活内容。我写不出来，你不到农场去也是写不出来的。"由于我在给他们的信中曾经叹息自己虽然出胎生骨的时间不长，脱胎换骨却难乎其难，他还写道："认真说，我倒真正羡慕你们。用你的话来说，我是'出胎生骨的时间'太长了，因而要想脱胎换骨近乎不可能了。在我，实在是遗憾。""脱胎换骨"是毛泽东对知识分子的要求，意思是彻底改造。

当时读到这些话，我虽然也从中读出了一种悲凉，但更多地是把它们理解为对我的鼓励。直到《李白与杜甫》出版，我仔细琢磨了这本书的内涵，才觉得比较懂得郭老给我写那些话时的真实心境了。《李白与杜甫》初版于 1971 年，其开始写作应在 1968 年。正是在连丧二子之后，心中有无法表达的痛苦，也有不能直言的愤懑，需要寻找一个话题说出来，他找到了与他天性最相近的李白。我曾在一篇文章中分析：在这本书中，郭老褒扬李白性格中天真脱俗的一面，批评其看重功名的一面，而最后落脚在对李白临终那年写的《下途归石门旧居》一诗的诠释上。他对这首向来不受重视的诗评价极高，视之为李白的觉醒之作和一生的总结，说它表明"李白从农民的脚踏实地的生活中看出了人生的正路"，从而向"尔虞我诈、勾心斗角的整个市侩社会""诀别"了。姑且不论这种解释是否牵强，或者说，正因为有些牵强，我们岂不更可以把它看作是作者自己的一种觉醒和总结？郭老借此曲折地表达了对当时中国政治的绝望，这个"尔虞我诈、勾心斗角"的政治世界如此黑暗，善良的人的唯一的"人生的正路"只能是远离政治，做一个地道的农民。回过头看写于同期的他给我的信，他把"在泥巴中扎根"视为"真正的道路"的含义就十分清楚了，而"扎穿地球扎到老"也就不像表面看来那样是一句豪言壮语，其实是一句无比沉痛的嘱咐。同样，当他摘抄世英日记中的那句话——"全世界什么最干净？泥巴！"——时，他心中想必是在与政治的肮脏相对立的意义上理解泥巴的"干净"的。他自己对这种政治虽然完全厌恶了，但身陷其中，已经不可能摆脱，事实上也不会允许他摆脱，只好"成为了一个一辈子言行不一致的人"。

在相当程度上，是世英之死促成了郭老的觉醒，世英正是当时中国黑暗政治的一个牺牲品。因此，他不能不痛悔当初让世英从农场回来的做法。郭民英死后的一天，周恩来和中央文革全体要员来到郭家慰问，周恩来对世英说："世英不错嘛，在农场劳动了一年，自己又主动延长了一年。"陈伯达马上说："要是不回来就更好了。"陈这么说也许是唱革命高调，但客观上成了一句不幸而被证实的预言。世英死后两年，周恩来在郭家也表示悔恨，说："世英的信（一封只写了半页、没有写完的信）就在我的口袋里，不说这事，我很难过，看不下去。怪我有旧思想，让他上大学，从农场回来了。孩子们的事，我们都有责任，我更有责任。"

事实上，世英自己的确曾想永远留在农场，做出这个决定的是他的正确本能，这个本能告诉他必须远离中国的政治。如果这个决定实施，惨剧很可能不会发生。诗人和庄稼汉都是自然之子，而那些聚众剿杀异端的小知识分子却是兵营里的怪胎。当诗人的灵魂虔诚地把农场当作涤罪所的时候，实际上向往的是一个可以让自己休憩的避难所。

四　迷惘

我在南湾湖农场生活了一年半，自始至终，我的心情可以用一个词概括，就是迷惘。从北京到农场，途经长沙，我们几个同学站在湘江中的橘子洲头，不免想起青年时代的毛泽东。那时候他也是一个学生，从农村跑到城市，组织新民学会，风华正茂，指点江山。现在我们也正是这个年龄，他老人家却把我们从城市赶往农村，从此远离政治文化中心。即使豪情万丈如青年毛泽东，如果生活在这个他老人家领导的时代，又能做些什么呢？哪里才是今日新民学会会员应走的路程？我身边的两个同学从来喜欢高谈中国向何处去、当今世界最大的社会需要是什么之类的宏大话题，现在他们也心事重重地沉默了。在我看来，他们自以为站在历史必然性的高度上，这只是年轻人的幼稚的夸张病。我比他们清醒得多，也消极得多，个人软弱无力的观念像阴影一样笼罩着我。一个人犹如一粒微尘，飘落在某一时代某一社会的大网上，我们根本不可能做举网人，只能被这时张时收的大网支配着。

我问自己：我究竟怕失掉什么呢？是的，我怕失掉那颗天真的、单纯的、敏感的心，那种独立思考的能力，还有在文学上或学术上显露才华的机会。总之，我是担心这平凡的生活之波，这群众的汪洋大海，把我这个虽然渺小却无比珍贵的个体彻底淹没了。毛泽东给知识分子指出的光明大道是到工农中去，毫无保留地与工农结合，彻底改造自己。我一方面似乎愿意改造自己，另一方面恰恰害怕自己真的被彻底改造了。倘若没有了灵魂深处的那个"小资产阶级知识分子的王国"，我还是我吗？人们给时代这个词赋予了一种特殊的诗意，高喊着投入时代的口号激情满怀地冲向地狱，我也要毫无反顾地往下跳吗？

表面上我也有振奋的时候，但我深知其不可靠。时常，当我参加着各种活动，或者和大家一起开着玩笑，一种抑郁感突然抓住了我，我的心像被电击似地感到剧烈的空虚和不安，把我与周围的一切隔离开来。每天的生活除了劳动，就是关于劳动的重复又重复的训话和讨论。再苦的劳动，咬一咬牙总可以挺过去，并且渐渐适应。真正的痛苦在于这种生活强制性地破坏了知识分子的一切习惯，没有任何回旋的余地。甚至头脑中自幼及长形成的基本概念，也随之遭到了根本的打击。当时《文汇报》发表丁学雷的文章，宣称对于古的和洋的艺术的全部内容必须进行彻底的扫荡，我读了十分反感。我们实际上已经身处在这样的直接现实之中了，除了"红宝书"，任何书都不准读，也读不到。我的灵魂被抛入无边的沙漠里，看不见一片绿荫，找不到一点儿寄托。我对自己说:也许,总是寻求着一种精神寄托,无所寄托就惶惶不安,这种状态仍不免是小资吧?

使我感到格格不入的还有部队里盛行的"三忠于"之风,什么早请示、晚汇报、天天读、绣宝像、表忠心,这一套在部队里做得最煞有介事。起床号一响,所有的人边穿衣服边冲向室外,列队站在空地上,挥动"红宝书",高喊"敬祝伟大领袖毛主席万寿无疆万寿无疆,敬祝林副统帅身体健康身体健康"。每顿饭前,都要集队高唱"爹亲娘亲不如毛主席亲"。我在当时的日记里写道:"'顶峰'只是宗教的代名词。事实上,一切宗教仪式都应有尽有了:祷告,忏悔,唱赞诗,诵经文……""军队成了样板,整个国家正在按照军队的面貌加以改造,建立起政教合一的体制。"公开抵抗是不可能的,但我实在觉得参加这类活动是愚蠢的,便消极怠工,装得动作缓慢,等我赶到时往往仪式已经结束。

面对这样的环境,学生中有两种表现比较常见。一种是主动敏捷地适应环境,在那些机械的事情上革命透顶。有一个当饲养员的同学竟然亲自品尝猪食,以表示热爱养猪工作。大粪是香的——这几乎成了不容置疑的真理,人们以此证明自己的感情包括嗅觉都已经彻底劳动人民化。当然,如同一切不合常情的极端行为一样,这些举止背后都有强烈的功利目的。更多的人则迅速地成为庸俗的现实主义者,唾弃一切理想,成天谈论和思虑的唯一大事是娶妻生子。有人对我说:"什么理想、事业,有什么用?还不是一样在农村待一辈子。"我虽然也看不到前途,但仍信奉理想主义。我回答说:不对,生活有无意义,不决定于环境,而决定于精神状态。同样的生活环境,不同的精神状态,生活的意义也就完全不同。理想虽然不能变成现实,但仍有作用,就是赋予现实一种方向和品格。在人们看来,我与环境的不协调是十分扎眼的。好心人便替我惋惜,纷纷劝我学一点儿生活哲学,这样才可以使我的遭际与我的才能相称一些。有一天,一个同学盯我良久,说:"我对你的一生,从过去到现在到将来,都表示同情和遗憾。"还有一个同学预言:"你将来或者青云直上,或者大祸临头,反正不会像一般人那样活着和死去。"甚至那个老实的副连长也劝我学会适应环境,否则再大的本事也用不上。

　　总算熬到了头,1970年3月中旬,我们离开农场,奔赴各自的工作地点。虽然日夜盼望这一天,但是,这一天来了,心情依然迷惘。客轮在苍茫的湖面上航行,远处的那一小角陆地,那一块我们曾经在上面流过汗的土地,逐渐模糊而消失了。四周湖水浩淼,水天一色。我和那两个曾经同游橘子洲头的同学一起站在甲板上,他们也去广西,我们靠着栏杆,长久地沉默着,各想着自己的心事。"一生交给党安排——这句话该怎么理解呢?"其中一个说。"进去了,还能不能出来呢?"另一个仿佛自言自语地说。我凝视着湖面上若隐若现的几点白帆,它们像风筝一样,从远处的天空轻轻地飘过来,滑过眼前的湖面,又轻轻地飘向另一头的天空去了。我一直沉默着,不知道说什么好。好不容易从地图上找到一个小小的点,标着我要去的那个地方的名称,也许我将永远生活在那里了。其实,去什么地方,从事什么职业,我并不很在乎,使我忧虑的是我将处在什么样的人群中。一个同情者曾半开玩笑地问我:"到了下面,你的诗还有什么用呢？"是的,我的诗,我的心,我所珍惜的一切,还有什么用呢?

五　广西资源县

从洞庭湖农场出来,我的目的地是广西资源。先从长沙乘火车到桂林,住一夜后,第二天早晨,在桂林汽车站乘长途汽车。坐在车上,想到这辆车将把我送到一个既陌生又很可能要待一辈子的地方,我的心情既好奇又落寞。中午,到达一个叫百里村的小站,停车休息,司机和乘客都在站上的食堂吃午饭。在以后的岁月中,我许多次重温这个情境,百里村相当于资源的门户,进出都要在此停留。从百里村驶出不远,汽车就进山了。山越来越深,越来越高,汽车在弯弯曲曲的山间公路上颠簸盘旋。一边是崖壁,另一边是深谷,路面窄而不平,迎面错车相当惊险。车窗外细雨迷蒙,似雨似雾,罩住了群山。下午四点钟左右,终于到达资源县城,正遇上开公审会散会,街上人流如潮。

资源是一个小县,人口仅十万多一点儿,位于广西北部,与湖南接壤,当地农民的生活习惯和方言也与湖南相近。全县有七个公社（乡）,分布在越城岭山脉之中。这里是红军长征经过的地方,毛泽东《长征》诗曰"五岭逶迤腾细浪",越城岭就是五岭之一。县城很小,建在山坳上,抬头看四面都是山,居民也就几千,只有一条街,几分钟就能走完。在农场里关了一年半,现在突然自由了，可以随心所欲地走动了，我感到轻松愉快。开始几天，我天天在街上转，从这头走到那头，看朴素而色彩明亮的房屋，看不同的人脸，觉得一切都新鲜。资源是资江的发源地，因此而得名。这条清澈而又湍急的河流从此成了我的密友，我常常站在县城一侧的那座大桥上，看江水滚滚北流，发出永不止息的轰响。

到资源后不久，一天黄昏，我独自沿着一条小溪进山去。山谷里静悄悄的，殷红的杜鹃花在涧边，在山坡，在打柴的小姑娘的手中开放着。我发现前方有一匹瀑布，正在夕阳中闪着光芒，便欢快地跑过去。瀑布有数丈高，从一注暗泉的洞口泻下，喷溅着雪白的飞沫。两边的峭壁上布满青苔，紫云英像星星一样嵌在暗绿色的青苔间。瀑布冲入下方一口绿得发黑的深潭，投一块石头进去，听不见落地的声音。我心想，这样的景致倘若在闹市附近，一定会成为名胜，在这荒山野岭却只能默默无闻，至多吸引了像我这样一个偶然落到这里的同样默默无闻的外乡人。推物及人，同此一理，不免苦笑。据说现在资源已成旅游胜地，到桂林的游客往往会进山一游。倘若我至今仍在那里工作，看到纷至沓来的观光客，一定会生出另一番感想的吧。

我到资源那一年，分配到这个小县的大学生多达六十几人，大多是从广西本地的大学毕业的，但也有好几人来自全国名牌学校，其中北大二人，复旦二人，中山一人，北京政法一人。这些学生绝大多数被分到公社去了，一般是当中小学教师，也有当公社的专职共青团干部的。我算是最受重用的，只有我一人留在县革委会政工组工作，机关恢复旧名后，担任县委宣传部干事。在当时，这使我的虚荣心得到了相当的满足。我这样一个年轻的书生在县里出现，又安排在县府工作，大约是很引人注目的。不多时间，差不多半个县城的人都认识我了，走在路上，常有我不认识的人向我打招呼。然而，后来的事实证明，这小小的春风得意只是假象，我的秉性使我完全不适合于在县机关工作。一个简单的事实是，虽然我在宣传部工作，但始终入不了党，四年后便被调到位于一个公社的县党校去做教员了。与此同时，若干分配在公社的学生则入党提干，有一位当上了组织部副部长，另一位顶替我做了宣传部理论干事。当然，我很快看清了这种情形的必然性，也就不在乎了。

在县里工作，下乡是经常的事。我喜欢下乡，一开始是觉得新鲜，后来是为了远离县机关的琐碎是非，图个清静。第一次下乡，是去最偏远贫困的两水公社，当时的情景依然历历在目。两水是苗乡，景色很美，两条溪流穿越群山，把村寨联结起来。溪上这里那里筑有桥亭，是当地一大特色。顾名思义，桥亭既是桥，又是亭，木结构，瓦顶，两边木栏杆内侧有两排长凳，村民们出工前在那里集合，夏夜在那里乘凉。民风十分淳朴，多数妇女儿童没有出过乡，以至于我这个脸上架着两片玻璃的人几乎被当成了怪物。有一回，我在山里行走，迎面走来三个小孩，最小的那个立即转过头去，把脸紧贴山坡，另外两个恐惧地瞪着我，握着小拳头，如临大敌。我怕吓着他们，便装着没有看见他们，微笑着走了过去。还有一回，几个戴大耳环的苗家姑娘走来，经过我的身旁时，突然一齐尖声大笑，撒腿就跑。

从我这方面说，开始时我同样不适应村民的生活习惯，不免显得狼狈。我住在一个多子女的贫穷人家，到的第一天，看见主妇把一些蚂蚱放在盆里，用开水浸泡，然后倒进锅里，便好奇地问："蚂蚱还能喂猪？"她没有回答。晚饭时，桌上有一碗干炒的蚂蚱，我才恍然大悟，后悔自己失言。还有一次午饭时，我到厨房添饭，锅盖半开着，露出一只小猫的下半截，我赶紧把它拖了出来。打开锅盖，我不由得朝后退，另一只小猫正蹲在里面从容地吃着饭。怎么办呢？我犹豫了一阵，还是硬着头皮添了一碗，回到餐桌旁也没有声张。这个家庭真的很苦，几根辣椒放在灶膛里烤一烤，然后捣碎，撒一把盐，就是下饭的菜了，基本上顿顿如此。不过，我始终很愉快，相处久了，一家人都很喜欢我。尤其是那个十九岁的女儿，每见到我就特别高兴，总是甜甜的笑脸，还兴致勃勃地教我讲苗话。我在这一家住了一个月，临别时，男主人拉着我的手，眼圈红了，喃喃说："对不起……"我知道他是为他家的穷内疚，便赶紧不让他说下去。我正奇怪没有看见那个女儿，她出现了，塞给我一包刚炒好的热花生。她天天穿着补丁衣，现在特意换了一件新衣服为我送行，并且因为我的离去而闷闷不乐。我心中十分感动，但说不出一句安慰她的话来。

　　后来我下乡就很多了，走了全县七个乡的许多村庄。南方多雨，经常的情景是，我头戴一顶斗笠，脚穿草鞋，在山间小路上踽踽独行。山区地广人稀，村落之间往往相距很远，有时去某地开会，要走大半天。我还曾经在一个生产队蹲点，住了整整一年。那个队离县城倒不远，我和农民一起到城里的公共厕所起大粪，挑回村里作肥料，并不觉得难堪。县里多数干部下乡下油了，一般不参加劳动，我毕竟是学生，并且有强烈的改造意识，常和农民一同劳动。有一回，正是盛夏，在田里割禾，渴极了，看见农民用手拨开水面的漂浮物，喝稻田里的水，我也效仿，喝完定睛一看，水底有一条大蚂蟥。在县机关，因为我不肯唯命是从，我的上司总批评我骄傲。农民对我的评价恰好相反，他们都说我不摆大学生架子，待人最平等。我自己也喜欢和淳朴的农民在一起，比起和那些自以为是的小官打交道惬意多了。只有生产队的开会是我始终习惯不了的，尤其在冬天，会议室窗户紧闭，燃着湿柴，浓烟刺得睁不开眼，吵吵嚷嚷，往往开到半夜，不决而散。

　　经常在农村，我对农民的艰难也就有了切身的感知。他们的艰难，很大一部分是干部的强迫命令造成的，突出地表现在两件事情上。一是所谓科学种田，强制推广双季稻和相应的水稻矮秆品种。地委书记兼军分区政委来到某大队，下令把已经播下的七千斤高秆种子全部犁掉，大队干部要求放鸭子吃，不致完全浪费，这位地区最高长官耍威风道："不行，就是要全部犁掉，让你们得点儿教训！"一股风吹下去，定了调子，层层贯彻："有收无收都得给我种！"我到一个生产队，队长告诉我，去年种双季稻二十亩，颗粒无收，今年他想少种一些，但硬派下来的任务是八十亩，一亩也不能少。另一是大刹副业，一律判为资本主义倾向。县农办主任带队进驻一个生产大队，我也在其列，被派到一个生产队。正值冬日农闲，有些生产队搭窑烧石灰，烧出的石灰出售，这原是当地农民常用的增加收入的办法，但主任宣布是严重的资本主义倾向，下令制止。生产队长对我说，不烧石灰，农民没有钱，连年也过不成，问我怎么办。我便召集全队农民开会，让大家讨论怎么办。当然，所有的人都和队长看法相同。我说，既然如此，就照大家的意见办。石灰烧成后，我才汇报，理所当然地被主任批判为右倾的典型。这位主任以贯彻政策坚决、对农民狠出名，曾亲自带民兵拔掉一些生产队种的单季稻，越是这样的人越受到重用，他后来升为副县长了。

我在资源生活了八年半，收获之一是对中国农村问题有了一点儿感性的了解。以前我容易把农村想象成远离政治的桃花源，其实大谬，中国农民身受太多的束缚，而当时最大的束缚恰恰来自政治。这种政治以批判资本主义倾向的名义把农民树为假想敌，给农民的正常经济活动设置重重障碍。事实上，中国农民之苦，大半来自人为。现在国情有了很大变化，但农民所受的其他束缚仍太多。农村问题的解决说简单也简单，第一步是解除加于农民的种种无理束缚，使他们真正获得经济上的自由和平等的公民地位。

六　小公务员

我在资源一直是一个小公务员，具体职务是宣传部干事和党校教员。作为我的本职工作，做得最多的是两件事，一是写材料，二是讲课。毫无疑问，不论写还是讲皆奉命而为，其内容无非是配合形势做政治宣传。

一开始，我怀着一个刚出校门的学生的诚恳态度，十分认真地对待写材料的工作。记得最早接手这项工作，是县里开毛泽东思想讲用大会，我的上司把一大堆讲用稿放到我面前，要我审读一遍。这些稿子是县里抽调各单位的秀才写的，在我这个有文字洁癖的人看来，大多文理不通，于是我一篇篇仔细修改，改完后让原作者誊抄。有一篇稿子文理尚通，但太啰唆，我做了大量删节。叫来原作者，发现是一个书生模样的中年人，戴着眼镜，瘦削的脸布满皱纹，一支接一支抽烟。他看了我的删改，表情似有不甘，但还是默认了。叙谈之下，知道他原是广州军区的专职作家，"文革"中被定罪发配到资源。他叫刘天野，我称赞他的名字好，他说是为了取笑广州人，在广东话中这个名字的发音是老天爷。此后我们常在一起聊天，直到我走出资源。

在发现我很会写材料之后，县武装部把我抽调去，与那里一个名叫唐海的年轻干事合作，写县里一个民兵先进单位的材料。我们在一起工作了几个月，经常跑桂林军分区。军分区一位副政委管这件事，似乎颇赏识我，几次半开玩笑地说要把我调去。唐海也向我传递了类似信息，说军分区首长对我很感兴趣，我在资源肯定待不长。不过，后来此事就没有了下文，唐海却青云直上了，在两三年之内，以所谓小步快跑的方式被飞快地提拔，二十几岁就当上了桂林军分区政委兼广西军区副政委，据说预定目标是培养为总政副主任。他是典型的乘直升飞机上去的干部，"四人帮"倒台后，又落回到了地面上。据我接触，他倒不是一个有野心的人，城府并不深，人挺随和，实在是糊里糊涂被选中的。在他身上有一种天真的自信，我们合写的材料，我觉得不行，他总是满意之极。有一次，他参加王洪文主持的中央学习班，回来后跟我聊天，说他认识了一个副军长的老婆，是外交官，他准备让她在国外买表。说到这里，幸运儿天真地问："为什么在国外买表这么便宜？"然后博学地自己回答："大约是通货膨胀吧。"

我依然在县委宣传部里写着各种材料，看我能写，几乎所有写材料的任务都落到了我的身上。我很快发现，我在做着毫无意义的事情。那些讲用材料或某某单位的先进事迹，都有一个固定的套路，为了体现所谓境界，必须诱迫相关对象编造动人事例和豪言壮语，在多数情况下还必须自己替他们编造，否则就通不过。还有那些没完没了的学习班，最后首长做例行总结报告，讲稿都让我来写。那往往是一些党员学习班，班上传达的文件不让我这个非党员听，却非要我来写总结报告，也真是荒唐。我是越来越厌烦了，想到自己不得不把生命中最宝贵的年华耗费在制造这些垃圾上，我深感屈辱。常常是一边写着，一边本能地感到厌恶，写了几句就丢开，然后强迫自己再写几句。我一遍遍问自己：难道我的生命就这么贱吗？我给自己确立了一个原则：用尽量少的时间敷衍塞责，绝不多花一分钟。尽管如此，浪费掉的时间仍是大量的，现在想来仍觉心痛。

有时候，我的顶头上司认为某个材料重要，就亲自和我一起写，那才是最可怕的折磨呢。所谓亲自和我一起写，就是他坐在我旁边，看着我写每一句，随时发出指示，让我涂掉重写。我一不耐烦，他就谆谆教导我说，好文章都是这么磨出来的。关于我的这位顶头上司，我在这里忍不住要多说几句，他领导了我这么多年，我应该对他公平。他姓石，性格却是石头的反面，怯懦而又逢迎，但毕竟当上了宣传部副部长，主管理论工作。当然，他的性格在他的上司面前才表现得最充分。武装部一个副政委任政工组长，是宣传部的直接领导。在一个学习班上，副政委上了一堂辅导课，下课后问："我的课讲得怎样？"我说："可能深了些，农村干部恐怕听不懂。"石副部长立即纠正："讲得很好，不深也不浅，对机关干部、农村干部都正合适。"后来，军队干部撤离地方，开告别会，副政委宣布："我工作中一定有不少缺点，但这次有规定，不请大家提意见了。"既然如此，大家也就不说什么了，开始互相嬉闹起来。石副部长突然嗫嚅而言："我说几句。这次首长要走，我们舍不得……"他的话被嬉闹声打断，然后重新接上，声音颤抖，带着哭音，"舍不得，想留也留不住，现在没有办法，只好把首长的好思想好作风学过来……"说不下去了，掏出手帕擦起眼泪来。

我还舍不得剪掉另一个精彩镜头。一次我和他一起到地区开会，在大礼堂听报告。找位置坐下后，他突然发现他认识的一个地区首长的太太坐在前一排。"烟，烟。"他用手拉我的衣角。我感到奇怪，问他："你不是不抽烟的吗？"但还是把烟盒给了他。他抽出两支，恭敬地递给首长太太一支。"火柴。"他又用手拉我的衣角。我掏出火柴，他恭敬地替太太点着，自己点上了另一支。我收起了烟盒和火柴。一会儿，太太自己点燃了一支烟，并递给他一支。太太抽着烟，脸朝前方讲台。他拿着未点燃的烟，若有所待。总不见太太回过头来，他第三次用手拉我的衣角。"干什么？"我实在感到厌恶，就明知故问。这时候，他一只手拿着未点燃的烟，另一只手摸索着伸进了我的衣袋，掏出火柴，把烟点着，然后又摸索着把火柴塞回我的衣袋。在做这些动作时，他的脸部始终保持着严肃的表情，眼睛直盯太太的后脑勺。

完全可以想到，按照性格的逻辑，这样一个人会怎样对待他的下属。在他眼里，我除了是一架写材料的机器外，还是一个听差。他随时可能来敲我的宿舍的门，支使我立即去做一件琐事，比如去找某个领导到食堂参加会餐，去找电工修理办公室的电灯，诸如此类。我算得好脾气，尽量不和他公开冲突，但心情常被他的猥琐之态败坏。因此，当我被下调到处在荒僻之地的党校时，感到的是解脱的愉快。

我是1974年8月调到党校的。这里是县五七干校的原址，在中峰公社的一片田野上，四周人烟稀少。党校一共四人，一个校长，两个教员，一个会计。雇了一个傻子当炊事员，因为实在太傻，不久就辞退了，我便在会计家里搭伙。一到夜晚，周围黑洞洞的空旷一片，萤火虫一闪一闪，蛙和昆虫们单调地鼓噪着，我独自坐在屋子里，真感到与世隔绝，心里淡泊极了。屋子十分简陋，久无人住，老鼠猖獗，蚊蝇和各种虫子乱飞，苍蝇在桌上、书上、身上、脸上拉屎。屋前一条脏水沟，农民在上游饮牛、洗粪桶，天旱时浑若泥浆，那是我们的日常饮用水。从物质条件看，当然比在县城差了许多。但是，摆脱了写材料的差事，能够自己支配大量时间，这比什么都好。更使我庆幸的是，我的新上司唐开嵘是一个难得的通情达理的人。他出身农民，身上仍有农民的种种缺点，例如爱占小便宜之类。我最受不了的是他不讲卫生，进我的房间，一边抽烟，一边满地吐痰。然而，可贵的是他还保持着农民的朴实，尊重常识，我们对县里许多现象的看法都比较一致。他对理论怀有天真的兴趣，多少还识货，以欣赏的态度放手让我讲课，在讲课之外不支使我干各种琐事。在他手下工作，我的心情比以前舒畅了许多。

相比之下，我也比较喜欢讲课，因为多少能够自主。讲课的题目当然是规定了的，所谓紧跟形势，例如毛泽东号召学马列时，讲《反杜林论》和《国家与革命》，批林批孔时，讲儒法斗争，但怎么讲就由我自己决定了。我备课是十分认真的，比如要讲儒法斗争，我就读《论语》《韩非子》《史记》等书，在此基础上写讲稿，而绝不是照抄报纸。其实我这样做是出于强烈的私心，就是不想做一架单纯的宣传机器，每讲一个题目，自己一定也要有收获。正因为如此，我的讲课就比较有内容，受到了广泛的欢迎。在去党校前，我在县城里就以讲课出了名，各个单位纷纷请我去上辅导课。到党校后，这个名声就传遍了全县的农村地区，因为县党校的主要任务是培训农村的大队干部，我们还时常下到公社去为农村党员办班。我本来担心自己有学生腔，农民听不惯我的课，其实不然，他们往往听得津津有味，用他们的话来说，是一点儿瞌睡也没有。走在街上，常常会遇到听过我的课的农村干部，走过来告诉我，说我讲课最生动实际，他们最爱听我的课。这并不奇怪，因为他们一向听到的基本上是政治口号和官样文章，有了一个对比。我心里当然明白，我的讲课充其量仍然是比较有内容的政治宣传，与我所想望的理论研究和精神创造完全是两回事。

七 婚爱风波

我对爱情一直怀着浪漫的憧憬。在我的想象中，我的爱情应该是充满诗意而又与众不同的。离开学校后，看到周围的大学毕业生们都急于娶妻生子，我心里十分鄙视。我对自己说，我可不愿像他们那样把自己变成一头牛，去拖家庭的破车。我一定要为自己保留一份珍贵的权利，等待茫茫人海中那个唯一者出现。然而，在资源待了不到一年，第一次走出深山，在桂林的街头徜徉，我的决心就动摇了。十月的桂林，空气中飘散着甜甜的桂香，姑娘们仰起脸来，望着俏小的桂花，甜甜地笑了。此情此景，突然使我感到异常惆怅，我发现自己多么孤独，多么渴望女性的芬芳降临我的生活。两个月后，我就寄出了一封后果重大的信。

上大学时，一个聪明的同学曾经嘲笑我梦想纯洁的爱情，对我说：什么是爱情？这与公狗和母狗之间发生的是一回事。我喜欢这个同学，但反感他说的这句话。现在我不会否认，他所说的驱使公狗寻找母狗的动机在我身上也起了作用。在那个年代，未婚性关系被视为严重错误，必定招致处分和羞辱，一个年轻人倘若不想毁掉自己的前途，结婚是解决性的需要的唯一途径。不过，我更忍受不了的是寂寞。当我看清自己将长期乃至一辈子生活在这个深山小县，并且确信不可能在这样的地方找到知心伴侣之后，我就认为继续保留那一份珍贵的权利已经没有意义，于是决定不再等待。可供选择的对象极为有限，却是现成的。

两年前离开北京的那个夜晚，在北京车站，三个女中学生来为我的两个同学送行。不久后，她们自愿去了西藏，想在那里插队，因为政策不允许，被安排到了一个地质队工作。在洞庭湖农场期间，那两个同学一直与她们通信，她们在信中向我问好。我被她们奔赴西藏的勇气所感动，写了一首诗，让那两个同学寄去。三女生中的一人直接给我来信了，我们之间开始了通信。在通信中，她的感情时有明显的表露。匆匆见过一面，我已经不能清晰地回忆起她的面貌了，只记得是高个儿，人还算漂亮。她的信给我的感觉是，革命热情很高，思想简单。她显然不是一个能够拨动我的心弦的人。但是，现在，我决定试探一下发展关系的可能性。我对她爱我是有把握的，所以实际上是要试探一下我能否爱她。1970年底，我给她发了一封信，向她开了绿灯。在当天的日记中，我写道："她不一定理解我，但她愿意理解我，这就够了。"答复是预料中的，她回信告诉我，在见我的第一面就对我有"莫名其妙的好感"。她还说，她觉得自己远不如我，常想我，又常克制自己，简直不知该怎么办。我被她的热忱打动了，觉得没有理由不朝前走，便约定春节在北京见面。

春节期间，我和敏子在北京见了面，然后又跟随她去山西她的父母家，共相处了十来天。我的印象是矛盾的。她性格外向，开朗健谈，但缺乏含蓄。我们在一起时，总是她不停地说话，而我的沉默少言也使她很不习惯。我企望一种心领神会的境界，一种直觉的沟通，这是我和她在一起时感觉不到的。当她神采飞扬地说话时，她的脸显得生动而漂亮，可是，在另一些时候，尤其当她生气时，就显得憔悴而不美了。虽然她比我小两岁，但长相明显比我老，引不起我的温柔之情。最使我反感的是，她常以多少有些赞成的口吻转述她的家庭和亲戚对我的指责，诸如不懂礼节、空手来访、嘴不甜、没有眼力见儿之类。眼力见儿是北京方言，这个词我还是头一回听到，大约指一种在别人家里敏捷地帮助做家务的能力。我从来是一个书生，压根儿没想到世上还有这类指责，人还必须具备这类品质。在她家住的那几天里，我只感到自己走错了地方。

在这次见面之后，整整两年我们没有再见面，仅靠通信维持着联系。在两年中，我对这件婚事始终处在动摇和反复之中。每次我一动摇，敏子都反应激烈，在信中表达了气愤和悲伤的情绪。在我眼中，她的这类信写得特别好，语句或尖刻或哀怨，但都有光彩，于是觉得她可爱，重新坚定起来。然后，当她满怀信心之时，我又想起她的种种缺点，再次泼冷水，开始了新一轮循环。敏子比我清醒也比我果断，她觉察到我不够爱她，在见面后最初的通信中就奉劝我："现在刹车比以后刹车好。"并且宣布："让我勉强去爱一个人，是我的痛苦。让一个人勉强来爱我，是我的耻辱。我不希望痛苦，也不希望耻辱！"相反，在整个过程中，我却充分暴露了我的性格弱点，极其优柔寡断，沉湎在对自己感情的无休止的自我分析之中。两年过去了，她学徒期满，有较长的假期，我们终于商定春节她来资源结婚。可是，在结婚前夕，我的弱点竟然来了一个大爆发。

1972 年 12 月底，我正在中峰公社下乡，地区文工团来这里体验生活了。有一天，团里几个人在公社客房里闲聊，我也加入其中。有一个女演员正在刻钢板，她身材小巧，梳两根短辫，扎着红头绳，穿一件朴素的花布罩衫，一对大眼睛温柔而有表情。我发现她常常停下手中的工作，若有所思地望着我。一会儿，她完全放下了工作，心不在焉地听大家聊天，突然向我借钢笔，在一张报纸上涂写，然后又突然还给我。接着，我们结群去礼堂看公社业余会演，她说她要赶任务，不去了。可是，在礼堂里坐下不久，我发现她坐在台上一侧的椅子上，正凝望着我。

若干天后，贝珍走进我住的客房来取火种，对我说："我可能先回桂林，明天走。"门外有人声，她匆匆走了。一会儿，我出屋子，正要进公社办公室，见她迎面走来，走过我身边，飞快地递给我一张纸条，头不回地径直走了。我的心怦怦乱跳，走到街上无人处看纸条，上面写的是："在即将离别之前，才感觉到这里山好水好人更好，尤其是你，给我留下了深刻的印象……"下午，在一间大客房里，文工团的人在烤火，她在油印。我靠在角落里一张床上，注视着她，心里七上八下，她也不时朝我窥看。我做出两个决定，第一立即给敏子发电报，让她暂时不来资源，第二把我和敏子的事情告诉贝珍。晚上，我和贝珍在乡村公路上散步。听说我已经有了未婚妻，她一怔，显然感到意外。她告诉我，虽然她不乏追求者，可是她对别人从来没有产生过这种感情。

次日，我回县里开会，四五天里，我们通了好几封信。在当时的我看来，毁弃婚约是极严重的事，基本否决了，但又十分舍不得她。她也劝我维持婚约，同时又对我一往情深。1972年的最后一天，我借口要买香菇，跑到中峰，当然真正的目的是想见她一面。回县前，她来找我，说已经请假，要去县里买东西。后来我知道，她的借口是去买天麻，文工团的人因此给我们两人起了绰号，称她为香菇，称我为天麻。我们同车到达县城，她下午去办事，晚上来我的房间叙谈，当夜住在县文艺队的宿舍里。

按照常情判断，两个彼此爱恋的年轻人关门处于一室，一定会发生点儿什么事。事实却不然，那时候的我，说单纯也好，说迂腐也好，对于一个我不能娶的姑娘，哪怕动一下亲吻的念头也会觉得罪恶的。然而，没有想到的是，就在我们规矩地坐着说话的时候，中峰那里已经炸开了锅。正是阳历除夕，文工团的人聚餐，有人问贝珍哪里去了，响起了一片嬉笑："县革委会那个戴眼镜的小伙子真厉害，把我们团的姑娘拐走了！""多少人攻不下，他盯她看一会儿，一下子就带走了……"在场的地区政工组一个副组长闻言勃然大怒，当即宣布要把我放到最苦的公社去。当天夜里，文工团不断地往县里打电话找人，并调查贝珍睡在何处。第二天，从清晨起就派人在公路上守候，贝珍一到达，立即被隔离了起来。第三天，我去中峰，无法再见到她，只得到了别人转交的一封信，她在信中表示不再与我见面。

用今天的眼光看，这样粗暴地压制恋爱自由无疑是对人权的侵犯，可是，在当时，两个年轻人哪里有力量对抗握有一切权力的组织。若干个月后，文工团一位老演员到资源出差，她是贝珍的老师，我从她那里知道了较多的实情。那个政工组副组长掌管文工团，他宠爱一个男演员，而那个男演员看上了贝珍，他就一直在利用职权从中撮合。在他看来，我不啻是闯入了他的禁地，搅乱了他一心想包办的婚事，难怪要恼羞成怒了。中峰风波后，他和那个男演员对贝珍进一步施加压力，仍以失败告终。贝珍的老师告诉我，贝珍始终为我辩护，说她是主动的。她对老师说："一般男的往往头脑简单，感情僵硬，我长这么大没有遇见过这样的男人。"贝珍的老师还谈了她的一些近况，例如在阳朔拍电影《漓江春早》，别人抢镜头，她却很淡漠，躲在树荫下绣花。听了这些，我心里越发难过，觉得贝珍可贵，格外想念她了。

八　贫贱夫妻

中峰事件使得形势急转直下，我本来就下不了毁弃婚约的决心，这时就更没有理由犹豫了，便动身去山西，在那里与敏子登记了结婚。敏子问我为何阻止她来资源，我不愿撒谎，把发生的事情如实相告，这在她心中落下了长久的阴影。

我们离开山西去上海，途中在南京逗留了两天。事实上，我们的新婚之夜是在南京度过的。虽然这一夜的情形难以启齿，为了对敏子公平，我仍要鼓起勇气说出来。不管我对婚事多么矛盾，在南京那家小旅馆的房间里，我毕竟是生平第一次面对一个女人的美丽的裸体。当这个曾经勾起我的无数白日梦的时刻真正来临时，我兴奋而又紧张，并且极其笨拙，结果，事情在真正开始之前就结束了。我知道这叫早泄，心中万分恐惧，断定是我长期自慰造成的恶果，对自己的性能力丧失了信心。第二天，我发起了高烧，烧得全身无力，嘴唇脱皮。自始至终，敏子没有丝毫不满的表现，她温存地照料我，替我脱衣穿衣，送水接尿，总是甜蜜地笑着。我异常感动，心里真觉得她好，并为自己有负于她而内疚。在她的照料下，我的身体很快复原了。她又温存地抚爱我，帮助我熟悉她的身体，不多天后便有了满意的收获。我曾想，当初她倘若对我不耐烦甚至歧视，我很可能会因为自卑而一蹶不振。后来我不止一次地发现，每当我生病或遭遇困难时，敏子都表现出色，她的确是一个有献身精神、可以共患难的伴侣。

可是，在当时，我的感动维持了没几天，很快成了一个忘恩负义的家伙。从上海出来，我们进行蜜月旅行，去重庆小早家作客，然后乘船沿长江而下，游三峡，在武汉上岸，乘火车返桂林。在整个旅途中，我们相处得很不融洽，争吵不断。起因好像都是小事，其实她是在为婚前那个插曲生气，便长时间不说话，惹得我也生气，空气相当沉闷。在武汉时，她不理睬我，径自走得不见踪影。我背着一张在万县买的藤椅到处找她，累得气喘吁吁，腿都快断了，绝望中回头看，她正偷偷跟在我后面。

回到资源后，敏子住了三个月。一年后，她离开西藏，调到资源。在我们共同生活的日子里，两人之间经历了痛苦的磨合过程。我们的性格正相反，一个太内向，一个太外露，而且好像构不成互补。如果我们过去有较多的接触，也许会成为朋友，但肯定不会走到结婚这一步。其实她是一个好妻子，非常细心，在生活上无微不至地照顾我，把屋子打扫得一尘不染，做家务有条不紊。但是，偏偏遇上我这个顾影自怜的人，嫌她在感情上不细腻，对我的那颗敏感的心不能感应。她最担心的是我天性喜欢女孩，贝珍是前车之鉴，我可能还会爱上别的女孩。她是有道理的。我多么愿意看到女孩们投来的有含义的目光，一旦结了婚，这些就没有了。可是，我不检讨自己，反而有几分强词夺理地责备她说："难道你不也是一个女孩吗？既然是天性，就要发挥出来。你不想一想，一个女孩守着一个天性喜欢女孩的男人，却使他的天性发挥不出来，她的女孩味儿是否少了一些？"在那些日子里，我真是伤透了敏子的心。她多次悲哀地对我说："你只对你喜欢的人才是善良的，否则，再待你好，也不能打动你的心！"她其实是很懂感情的，有时议论道："哪怕一块石头，在手里握了许多天，一旦丢了，还有些想念呢，何况朝夕相处的伴侣。"听到这样的话，我心里很感动，觉得自己真应该好好待她。

在敏子调来一些日子后，我们的关系明显改善了。我们互相都在努力。为了帮助她了解我，我给她看我的日记，还特意为她写往事的回忆。她看后恳切地说："现在我才知道过去我是多么不了解你。想到当初你怎么会忍受我们家那种环境，怎么会同意和我结婚，真感到不可思议，因为你和我们是完全不同的人啊。"本来我们之间问题的症结在我不太爱她，并且放任这种不太爱的情绪，现在我把重心移到了努力去爱她，至少要待她好，她自然就投桃报李了。从此，她充分表现出了她是一个贤妻良母型的女人，一心扑在丈夫身上。她对我母性十足，关爱备至，我从她那里感受到的也更多是一种母性的爱。她愉快地为我做各种事情。我读书，她就帮我摘抄卡片，我写作，她就替我誊抄，她称这为"作业"，总是催我给她布置"作业"，然后一丝不苟地完成。偶尔出差，她一定会跑书店，选购她觉得我可能想看的书。出差时看到传抄的内部讲话，她想到资源消息闭塞，为了让我读到，便辛勤地抄写，有一回竟在路灯下抄了个通宵。出乎我意料的是，一次她从桂林回来，兴奋地告诉我，她去文工团找贝珍了，两人在一起玩儿了三天。有一段时间，我们两人同在兴安县境内的一所部队医院住院，认识了那里一个可爱的护士小玲，我和小玲彼此很合得来。她表现得十分大度，对小玲说："他在那样一个小地方，又没有知音，经常是很苦恼的。我虽然愿意理解他，但我们的心不是那么相通。现在有了你，就弥补了这个不足。"很显然，她在尽最大努力顺应我，包括顺应我喜欢女孩的天性，当然是在适当的限度之内。

在资源人眼里，我们这个两口之家算得上是一个浪漫和睦家庭。敏子来资源后，分配在农机厂当统计员，而我调到了党校。不开课的日子，我也住在农机厂她的那间破旧宿舍里。房间很小，三合土的地渗水，不管下雨天晴，屋里总是潮湿，被窝始终粘糊糊的。就在这间屋子里，我读了许多书，敏子替我抄了大量卡片。资江在农机厂边上流过，那里有一座大坝，我经常在坝的上游游泳，每一次敏子都在近旁洗衣，用这种方式陪伴我。农机厂离县城约有两公里路程，我们经常沿着公路去县城购物和办事。小县的人保守，夫妻不一同上街，而我们总是双双并肩而行，被视为过于亲热，招来议论，有人甚至编造出我们共拎一只热水瓶的故事。敏子一定还记得我们养的一只母鸡，母鸡孵出七只小鸡，她为它们一一命名，我们看着它们长大，给寂寞的生活增添了许多乐趣。有一回我在党校，正逢我的生日，她揣着两只鸡蛋步行两个多小时，前来向我祝贺。看来，我们是要在这个深山小县里相依为命下去了。倘若不是后来国情发生巨变，情形很可能如此。我不想违心地说我不喜欢后来的变化，但是，我想告诉敏子，我不会忘记我们在资源共甘苦的岁月，当我回忆这段岁月的时候，我心中充满对她的感激之情。

九 社会的角落

在群山屏障下，小县城里的生活是平静的。"文革"期间，这里也曾经剧烈地动荡过，许多人惨死。我到资源时，事情仅过去三年，但表面上似乎看不出痕迹了。现在小县里也会发生故事，成为单调生活的点缀，仿佛向湖面投一颗石子，绽开一圈波纹，然后复归于平静。这些故事往往与性有关，有的悲壮，有的猥琐。

我刚到资源不久，县政府大院里就惊爆一起凶杀案。军管会（当时公检法合并为军管会）的一个年轻人，担任我们县革委会机关的团支书，结婚不到一年，用手枪打死了妻子，然后自杀。原因是他隐瞒了已婚事实，妻子知道后要离开他，遂遭毒手。

农机厂有一个二十岁的女工，未婚而怀孕，在宿舍里自己偷偷把孩子生出，然后掐死，塞进一只纸箱。此事被发现了，无论怎么审问，她不肯说出那个男人是谁。当然，她被开除了，但未被判刑。处罚是针对通奸行为的，在当时农村地区，杀婴似乎不算什么。

中峰的一个农妇与人通奸，谋杀了亲夫，被抓了起来。她怀有身孕，按照规定，不能执行枪决，必须先把胎儿取出来。若干天里，她被关在县医院的一间病房里，我曾去看过，一个脸皮白净的年轻女人，面无表情。做剖腹手术，主刀大夫是与我同批分来的广西医学院一个学生，和我很熟悉。他告诉我，他对这个杀人犯才不留情哩，手术时麻药也没有用，而她竟一声不喊，实在顽固。我听了十分震惊，为他的残忍，也为女人的坚强。不几天后，开公审大会，宣判完立即押往河边枪决。会场上人山人海，一派节日的景象，我站在后面空地上，心中莫名地难受。

县城某单位一个中年干部，妻早亡，多年来与女儿共住。十七八岁的女儿总是神情恍惚，似受了精神创伤，终于吐露长期被其父奸污的苦恼。两水公社秘书是一名退职篮球运动员，身材高大，原在县体委工作，有一天因为强奸幼女罪被捕，很快传出他在拘留所里自杀的消息。中峰公社是全县主要产粮区，书记是县里的大红人，身体肥胖却壮实，我经常看见他风尘仆仆的身影，突然听说他因为鸡奸多名年轻下属而被调查，若干天后，他在宿舍里上吊了。

资源很小，县里及各公社的干部互相都认识，至少都知道，谁出了事，马上就传开了。除了不时发生的案件外，日常的生老病死也会成为新闻。资源患癌症的人特别多，据说原因是地下有铀矿，在县城熟人中，我就看见先后有十来人被癌症夺去了生命。每出现一个新的不幸者，人们互相报告消息，叹息一番，过不多久就忘掉了。小县城里的人有顽强的生命力，把生老病死看得很平常。小街上走着出殡的队伍，虽然棺中人是大家都熟悉的，人们依然津津有味地享受着日常生活。生活中最重要的内容是吃喝，走到哪里，都可以看见若干人围着一只炭炉，炉上架着铁锅，正在热烈地聚餐，当地人叫作打牙祭。事实上，铁锅里的内容相当贫乏，当时肉是定量供应的，每人每月只有半斤。因此，人们便把心思用在怎样弄到计划外的食物上面，途径有二，一是走后门，二是异地采购。司机成了最令人羡慕的职业、姑娘最想嫁的对象，因为可以游走四方，弄到本县短缺的物品。有门路的人家纷纷为子弟谋求司机的空缺，一个副县长把儿子安排进了汽车队，比自己当上了县长还得意。开公共汽车的司机最为威风，巴结他的人真个比巴结县长的多，他点头便是票，刹车便是站，和他搞好了关系，可得许多方便和实惠。

在这样的环境中，我却更显得是一个书呆子了。我舍不得把时间花在家务上，每月的肉票不要，过年过节单位分配的肉也不要，永远在食堂用餐。人群聚集之处，或吃喝，或打扑克，我皆敬而远之。牌桌上少一人，若有不了解的人要我参加，马上会有了解的人轻蔑地说："他是大学生，不会打扑克，只会看看书！"这基本符合事实，我的确常常把自己关在屋子里，除了应付交给我的工作外，多数时间是在读书。下乡时，我也总带着书去读。因为这个原因，县机关对我的主要批评始终是说我骄傲，放不下大学生的架子，脱离群众。其实，我放不下的只是书罢了，除此之外，我是很随和的，一般百姓特别是农民从来不说我有大学生架子。

我真正搞不好的是与某些官儿的关系，在他们面前，我也许真有点儿骄傲。相当一些出身农民的基层干部，他们往往摆出干部的架子教训农民，又因为出身农民而歧视知识分子。有的人掌握了一点儿小权力就不可一世，我实在无法报之以谦虚。机关一个管总务的小头目闯入我的房间，发现我的桌上放着《红楼梦》，窗上挂着绿帘子，顿时气势汹汹地责骂道："你看你像什么话，读黄色书籍，还挂绿窗帘，洋里洋气的！"面对这样的责骂，你除了笑他愚昧，还能怎样更客气地对待他？我刚到资源时，让我负责收缴和处理"文革"期间流传的所谓非法印刷品，这一工作结束后，按照当时顶头上司的意见，销毁了大部分收缴品，封存了少量样品。五年后的一天，宣传部长在大街上突然把我叫住，质问我那些收缴品放在哪里。听我说销毁了，他勃然大怒，斥责我为什么销毁，接着听我说还有样品，又斥责我为什么不全部销毁。面对这样的无理，即使在大街上，在众目睽睽之下，你又怎么能为了照顾他的部长面子而忍气吞声？毫无疑问，在所有这类场合，我都落得了一个骄傲的罪名。我终于明白，我若要不骄傲就必须绝对顺从，这个标准对于我实在太高不可攀了。

在基层工作多年，亲身遭际使我对许多基层官员的素质感到悲观。那时候的问题还不是腐败，依我看主要是昏庸，得过且过，大小事都不肯担负责任。无论一件什么小事，如果需要领导签字，那就惨了，官儿们必定互相推诿，你在官儿们的森林里迷了路，找不到肯给你签字的人。我在资源是外地干部，婚前和配偶调来前有法定的探亲假，可是，每次请假的经历都只能用不堪回首来形容。那时没有身份证，出差或探亲都必须持组织部门开的介绍信。情形几乎必然是，组织部干事说要请示副部长，副部长说要请示县革委会副主任，副主任说要请示县委副书记，副书记又让我去找组织部干事。一圈转下来，就快到春节了，而过了春节就根本不可能再给假。一次我找县革委会副主任时，他竟说："每年你都要回上海一趟，群众意见很大。"我不禁愤怒了："奇怪，我家在上海，探亲不回上海去哪里？"有时候，实在得不到签字，我也负气上路，结果是不让报旅费并且扣工资。这显然是剥夺我的法定权利，可是，无处说理，只得自己忍下来。我无法理解这些官儿的心理，本来是明文规定的事情，他们中无论谁做主批一个字，绝对不会犯错误，为何偏要让属下的一个普通干部这般不好过。我只能用基本素质来解释了，关于这个素质，有一个小小的例证。组织部那位永远不肯对我的法定探亲假说一声同意的副部长后来死于癌症，死前念念不忘的事情是给内弟调一个好工作，咽气前拉了拉老婆的衣服和裤子，伸出三根手指，意思是要给他做三套寿衣。

十　人间温暖

我的神经一直太敏感也太脆弱，在资源生活的八年半，从二十四岁到三十三岁，正是青年盛期，这种情况并无多大改变。我看不得悲惨的场面，有好几次因为看见临终的病人而昏眩。一次在中峰卫生院，我认识的一个医生在给一个年轻女人做人工呼吸，她双目紧闭，袒露的胸脯呈铁青色，鼻孔和嘴向外喷血，她的婆婆在一边哭喊。我在门口看到这个情景，顿时感到胸闷、恶心、眼花，赶紧到那个医生的宿舍里躺下，再回去，病人已死。她死于钩断螺旋体病，这是资源常见的一种寄生虫病，发作就不可挽救。还有一次，我去县医院看望与我们同年分来资源的一个学生，他在打篮球时摔了一跤，伤了脊髓，恶化至于瘫痪，已是弥留之际。他原是一个英俊的青年，现在面目全非，浮肿的脸却仍然对我微笑着。看着这古怪的笑容，我眼前冒起了金星。最严重的一次，情形比较奇怪。我在路上遇到外贸局一个干部，他患白血病已久，一直在自采草药治疗。他一路对我说着治疗的情况，十分乐观，我却头昏眼花起来了。和他分手后，我赶紧摸到路边一个熟人家里，刚进门就不省人事了。事后回忆，我当时在做梦，感觉很轻松，但不记得梦中景象了，似乎梦了很久，然后突然醒了过来。那个熟人告诉我，他看见我进屋就坐到一张椅子上，呼吸急促，很快停止了，同时脉搏也停止了，脸色死白，大约持续了四秒钟，他以为我会死，又突然有了呼吸。至今我也不清楚，这纯粹由心理因素所致，还是因为心脏有某种隐蔽的疾患。好在离开资源以后，几十年里没有再发生类似情形。

我的敏感也使我对寂寞有特别敏锐的感受。在深山小县生活，最难忍受的正是寂寞。一个人倘若长期既不能做自己喜欢做的事，也没有能够在相同水平上交流的人，便会感到一种深刻的寂寞。对于我来说，只要在资源一天，这种寂寞就不可能消除。不过，除此之外，人还需要普通的人间温暖。在那样一个生活极其单调的环境里，我格外渴望这种温暖，也特别感谢曾经给过我这种温暖的人。

一批大学生同时落到异乡，处境和心情相似，其中性情相近的人就自然会经常来往。我来往得多的是在中学当老师的几个人，其中，和毕业于中山大学的王维大最谈得来，他虽是理科学生，但内心感受相当丰富。我对死亡问题想得很多，有一回忍不住对他谈起了这个话题。他听罢沉吟良久，最后重重地叹了一口气，用他的广东普通话一字一顿地说："想到这些，我只有——打扑克！"常和我来往的还有复旦数学系毕业的潘力律和郑福坤。潘是很典型的上海人，聪明而务实，比我晚一年考上研究生，后来去了美国。他的命运算得上诡谲，与县里一个打字员结了婚，生有二子，而就在他准备赴美的时候，妻子携二子回临近一个县探亲，途中汽车翻下山谷，妻子当即身亡，二子伤残。郑也是上海人，却是一个老实而淡泊的人，见面时总是带着浓重的上海口音说些乡村或学校的事情，态度认真但又口气平淡。他对在哪里生活毫不在乎，只因为妻子是桂林人，才于多年后一起调到了桂林。我自己不能完全摆脱功名心，但对有超脱胸怀的人都感到亲近。还有一位华侨学生黄升益，待人接物很有教养，显然见过世面，却对外面的世界完全不感兴趣，以一种哲人的风度安于小县城的平淡日子，也安于在当地娶的很不匹配的妻子。日后，我们这一批大学生纷纷走出资源，他始终无动于衷，至今仍在那里当着中学教师。

我在资源的最亲密朋友却在大学生圈之外，是一个女子，叫申小渝。刚到资源不久，我几次看见她带着一个两三岁男孩到县府大院里来，拜访她的一个熟人，心中便好奇，因为她容貌美丽，气质上也完全不像当地人。后来我知道了她的身世，她的父亲在解放前夕是国民党空军中尉，从上海直飞台湾，从此与留在桂林的妻女离散，职衔升至台北警备司令部中将。因为家庭历史问题，小渝不可能上大学，在桂林一所中专毕业后分配来资源，在烟酒公司当会计。她性格开朗，待人豪爽，做事干练，在县城里人缘很好。自相识后，我常去她那里玩儿。她做了好菜，也必定叫我这个书生去享用。我喜欢听她聊天，至今仍记得她说的一些童年趣事。其中之一是，她和妹妹经常下漓江游泳，每次她的外婆必定提一桶热水倒入河中，让姐妹俩在倒了热水的地方游。当时她想不通的一个问题是：倒了热水，为什么水仍是冷的？我的一些心事，包括婚事上的风波和矛盾，我也都愿意向她吐露。我结婚后，她又常常成了我和敏子之间纠纷的调解人。我们的亲密交往给我带来过一些麻烦。她的一个邻居是县中学的政治课教员，因为我的讲课在县里出了名，他对我十分嫉恨，见了我永远板着脸。他制造出风流谣言，并向我的上司报告，说我和申小渝经常锁上门熄了灯在房间里。我的上司找我谈话，告诫我行为要检点，还强调作为一个政工干部与有重大海外关系的人来往必须慎重。但是，我心中无愧，也不想为所谓政治前途舍弃一个好朋友，何况我对自己在资源的这种前途早已不抱希望，因此仍我行我素。改革开放后，小渝在桂林一家工厂当厂长，后来又自办企业，皆有成就，展现了她的能力。

事实上，我去小渝那里，多半时间是和她的孩子玩儿。我一向喜欢和孩子玩儿，也很有孩子缘，原因也许是我能够平等地对待孩子。敏子有一次在旅途中向人谈论自己的丈夫，并拿出照片给人看。一个少女看了立即说，某日某时她随父亲在郑州转车，在车站看见过我，我正用和大人谈话的口气同一个小孩说话。她还描述了我的身材和衣着。我很佩服这个少女的观察力，那个时间我的确也在郑州转车，那个情节却记不起来了，不过很像我的所作所为。在资源初期，我的亲密伙伴是一个五岁男孩，我常常用糖果贿赂他，把他骗到我的房间，享受和他谈话的快乐。有一次，我告诉他，我会变魔术，能把一个人变成一只苍蝇。他听了十分惊奇，问我能不能把他变成苍蝇，我说能。他陷入了沉思，然后问我，变成苍蝇后还能不能变回来，我说不能，他决定不让我变了。认识小渝后，她的三岁儿子便成了我的主要玩伴。我结婚那年，她又生了一个女儿，于是我又在与小云川的逗玩儿中度过了许多快乐时光。调到党校后，我搬离县城，去小渝家少了，当时一岁半的云川可真想念我，常常自己走到楼梯口，一遍遍喊周叔叔，期望我在楼梯上出现。我的笔记本上记录着云川的许多可爱表现。一次，她爸爸妈妈吵嘴，客人问她站在爸爸一边还是妈妈一边，她答："我也不站在爸爸一边，也不站在妈妈一边，我站在床上。"当时她的确站在床上。另一次，看电影，是火山爆发的镜头，她用手遮住脸说："妹妹好怕！"妹妹是她的小名。妈妈说："你懂什么，狗屁不通！"她立刻反驳："妹妹狗屁通，狗屁通！"我离开广西那年，云川五岁，用歪斜的字体写保证书："我保证去北京给周叔叔做女儿。"我至今还保存着这张小纸片呢。和孩子在一起，真是不断有惊喜。我自己是很晚才做父亲的，到头来我发现，所谓父爱就是那种平等地欣赏和理解孩子的能力，它其实是由童心转化来的。

到资源的第三年，有一次，我给县直机关干部上辅导课。下课后，一个矮个子的中年男人留在课堂上不走，等着要对我说一句话："想不到资源有这样的人才，草里藏珠啊，可惜被埋没了。"他告诉我，他叫赖兆恩，刚调来资源，任外贸局副局长。他自己的经历也十分坎坷，上中学时就参加革命，二十八岁当上了县委书记，因骄傲和生活作风问题被降职，"文革"中被斗，老婆离了婚。叙谈之下，我觉得他头脑聪明，有主见，也很有正义感。他气愤地说起一件事：外贸局收购到一对锦鸡，准备出口，可以卖几百元，地委书记来到县里，以六元的收购价买走了。说罢他连连叹道："玩物丧志啊！"很显然，他的正直品性与当时的体制格格不入，难怪要被淘汰出局了。我们惺惺相惜，从此有了密切的交往。通过我，他也成了小渝的朋友。不久，老赖调任农业局副局长，经常下乡。每次返县里，他必来我的住处坐一会儿。可是，我发现他越来越郁闷了，常常是闷坐着不说话，不停地抽烟。有一回，我在中峰遇见他，他剧烈地干咳不止，我劝他到医院检查，他说过几天去桂林时查一下。几天后，他去了桂林，被确诊为晚期肺癌，再也没有回资源来。在弥留的那些天里，他全身浮肿恶臭，善良的小渝经常去给他换洗衣被和擦澡。

现在，当我遥想资源这个地方时，我仍感到亲切，是因为那里居住着一个名叫邹联政的人。他是电影放映站的工作人员，在他身上似乎集中了资源本地人对我的全部善意。在资源后期，我和敏子在县城没有住处，小渝也已调回桂林，我们每次到县城都在他家里落脚和吃饭，而他一家人也真正把我们当成了自己家的人。他告诉我，他早就崇拜我，但怕我看不起他，不敢打扰，后来看我很平易近人，就不怕了。他是一个天真质朴的人，和我在一起时话语不多，总是高兴地微笑着，之所以高兴也只是因为和我在一起罢了。离开资源后，我赠他一首诗："十载困顿弹丸地，世态人心俱熟谙。开口直言已惹恨，闭门读书亦招谗。愚民帮毒祸尤烈，逆境友情品愈甘。欲散愁怀何所之，君家备得开肠餐。"听说他后来调到县政府当了秘书，接着升为副县长，最后是当县政协主席。他这么老实又尊敬文化的人能有官运，说明资源的确有了变化。在任政协主席期间，他在电视上看到我，知道了我的工作单位，便来信邀我回资源一趟。因为忙，我暂时未能成行，但我知道我一定会去的。

十一　停止的岁月

在暮色和细雨中，群山朦胧，资江默默地向北流去。多少个黄昏，我站在桥上，靠着桥栏，怔怔地望着云雾重重的远方。日复一日，我在这里过着不变的日子。年复一年，资江就这么流着，带走了我的生命的岁月。在这个深山小县里，岁月似乎停止了，历史的发展仅仅表现为日历的翻动，眼睛和耳朵成了多余的器官，它们的存在只是为了证明：这里什么也看不到，什么也听不到。

我本是一个喜欢静的人，却也不免害怕这里过分的静。尤其是敏子调来之前，独居的日子真是难熬。夜晚，在冷清清的屋子里，我像困兽一样坐立不安。我坐在桌前，风吹窗户，发出嘎吱嘎吱的声音。海一样无边无际的夜包围着我的屋子，并且从窗口、从门缝流进来，在屋中弥漫，把我淹没。我挣扎，想逃，想喊，终于不过是在屋子里来回走动着。凄清的空气如同二氧化碳，吸入肺中，进入心脏和血液，令人窒息。人在寂寞中是很难用功的，心里空荡荡的，不知怎样才好。上床睡觉吧，可是，在那床上看到的也是孤独二字。给朋友写信吧，把我的孤独告诉他们，可是，摊开信笺，一个字也写不出。孤独犹如空虚，是不能写也无从写的。

真正使我悲哀的是虚度岁月。夜晚卧床，每念及此，常常泪水长流。我问自己：难道我是矿物吗，久久地埋在这里，等着谁来开采呢？

公路上走来一男一女，男的戴一副深度近视眼镜，肩扛一袋大米，脸色苍白，气喘吁吁地走着，女的背一个破书包，手拿一瓶食油，跟在后面。这是我和我的妻子吗？我们就这样地走下去，一直走到老吗？

乡间的景色是美丽的，但我仍不免触景生情，自怜自悲。我站在山坡上，脚下是松针蕨叶，四周是树林。眼前，辽阔的山谷间，一片云的海洋，如同凝固的波浪。太阳出来了，突然把山和云都染红。多么美丽啊。然而，我突然发现，一条清澈的小溪在群山间默默流淌，像泪水一样闪光，终于又消失在群山之中了。我心中一阵悲凉：我生命的溪流不也是这样吗？一个人的生活历程本来就像一条小溪，遇到一块石头便可改道的，弯弯曲曲，自己也不知道会流向哪里，最后却水流千转归大海——那永恒的死。

几年前，我心中还满怀希望，我的天空中还有许多彩虹，我相信，我的生活和事业还没有开始。现在，我睁开眼，闭上眼，都只看见一条平淡的路，我仿佛觉得，我的生活和事业都已经永远过去了。我根本不是在生活，只是在机械地延续着生命，这可怜的生命！我真想不到，我曾经是一个充满求知欲的聪明的孩子，却只得到了如此暗淡的一生。一生吗？不，这太残忍了，我至死也不相信。

上面这些话其实都摘自我当时的日记。有一段话最能表明，我多么强烈地感觉到岁月虚度的痛苦："坐在拥挤的公共汽车里，我突然觉得，不知从什么时候起，我已经不存在了，并且连我曾经存在过也忘记了。今天有一个人，从县城挤上车，又在中峰下车，为了向一些农民讲课。这个人就是我。但是，这个人也可以不是我，而是别的随便什么人，反正都一样。总之，随便哪个人存在着，却未必是我。"正是这样，虚度之为虚度，就因为在这些流逝的岁月中，一个人的自我是不存在的。倘若本来就没有自我，倒也罢了，对此不会有任何感觉，可我偏偏是一个很有自我的人，一旦清醒地观照这没有自我的生活，怎能不感到绝望。

我从小不留恋闹市尘嚣，心中真正怕的不是寂寞，而是自己会被贫乏的环境同化。我最渴求的是书和人，我对人生的要求也只剩下了这两样，只要有充足的书籍和才智相当的同伴，我可以在任何地方生活。可是，在这里两者皆缺。我担心长此以往，没有精神上的激励，既没有作用力，也没有反作用力，我会变得平庸而愚笨。一些在基层的大学生的确已经如此，人类广阔的生活世界和知识领域都永远与他们无关了，他们只想像眼前这样生活下去。不，他们想也没有想，只是事实上就像眼前这样生活下去了罢了。希望，然后失望，然后忘记了希望，最后连曾经有过的失望也忘掉了，麻木地度过余生，这岂不是许多人的生活轨迹？这对于我是一个警告。我不能忍受寂寞，但更不能忍受庸俗。我对自己说，可怕的不是待在小地方，而是以小地方的标准要求自己。那么，好吧，我就算被埋没了，也绝不让自己被报废。

十二　君子敬其在己者

在当时的环境中，我所面临的危险是双重的，既可能被环境改造成一个像动物那样活着的庸人，也可能主动地适应环境去追求表面的成功。其实二者都是被环境同化，后者所造就的不过是另一种形态的庸人罢了。一个在地区宣传部工作的大学生好心地劝我，多给没有水平的报纸写些没有水平的稿子，见报多了，就会逐渐引起注意，得到重用。事实上，他自己就是这样走出来的。开始时，我听从他的劝告，真的给《广西日报》寄了几篇稿子，但都石沉大海。幸亏结果如此，使我及时停止了这种愚蠢的努力。我看清楚了，要走捷径就必须迎合某种我不喜欢的东西，我何苦这样委屈自己，还不如走我自己的寂寞之路来得舒心。有人知道我在埋头用功，问我："你学得再好，懂得再多，又怎么样呢？"我心想，处境优劣，地位升降，由不得我自己，有没有真才实学，却在于我自己了。我只追求自己可以做到的事情，不去考虑不由我支配的事情，也就落得了一个心安理得。荀子的话为我提供了有力的支援："君子敬其在己者，而不慕其在天者；小人错其在己者，而慕其在天者"，因此君子"日进"，小人"日退"。

从1974年起，我的若干老同学陆续上调到了自治区一级机关。刚听到这类消息，我颇受刺激，为自己的遭遇感到不平。后来，我在出差时拜访了他们，看到了他们的状态，心里反而坦然了。他们中有的人一副志满意得的样子，教导我说：理论问题的结论从来是由权威来做的，搞理论研究毫无必要，文学、艺术、理论等等全是雕虫小技。然后，语重心长地规劝我搞好人事关系，如此才会有前途。我发现，他们一如既往地对精神事物没有兴趣，唯一的变化是更加世故了。接着，又传来消息，一个曾经宣布屈原和李白都是反动文人的同学调入大学教书了。我心里越来越平静了,相信自己有权利看轻所谓机会和运气,蔑视一切虚假的成功,以真实的成绩傲笑空洞的名位。

我仍然看不到自己在现实中有什么前途,但是,这种处境反倒使我形成了一种内在的自信和定力。我相信,我是走在正确的路上。因为我有自己的精神追求,所以,现在处境恶劣不能使我止步,一旦处境好转同样也不会使我止步。相反,那些没有自己的精神追求的人,世故和运气也许可以带给他们一个好位子,但永远不可能使他们真正有所作为。回头去看我当时的日记,我发现,我的为人处世的态度已经十分坚定而明确,甚至在表达上也与今天相当接近。也许,牢固地确立一种做人原则,看重内在的精神性成就远超过外在的社会性成功,便是资源八年半历练的主要收获吧。让我从日记中摘录一些句子——

"看到无能的人走运,我不羡慕,因为他终究是无能的。看到有能力的人走运,我不嫉妒,因为这是他应得的。"

"庸人很容易满足,有所不满也是因为琐碎的事情。精神性的人无论在怎样的处境中不会完全满足,也不会完全不满。"

"我的吃亏在太老实,如果像那种沽名钓誉之辈行事,绝不会是现在这个样子。但是,本性难改,宁肯老实而默默无闻,不愿滑头而飞黄腾达。所以,恐怕只能如此以终了。"

"生活苦吗?环境乏味吗?但我不羡慕任何人。我为我是我自己而感到幸福。人是要有一点儿精神的,而精神是不能传染的。我永远不会羡慕那些缺少精神的人,不管他们在别的方面多么富有。"

"尽管久居僻地,我还是勉力发奋,不让自己颓败下去。在这种环境中，不知有多少人沉沦了。想到这一点，还是可以聊以自慰的。每当我勤奋做事的时候，想起那些什么事不做、什么学问没有、专凭职权欺压百姓的人，就禁不住轻蔑地一笑。尽管他们气势汹汹，我还是有权利蔑视他们的。"

"即使一辈子受冷落，我也宁愿做一个默默无闻但有真才实学的人，而绝不做一个不学无术的沽名钓誉之徒。说这是清高也好，说这是志气也好，反正我是决定这样一意孤行了。"

当然，若问我究竟做出了什么成绩，其实也很可怜。在那样的环境中，我所能做的不过是尽量找书读和写点儿东西罢了。七十年代初期，书店里根本没有值得一读的书出售。我在县中学图书室里发现了一套很不全的万有文库，真是欣喜不已，陆续借来读了。《鲁迅全集》重印，我让家人在上海买了寄来，重读了一遍。闲读杂书不能使我满足，我特别想做一点儿系统的研究，苦于无从着手。1973年，评法批儒开始，给我提供了一个题目。当时我对这场宣传攻势的背景和用心并不了解，但觉得基调是有问题的，曾在日记中写道："儒法两家代表封建统治阶级的两手，所谓王道和霸道是也。过褒过贬，似不妥当。现在尊法批儒，大约是要为'文革'辩护吧。"不过，借此机会系统读一下两家著作，也是好事。正巧小早得到一套线装影印的《韩非子集解》，我便让他寄来借我一读。那时我正在一个很落后的村子下乡，夜晚没有电灯，跳蚤叮得人无法入睡，我便打着手电筒读书。读完后，我很想写一写，但觉得资料不够，就写信给见过几面的地委宣传部长，求她帮我借书。她回信表示拒绝，理由十分特别，竟是因为韩非子不属于宣传报道范围。最后我还是写了一篇三万多字的论文，题为《韩非的法治理论》。在当时，这样的东西当然不可能发表，不过我的目的从来是自己弄清问题。清楚了有何用？不知道。但是，清楚总归比不清楚好吧，而且我总算是在做点儿事情了。

从1973年起，配合着评法批儒，中华书局开始再版二十四史，这对于渴求书籍的我来说真是沙漠甘泉。县书店进货很少，宣传部和党校都只能得到一套，我在这两个单位时，买书都由我负责，我便自己买下，不去报销发票。事实上，除了我，这些书根本没有人读，报销了同样可以占为己有，不会有人发现和过问，但我的洁癖不允许我这样做。从此开始了我读史的生活，两年多里读了前三史和《晋书》，还读了从县中学借来的《战国策》《左传》。我产生了一个计划，想写《春秋战国史稿》，结果只写了齐、吴、鲁三章分国史，三万多字。此外，还写了《读〈三国志〉》，四万多字，包括论曹操和诸葛亮的两篇长文以及一些人物述评。

除历史外，我读书的另一个重点是马列。这主要是因为，当我在县委宣传部工作时，办公室那两只书柜里真正值得读的书只有一套马恩全集和一套列宁全集。我把这两套书共七十八卷通读了一遍，并摘录做成大量卡片。列宁十月革命后的著作引起了我极大的兴趣，我发现他被在一个生产力落后的国家中建立社会主义制度的巨大困难深深困扰着，而这也正是我国面临的问题。我在这方面进行了大量思考，但是，直到"四人帮"倒台之后，在1978年4月，才写成了一篇三万字的论文，题为《落后国家的革命和生产力——重温列宁的有关论述》。我着重阐发了列宁的一个重要思想：虽然社会主义革命是在生产力落后的国家开始的，但只有在生产力先进的国家里才能够完成。在很大程度上，列宁已经预见到了落后国家资本主义复辟的必然性。撇开价值观点不论，应该承认，列宁是英明的。

在停止的岁月中，我还是做了一点儿事情。那么，也许岁月并没有停止，它在寂静中仍在悄悄前行，把我带往一个适合于我生长的地方。

十三　回头拜三拜

1976年初，周恩来逝世，中国进入多事之秋。我虽身在闭塞的山区，仍能感觉到笼罩在空中的不祥氛围。4月的一天早晨，我住在农机厂的宿舍，听见厂里大喇叭在转播中央台新闻，内容是天安门事件以及撤销复出不久的邓小平一切职务的决定。我凭直觉就知道广播所叫嚣的"伟大的胜利"是怎么一回事，想象着广场上镇压的情景，我的心一下子冷缩了，悲愤到了极点。我给一位朋友写信说：现在我嫌资源还不够闭塞，索性彻底地闭目塞听才好。我和敏子在一六六医院住了一个月院，9月10日出院，小玲送行到兴安县城，我们三人坐在汽车站附近的街沿上，广播里突然传出毛泽东逝世的消息。我们都沉默不语，压在我心头的与其说是悲痛，不如说是忧虑，真不知中国接下来会出什么事。

众所周知，接下来发生的是大快人心之事。当全国许多城镇已经刷满了大标语的时候，我只能透过报纸来猜测，虽然也猜出了大半。临近资源的湖南新宁县有一人到资源探亲，谈到"四人帮"倒台这个在外面已经家喻户晓的消息，结果被当作现行反革命扭送公安局，又由公安局押送回湖南，资源的闭塞和保守由此可见一斑。最后，总算开始传达了，却只限于党内，我仍被排除在外。可是，我敢断言，在整个资源县，我是最为这件事狂喜的人，就像几个月前我是最为天安门事件悲愤的人一样。我恨自己此时不在北京，只能从广播中猜想举国同庆的热烈场面。正式广播那天，我一个人在党校的屋子里，按捺不住欣喜，只好用笔欢庆。在给朋友的信中，我写道："多少年来，中国人第一次真正感到了心情舒畅，空中的高压气团一下子驱散了，敢怒不敢言变成了畅所欲言，窃窃私语变成了公开呐喊，私下牢骚变成了大街上公开的口号，政治谣言变成了政治现实。多少年来，第一次看到这么多由衷的笑脸，第一次听到未遭强奸的民意公开发表出来。一句话，历史恢复了它的本来面貌，世界又重新头足正立了。"当然，我的欣喜还有着切身的理由："虽然我的处境至今没有任何改观，但是，许多年来积聚在心中的悲观情绪一扫而空了。在中国的希望中，我也看到了我的希望。"

可是，在资源，情况暂时没有什么变化。有一份材料批张春桥的谬论："路线正确，收五百斤是好的，路线不正确，收一千斤是坏的。"我们的宣传部长看了以后指示："这句话是对的，路线决定一切嘛，不要批这句话了。"一个公社书记在公社全体教师大会上说："你们都是资产阶级知识分子。"县农办主任说："周国平是典型的没有改造好的知识分子。""四人帮"刚倒台，这两个人都升任县革委会副主任了。

我决心走出这一潭死水，但困难重重。在北京中央乐团工作的林铭述一直和我通信，不断给我打气，现在他觉得时候到了，鼓励我拿出作品。1977年，我把完稿的长诗《一九七六》寄给他，他拿给乔羽看，乔羽很欣赏，亲自送到《诗刊》总编葛洛手上。然而，两个月后，我收到了编辑部的退稿。接着我得知，广西大学、广西师院都发函调我，也都收到了县委组织部拒绝的回函。我给地委组织部写信，提出专业对口的要求，得到的答复是："上级党委有过指示，号召人人学哲学、用哲学，因而学哲学的在哪里都用得上，你的工作没有调整的必要，望安心工作。"当时我就惊为奇文，舍不得丢掉，居然保存到了今天。这封复函的签署日期是1978年6月，这时全国已开始招研究生，而我也参加过了初试，所以心态已经很轻松。读了这篇奇文，我突然觉得，出不出资源真是无所谓了，假如不出广西，仍是一回事。我的唯一目标是回到我的精神故乡北京。我一定要结束过于长久的冬眠，苏醒过来，重新过人的生活——一种有思想和有感情的生活，一种创造的生活。

恢复高考是在1977年底，敏子作为北京六六届老高中生，我理所当然地怂恿她报考了，但未被录取。这是让我感到特别遗憾的，因为她的水平本来足以考上。1978年3月，研究生招生开始报名，我报了中国社会科学院哲学研究所苏联当代哲学专业。之所以报这个专业，是因为我的俄语基础很好，比较有考上的希望。幸亏第一届招生时，报名不需要单位和地方人事部门批准，否则县组织部一定会一如既往不放过阻挠我的机会。使我不解的是，为什么后几届改变了这一明智的政策，因而势必阻挡了一些有才气却不被当地领导喜欢的人的进路，其实正是这样的人最需要摆脱束缚。复习的时间很短，我主要做了两件事，一是读尽可能找到的西方哲学原著及原著选辑，二是读俄文版《国家与革命》。5月15至17日，全国考生同时在本人所在地进行初试。我感觉良好，后来知道，作为专业课的西方哲学史得了96分，是哲学所考生中最高的。

然而，在初试后的一个多月里，一点儿消息也没有，一向不自信的我已经开始绝望了。忽一日，北京来了两个人，据说是来搞我的政审的。晚上，他们到农机厂的破屋子里来，一位是哲学所伦理学室主任刘启林，另一位是哲学所科研处副处长薄熙成。薄熙成是薄一波的儿子，他把他们在县组织部的遭遇当作一件好玩儿的事告诉我：由于介绍信抬头写的是县党校，组织部拒绝接待，他转身重填了一张空白介绍信，才被接待。刘启林告诉我，组织部说了我不少坏话。他接着说："他们认为是缺点的，我们认为正是优点，这里'四人帮'的流毒太严重了。"他们还告诉我，我考得相当好，要去北京复试，通过应不成问题。我很难形容我当时的愉快心情。政审从来是一件诡秘的事儿，现在这两个人却坦率地把有关情况连同自己的看法都告诉了我。我在这里一直受着压制，多年来不论哪一级组织都异口同声说对我理应如此，现在我第一次听到也是组织上来的人说这是错误的。忽然之间，一切都变正常了，常识恢复了自身的尊严。在粉碎"四人帮"一年半以后，新纪元的阳光越过重重障碍，头一回直接照到了我的身上。在我眼中，这两个仿佛从天而降的人几乎像救星一般。因此，当薄熙成与我下围棋并且把我杀得大败之时，我仍觉得我的破屋子里一片光明。

7月份，我到北京参加复试，然后回资源静候通知。在此期间，我到兴安与小玲共度了四天，我们在灵渠划船，我倚在船舷上享受着她的美妙的话音。接着，阿良来资源访问我，他是小玲的亲戚，当时在江西插队，通过小玲手抄的我的诗作认识了我。他在我这里住了十多天，我们天天在小破屋里抽烟长谈，从此成了莫逆之交。9月14日，我收到了录取通知书。就在几天前，组织部的一个干事——一个奇丑的女人，她也是大学生哪——还到处放风说："周国平想出资源？做梦！"啊，真好，我总算有一件事可以让这样的人不舒服，同时让我的朋友们高兴了。

资源的外地干部中流传着一句话："过了打鸟界，回头拜三拜。"打鸟界是资源公路上地势最高的一座山，也是资源与临县的交界处，外地干部一旦经这里进资源工作，就万难调出，如能调出就是莫大的幸运，因此要拜了。开始时，我对在哪里生活并不在乎，所以对这句话也就不以为然。可是，现在，当我在资源生活了八年半而终于走出之时，我不禁也要回头拜三拜了。我的心情十分复杂，这三拜，第一拜是为飞出牢笼而庆幸，第二拜是与埋藏在这里的珍贵岁月惜别，最后一拜则是深深的牵挂，敏子作为人质留在这里了，我许下心愿，一定要回来接她。

第四部　走在路上

1997 年，开封，我和妻子郭红

1999 年，海德堡，我和妻子郭红、女儿啾啾

1999 年，巴黎，我和女儿啾啾

2003 年，敦煌鸣沙山，我和女儿啾啾

一　解冻

1978 年 10 月，我走出广西山沟，重返阔别十年的北京，立刻就置身于一种令人兴奋的氛围中了。转型初期的北京，正是一派解冻的景象。

由于没有自己的校舍，社科院研究生院暂时设在北师大校园里，租用那里的教室和宿舍。唯有哲学系例外，在北京市工会干校租屋办学，地点在陶然亭公园南面。一间大教室住十二个人，每人只有一张床和一只小桌子的空间，十分拥挤。草创之初，看得出社科院没有办学经验，课程和教员都落实不了，给人以乱糟糟、临时对付的感觉。不过，这一切都不算什么。对于我来说，重要的是生活已经重新开始，我感到自己有无穷的精力，前面的路再次通向种种美好而未知的事物。

开学几天后，研究生党委书记温济泽在北京实验剧场做报告，把研究生们的兴奋心情推向了高潮。他在报告中列数中国社会科学的贫困状况，号召我们发奋改变，一个典型的例子是，两万人口的小国圣马力诺出版了几十卷的百科全书，要与我国交换，而我们只拿出了一本新华词典。他慷慨激昂地宣布："我们研究生院是贫农，无立锥之地，可是，今后我们要让你们每人住一间房，安上彩色电视！"须知彩电在那时尚属稀罕物品呀。他还宣布："我们不但要不戴帽子，不抓辫子，不打棍子，而且还要不装袋子。现有的档案也要清理，把那些乱七八糟的东西统统去掉！"我清楚地记得，说到这两处时，全场真正是掌声雷动，而这位天真的热血老人自己也感动得热泪盈眶了。不消说，他的诺言未能兑现，至少直到我们毕业，研究生院仍无立锥之地，依然寄人篱下。至于民主化的进程，也比他所想象的曲折漫长，后来他自己好像就吃了不少苦头。当然，进展也是巨大的，一个明显的事实是，随着市场经济的推进，档案对人的束缚越来越弱，"装袋子"已经不再能吓唬多少人。

11月下旬的一天，我骑车经过长安街，发现从西单到电报大楼的长围墙边聚了许多人，人们在看大字报。观者最多的是一张小字报，那是一封致《于无声处》编剧的公开信，批评这出当时大受赞扬的以天安门事件为背景的话剧并没有揭示事件的真实根源——毛晚年的形而上学思想。在我的印象中，这是反思毛晚年的最早公开言论。接着，反思很快呈燎原之势，而那一截围墙也以"西单民主墙"的名称闻名于世了。

几天后，我经过历史博物馆，南边是建筑工地，只见高坡下人山人海，马路边停满了自行车。在工棚的木板墙上，贴着一份二十来张纸的大字报。第一页是简短的声明："我们以实际行动来实践宪法关于结社自由的规定，宣布在北京成立启蒙社。"署名是"贵州的几个青年工人"。正文内容为民主和人权。最后一页是标语："对文化大革命必须重新评价，对毛泽东必须三七开。"这份大字报因观点鲜明而引人注目，在当时被广泛谈论。

其后，在官方允许下，西单民主墙成为集中贴大字报的地方。那些天正开三中全会，仿佛是一种呼应，社会上思想也十分活跃，对毛的批评更具体了，并由此触及了体制问题，诸如终身制、领导人历史和现实表现的透明性等。每天，民主墙前热闹非凡，马路边停放着数以百千计的自行车，人群熙熙攘攘，挤在前面的人高声朗读，其余的人侧耳倾听，有的人在埋头记录。老外格外活跃，挤在人群里给大字报拍照，或者兴高采烈地与周围的中国人交谈。有一天，我看见那个受到邓小平接见的加拿大记者，他站在墙前传达邓的谈话，大意是肯定民主墙的主流，但指出毛比"三七开"好，现在的一些评论全国人民通不过。他传达完毕，一些人兴高采烈地自发游行了一会儿。

后来形势变得复杂起来，民主墙渐渐萧条了，但仍苟延了一年左右。我偶尔还去看看，多的是赴京告状者的控诉和精神病患者的梦呓。有时也能看到好玩儿的东西，例如，一张题为《胡言乱语》的大字报主张性自由和裸体，一封致美国总统卡特的公开信申请移居美国。这两种要求在当时都足以被看作胡言乱语，不少观者报之以惊诧或耻笑。人们很难料到，在若干年后的中国，移居国外的自由和相当程度的性自由都成了事实，受到了法律的承认或默许。

除了政治的活跃之外，艺术也呈现活跃的景象。朦胧诗从地下走到地上,油印诗刊《今天》在大学生中流传,芒克、北岛、顾城、舒婷等人获得了许多青年崇拜者。1979年春天,全北京都在谈论一个题为《自然,社会,人》的摄影展,它的广告贴在民主墙上,举办者是一个叫"四月影社"的民间团体,展出地点却是中山公园,开了新时期民办艺术活动的先声。在文化禁锢许多年后,它的展品也的确令人耳目一新。湖面上两只鹅,头和脖子埋在水中,屁股朝着镜头,旁白是:"别让他们照,谁知道他们什么目的。"两个老太婆彼此隔着一段距离,把耳朵贴在回音壁上听,对白是:"听见了吗?""听见了。""说什么?""听不清。"这类巧思令参观者忍俊不禁。

电影包括许多国外原版片暂时解禁了,有门路的单位各显神通,源源不断弄来放映。那些日子里,人们生活中的一项主要内容是到处看电影,有时一天要赶好几场。大多是未经译制的原版片,由懂外语的人客串做同声翻译,但水平悬殊。原版片中常有裸体或色情镜头,遇到这种情况,仿佛有不成文的规定,放映员必定现场做技术处理。一般是改变焦距,使银幕上一片模糊,或者遮挡一下镜头,或者干脆掐断,结果把整部影片弄得支离破碎。

手提式录音机在当时还是新鲜玩意儿,人们纷纷托人从沿海地区买来走私货。邓丽君的歌曲刚刚从香港传入,爱好者们争相转录和播放。商店里大批出售曾经遭禁的喇叭裤。街上奇装异服多了,留长发的多了,仿佛突然从地下冒出了一大批艺术家。在公园里,在马路上,情人们当众搂抱接吻。这是正在解冻的中国,不同类型的人在不同方面扮演着先锋的角色,深刻的人在革新思想和艺术，浅薄的人也在通过追求外表的时髦改变着保守的生活观念。

　　社会上的浪潮在研究生中也引起了震荡。有一天，我们宿舍里爆发了一场辩论，起因是一个同学逛陶然亭公园，看到恋人们在长椅上亲热，大受刺激，回来发议论，谴责这是不讲道德。我反驳道："人家碍着谁了，怎么就不道德了？"在场同学立刻唇枪舌剑起来，新旧两派各四人，势均力敌。争论的焦点是性自由。我陈述我的观点说：我们国家提倡晚婚，而婚前性关系均被视为不正当乃至非法。人到一定年龄就有性要求，这是自然规律，强行压制的结果是，大部分人不得不苦闷地度过一长段青年时期，而那些不慎或胆敢冲破压制的青年则备受舆论的指责、行政的干涉，留下了洗不掉的污点，影响一生的前途。同时，由于婚前不准同居，结婚是满足性要求的唯一途径，因此造成了许多不成熟的婚姻。结论是婚前应该有性自由。另一个现代派补充说：不但婚前，而且婚后，也应当有性自由。话音刚落，保守派嚷成了一片："天哪，这不是乱了套吗？""简直是在为流氓活动辩护！""这是阶级斗争新动向！"我们反驳说：在一切性关系中，只有卖淫和强奸才是流氓活动。一个保守派强调：已婚者应该忠于自己的爱人。这时候，一直没有说话的第四个现代派慢条斯理地口吐惊人之语："打个比方吧，一个中国人，有时去日本玩儿玩儿，有时去美国玩儿玩儿，能说他不忠于中国吗？"众人大哗，一齐哄笑起来。这第四个现代派名叫王小平，是已故作家王小波的弟弟。

二　研究生三年

我在社科院读了三年研究生，那三年中，哲学系始终处在颠沛之中，先后搬了三次家。第一学年在工会干校，地处闹市，又守着一个陶然亭公园，日子过得还比较有意思。由于住房拥挤，我常到公园里看书和读外语。觉得闷了，就和一二同学结伴，骑车到处转，看各种热闹。我还重获了买书的乐趣，外国文学书籍刚刚放开，开始陆续出版，我基本上是见一本就买一本。从那时起到八十年代后期图书大涨价之前，十来年间出版的此类书，包括小说、诗歌、散文，我搜集得相当齐全。当时新华书店有一些机关门市部，往往隐藏在某一条小街上，打折出售积压的"文革"前出版的书，真正价廉物美，我到处寻访这样的宝库，必能满载而归。

与工会干校签订的合同为期仅一年，第二学年一开始，我们搬到了通县北苑旅馆。这是一家汽车旅馆，俗称大车店，是司机们过夜的地方。宿舍的窗口正对着停车坪，那里日常停放着几十辆过路卡车。每天从早到晚，从深夜到天亮，卡车、拖拉机、摩托车的马达声此起彼伏，无休无止，吵得人心惊肉跳。最大的问题是无法睡觉，每天深夜三时半，就开始响起汽车发动的声音，持续不断，愈演愈烈，终于响成一片。天天生活在这种环境里，简直要发疯，遑论静心读书。因为远离市区，生活也十分单调。每天晚上，不管节目多么无聊，走廊上那台小小的黑白电视机前总是聚集着许多观众，他们是研究生哪，可是不能怪他们，这是他们唯一的调剂。受一些同学委托，我给人民日报社写了一封信，反映噪音对学习的严重干扰和我们忍无可忍的心情。这封信在内参上刊出了，惊动了社科院的领导。于是，系里赶紧另找地方，从第二学年下学期起，我们搬到了位于石景山区的十一学校。不久后，整个研究生院撤离北师大，都搬进了十一学校。毕业前夕，研究生院用地批下来了，在京顺公路边荒凉的西八间房，我们又搬了一次家，住进工地上临时搭建的简易铁皮屋里。

在三年中，不但居无定所，而且课程也很不规范，好在我一向喜欢自学，对此也就无所谓。全系的大课只有《资本论》，从中央党校请来的教员，我听过一回，讲解的方式是所谓领读，像中学上语文课那样讲段落大意，实在乏味，我再不去听了。开第二外语课，我选择了德语，这倒是需要听课的，但系里久久聘不到老师。终于聘到了一位，来自第二外语学院的林先生，这个畸零人给我留下了深刻的印象。一开始，很多同学选学德语，当我走进充当教室的小屋时，人已满。桌边坐着一个人，穿着肮脏的工人服，露出里面油腻黑亮的白棉毛衣圆领，脚上是一双沾了泥浆的旧运动鞋，像一个泥瓦匠。那天下雨，他戴一顶旧草帽，弓着背，看不见他的脸。我落座后，弯下腰，才看见了他的许久未刮的脸和一副深度近视镜。他低着头，说话了，带广东口音，吃力地选择着字眼，常常词不达意。他先作自我介绍，五十八岁，西南联大毕业，曾师从冯至和杨一之学德语，举出好几个名人是他的同学，但他自己至今是一个讲师。后来听说，他娶了一个没有文化和职业的女人，生了六个孩子，其拮据可想而知。开始上课了，他不做任何讲解，带着大家朗读长长的德语句子，边读边摇头晃脑，对于这些句子，我们既不知道读音规则，也不知道意思。上第二堂课时，多数人不来了，说他是精神病，只剩下了四个学生。我始终怀着极大的同情听他的课。学生这么少，他仍讲得很起劲，做出夸张的姿势向我们示范发音，因为是侏儒身材，又常常爬上椅子去写板书。一个能说流利英语的同学说，其实他的发音很标准。一次课后，这个同学把林先生留下为自己录音，录了几个小时，然后请了一顿午饭。回到宿舍，他见人就说，这老头真能吃，一顿饭吃了七两，四只菜全部扫光。录了这次音之后，这个精明的同学也不来听课了，开始暗中活动另聘教员。可怜的林先生不到一个月就被辞退了，潦倒了一生的他，又遭受新的打击。

新来的老师是某出版社的一位德语编辑，时间不长，他自己不愿教了。因此，我学德语基本上是自学的。最令我苦恼的是没有课本，跑遍全北京买不到，只好趁别的同学不用时借来看一眼。直到小早在他供职的学校的图书馆里发现了两册"文革"前北外编的课本，借出来寄给我，我才能够比较认真地自学了。后来，这套课本重新出版，别的德语书也陆续出版，资料不再是问题。因为缺少听说的环境，我自己也不耐烦做这方面的练习，我的德语基本是聋哑的。不过，我对语法和语义有很好的理解力，因此，几年后，我就能够不太费力地阅读和翻译尼采的著作了。我的英语也是自学的，能够依靠词典看书，有时还看出了英语高手的翻译错误。可是，我越来越发现，我在语言听说方面事实上有些先天不足，学起来比那些一般智力不及我的人吃力得多。承蒙歌德学院北京分院的好意，曾经让我免费学习，但我学了一个多月就半途而废。我在那里成了一个新闻，人们悄悄议论说，有一个人翻译尼采特棒，却一句德语也听不懂。此后我两次到德国，加起来接近一年，但长进仍不很大，只能应付简单的会话。我自己分析，原因一是我的智力类型，短于听觉记忆，二是我的性格，拙于交往和言谈。我只好自我解嘲，对自己说：当年王国维从英文翻译了许多书，并且与伯希和、斯坦因等人过从甚密，还不是一句英语也听不懂说不出么？可是，天下舌人车载斗量，王国维却只有一个，无人能够替代。我当然可以发狠下一番功夫，未必没有收效，但实在舍不得我的宝贵光阴。不能自由听说肯定是一个缺憾，然而，在认清了我的能力和兴趣的性质之后，我便宁可容忍这个缺憾了。

乍回到北京，我带着乡下人进城的新鲜感看待一切，任何人的一点儿才华都使我眼花缭乱，钦佩不已。随着新鲜感消失，我渐渐恢复了客观评价的能力，结果是增添了自信心。在思维敏捷的才子身上，我看出了洋场恶少的影子。从滔滔不绝的论辩中，我听出了单调的说教。有一个来自上海的同学，经常当着众人之面慷慨陈词，骂当局几句，实则趋炎附势，常常为了一点儿实际利益讨好他心中鄙夷的人。有一回，我抄起一本书上厕所，因为讨厌这本书的极左调子，便开玩笑说这样的书也就配在厕所里翻翻。该书作者在社科院，这个同学很快把我的戏言报告了他。我当然无须讳言我的观点，但这个同学平时总对我表示亲近，却干出如此不光明的勾当，实在令我吃惊。与人接触时，我经常发现，比我聪明的人多的是，可是，在这些比我聪明的人里面，十之八九都比我肤浅。另一个使我遗憾的事实是，世上有聪明人，也有老实人，但缺少心灵美丽的人。

研究生二年级时，现代外国哲学学会成立，在太原开会，我们这些相关专业的研究生也参加了。这是我第一次参加学术会议，感到有趣的不是会上的讨论，而是会下的交游。游览当地名胜，有人提议赋诗，我赋了一首《晋祠》："天下庙堂难计数，晋祠别具窈窕风。隋槐斜扶圣母殿，周柏半遮邑姜宫。内有似嗔似怨女，却无呆头呆脑僧。可怜四十二佳丽，千载幽居暗壁中。"周红是一年级新生，她赋了一首《游玄中寺》："玄中高筑在云台，风打山门报客来。佛祖已辞东土去，香烟空绕庙堂回。抚碑细索穷通理，寻纸争描绝代才。欲问谁知玄妙意，清风鸟语久萦怀。"这首诗显出深厚的古典文学修养，远非我所能及。人们评论说，我风流倜傥，她充满禅意。从交谈中知道，她是为了克服情感的痛苦而选择学哲学的，我便唱和一首，揭露禅意背后的困惑："玄中久已印心台，历尽沧桑佛自来。身是游人闲赏玩，神迷净土苦徘徊。为疗隐痛求哲理，因赋新诗露慧才。回首凝眸过往处，青烟缭绕愁满怀。"返京列车上，一位老师写五言诗述平生不得志，有"呼啸神明知"之句，周红和诗劝慰，有"神明我自知"之句，他们拿给我看，老师说："怎么样，也写一首吧？"我几分钟交了卷："白云来复去，此心兀自痴。秋风送北雁，春雨牵愁思。低栖常高唱，白发犹青丝。混沌大世界，神明孰可知？"他们一个悲观，一个用乐观劝悲观，我把他们都否了，来一个超脱，无所谓悲观乐观。老师叹道："难怪有人说二周了得。"我与周红的接触仅此一回，之所以在这里提及，是因为最近我意外地翻到了当时抄录的这些诗稿，二十五年过去了，人生中早已湮灭的一幕小小情景又重现眼前，别有一番滋味。在那以后，我再也没有写过旧体诗。

我的指导教师贾泽林是一个和蔼可亲的人，他比我大十岁，性格开朗，充满活力，待我如兄长一般亲切，我们相处得很融洽。在同学中，当时与我私交最密的是苏国勋和王润生。苏是我的同专业师兄，对我也十分爱护，爱护中又有一种发自内心的器重。王比我小十岁，也从广西考来，头脑清楚，处事自信沉着，我们的气质和理念都很不同，他信奉功利主义伦理学，我更接近于存在主义，但我们在一起始终坦诚而愉快。

三　人性探讨

我读硕士生的专业方向是苏联当代哲学。之所以报这个专业，只因为以前公共外语学的是俄语，基础较好，比较有把握。对于我来说，重要的是考到北京去，我相信专业本身是限制不了我的。然而，真考上了，我在苏联哲学方面总不能一点儿事不做。

我做的第一件事是翻老账。在二十世纪二十年代，苏联有一个德波林，是哲学界的头面人物。三十年代初，斯大林亲自发动对他的批判，定性为"孟什维克式的唯心主义"，把他打下去了。

在这场批判运动中，最凶猛的打手米丁取代了他在哲学界的领导地位，从此成为斯大林的头号御用哲学家。毛泽东在《矛盾论》中也批判了德波林的观点，因此，在中国理论界，德波林也一直被看作一个反面人物。我研究了德波林的主要著作，发现他精通黑格尔哲学，并且相当认真地做着唯物地改造黑格尔辩证法的工作。相反，读了批判他的那些资料，我发现完全是一派胡言，其中没有一丝一毫的理论探讨，只有杀气腾腾的政治审判。德波林本人完全不是我感兴趣的那种哲学家，他是一个书呆子，缺乏个性和创造性。引起我关注的是，这场批判开了恶劣的先例，用领导人定调子和中央做决议的方式解决学术问题，用政治大批判取代学术讨论，彻底取消了学术的独立地位。于是，我决定为德波林翻案，写了《正确评价德波林》一文。在文章中，除了为德波林的一些受批判的理论观点辩护外，我主要强调了这场批判的恶劣影响，尤其是对我国的影响，其中包括：在理论与实践的关系问题上，实用主义流行，把哲学简单化、庸俗化；在哲学与政治的关系问题上，片面强调哲学为政治服务，实际上取消了哲学；在哲学史方面，片面强调马克思主义哲学的革命变革意义，抹杀了人类两千年哲学探索的价值。1979 年 9 月，研究生院举办第一次学术交流会，我在会上介绍了上述观点，引起不小的震动。我的文章发表在中国社会科学杂志社的内刊《未定稿》1980 年第 5 期上，接着收在一本《斯大林哲学思想讨论文集》中。这是我发表的第一篇学术论文，事实上也是我的文字第一次印成铅字，心里是很高兴的。

从第二学年起，我把注意力转向了解苏联当代哲学的动态，浏览苏联科学院哲学研究所的机关刊物《哲学问题》，阅读一些新出版的书籍。因为仍然太浓的意识形态色彩，也因为苏联人的充满废话的冗长文风，我一点儿不喜欢这些东西。但是，在阅读资料的过程中，我注意到，在当时的苏联哲学界，研究人、人性、人道主义问题是一个热门，而这又是世界范围内哲学关心人的问题的大趋势的折射。与我们相比，苏联哲学家们对世界性哲学问题的反应毕竟敏锐得多，探讨也深入得多。我一向对人的问题感兴趣，并深感国内这方面研究仍阻力重重，因此，便陆续写了一些综合介绍苏联人研究情况的文章，也翻译了一些相关资料，在刊物上发表，算是向国人提供借鉴。我还花了很多时间参与编写贾老师主持的《苏联当代哲学》一书，承担了其中相当一部分章节的写作和最后的统稿工作。此外，我还参与了苏联哲学书籍的大量翻译工作，直到毕业后两三年仍是如此。我译得很快，一天至少完成五千字，有时能译近万字。但是，总的来说，我对这类工作是越来越厌烦了，觉得是浪费时间。我在某一天的日记里写道："终于把苏联哲学的暂缺部分写完了，感到一身轻松。拿走吧，把这堆废纸统统拿走吧，拿去出版还是拿去喂老鼠，我才不管呢。"这反映了我当时的心情，我的确感到所做的这些事情没有多大价值，因而产生了越来越强烈的抵触情绪。

第三学年的任务是写硕士论文，我决定不受专业方向的限制，基本上撇开苏联哲学，直接研究人性问题。贾老师十分开明，对此欣然同意，并且在我的写作过程中给予了热情的鼓励和赞赏。

这在他是自然而然的，可是我知道，倘若我落在某些独断自负的导师手下，便绝无此种可能。因此，我一面庆幸自己运气好，一面也真心感激贾老师。我在上大学时就对人性问题有浓厚的兴趣，趁写硕士论文的机会做一番系统探讨，可以说是了却一个夙愿。论文的题目是"人性的哲学探讨"，计划写六章，即：一，哲学和人性观；二，人性观的基本类型；三，人的活动和人性；四，人的生物性和社会性；五，人的理性和非理性；六，人性理论的若干方法论问题。最后完成了前四章和第六章的一部分，约十八万字。在那一年及稍后的时间里，结合硕士论文的研究，我还写作和发表了一些谈马克思人性理论的文章，包括《马克思主义哲学和价值观》《只有一个马克思》《历史进步的双重尺度》《马克思的自由观》等。其中的《只有一个马克思》一文，主要论证马克思在后期与在青年时期一样是一个人道主义者，我曾在1981年4月于洛阳举行的马克思主义哲学年会上宣读过。我发言后，正统派发起猛烈批评，但我无心作战，当时在华中工学院任教的黄克剑替我奋起反击。他是主张马克思主义人学的一员干将，在辩论中大显身手，对马克思的原著极为熟悉，随口大段引证，又有出色的口才，其锋芒势如破竹，我就更乐于怀着欣赏的心情做一个观战者了。

我的硕士论文及相关文章无疑带着那个时代的显著痕迹，表现在比较单一地以马克思为思想资源，并且不得不大量引证原著来为我的观点辩护。如果现在做这项研究，我肯定会更加公正和全面地利用整个西方哲学史上的思想资源。但是，我至今认为，马克思不愧是一个属于西方优秀精神传统的伟大思想家，他的理论包括人性理论依然是一个宝库。毫无疑问，当我依据他的理论阐述我的观点时，我是有所侧重和发挥的。现在回过头去看，我仍赞成当时所阐述的一些观点，我后来的思想与它们是一脉相传的。在中国当时的理论界，只要谈到人性问题，就必定会搬出马克思关于人的本质是"一切社会关系的总和"的著名论断。然而，人们对这句话的理解极为表面和狭隘，基本思路是据此把人性归结为社会性，又把社会性归结为阶级性。针对此，我着重阐述了以下观点——

第一，人性有丰富的内涵，它是在人的活动中形成的人所特有且共有的生物属性、心智属性和社会属性的综合体。由于人的自然本性的人性化，人的生物属性也应包括在人性之内。我把心智属性区分为理性与非理性，强调非理性即个体的情绪和情感体验也是人性的重要组成部分。人的丰富的属性，属性的历史发展，发展中的整体联系，由此构成了完整的人性。在人的发展的各个阶段上，人的自然本性人性化的程度，人的社会本质深刻化的程度，人的心智生活丰富化的程度，三者是互相制约而一致的。个人同样如此，一个人某一方面需要的满足程度和能力的发展程度，受制于并且体现了他的整个个性的发展程度。个性是人性理论中的一个重要概念，所表达的是具体个人占有丰富人性的程度及其方式的独特性。

第二，在人的社会本质问题上，存在着最牢固也最荒唐的偏见。人们众口一词地宣称，在阶级社会里，阶级性是唯一具体的人性，除去阶级性就只剩下了抽象的人性，甚至只剩下了动物性。当真有人质问：如果抽掉了性爱、母爱的阶级属性，人与动物在这些事情上还有什么本质区别？这等于是说，在做爱或哺乳时，人与动物的本质区别便是怀着阶级感情做这些事的。如此可笑的论点，在当时却是出自理论权威的笔下，占据着主流地位。问题出在这些人把"社会关系的总和"归结为生产关系了，进而归结为阶级关系了，于是也就把人的社会性归结为阶级性了。真实的社会关系却有着丰富的内容，我从两方面进行分析。从横向看，同时代的社会关系不但有阶级，而且有民族、国家、职业、家庭等等，它们都有阶级所不能取代的特殊内涵，在人身上造成相应的社会规定性。此外，还有小环境水平上的个人交往，例如自己所敬佩的师长、知心的朋友或爱侣等，这种交往对于一个人的成长往往会发生重要的、有时甚至是关键性的影响。从纵向看，还存在着历史继承的社会关系，即个人同历史上流传下来的文化的接触和对它们的接受。在分析知识分子的社会属性时，尤应考虑这一点。把人的社会本质简单化的另一表现是，在论及社会关系和人的社会本质的发展过程时，只注意社会制度和阶级类型的更替，忽视了社会关系的发达化和人的社会本质的深刻化这一更重要的方面。人们仿佛故意忘记马克思一再强调的资本主义在这方面所造成的巨大历史进步，即乡界、省界、国界被打破，个人越来越成为世界公民，或者用马克思自己的话来说，"狭隘地域性的个人为世界历史性的、真正普遍的个人所代替"。

第三，人性是在人的活动中形成和发展的。人的活动区别于动物的生命活动的本质特征是自由，即以活动本身也就是能力的运用和发展本身为目的和最高享受。在此意义上，可以把自由活动规定为人的真正本质，它是人的价值和使命之所在，也是人类社会发展的目标。最大限度地保证一切个人自由发展其能力的社会，才是合乎人的本性的社会。然而，在迄今为止的历史中，对于人类大多数成员来说，活动始终被贬低为维持人的肉体存在的单纯手段了，这就是异化。其原因主要是生产力低下，物质生产不可避免地占用了人类绝大部分时间。但是，在马克思看来，资本主义的生产力已足以使这种情况不再必要，唯一的障碍是资本主义的生产关系。因此，他得出了所有制革命的结论。按照他的设想，在生产力高度发展而又消灭了私有制的共产主义，人的自由发展就能取代物质生产成为历史的主要内容了。由此我们可以看到，在以自由为最高价值这一点上，马克思完全是忠实于西方精神传统的，他与自由主义思想家的分歧更多在于实现这一价值理想的途径。

我的硕士论文没有出版，只发表了其中的若干章节。后来，有的海外刊物在回顾上个世纪八十年代初国内学界关于人的问题的争论时，把我列为一派的代表人物之一。不过，我本人对当时那种引经据典的论战方式和寻章摘句的写作风格很不满意。引证马克思是为了打开一个禁区，可是，世上本无禁区，庸人自设之。按我的性情，我是宁愿去尝神设的禁果而不是去闯人设的禁区的。我始终意识到，当我写这些东西的时候，我还不是我自己。我辛勤地写着，可是很少是我自己在说话。我不愿做一架学术机器，哪怕是一架高效率的机器，消耗大量的知识原料，制造出一批批学术产品。不，我还必须有灵魂，我要做一个有灵魂的活生生的人。假如我真的需要一种体系，也仅仅是为了更加完整地表达我的人生感受。是的，仍然是人生，它是我唯一拥有的东西，我必须时时感受它，这样才觉得自己是一个活人。我尚未找到适合于我的表达方式。

四　迟到的初恋

　　我到北京后，一刻也没有忘记留在广西大山沟里的妻子，我知道独自一人在那里过日子有多么冷清。因此，每隔四五天，我必给她寄出一封厚厚的信。有同学发现我老是埋头写信，感到好奇，一听是给老婆的，就嘲笑说，没见过给老婆写信这么勤的，那有什么意思。我实在是惦念敏子，怕她承受不了那份孤单。看一场电影回来，我会详细地描述情节和感想，想让她分享看电影的愉快。我不断地给她打气，鼓励她自学英语和其他知识，可以使生活有点儿内容，一旦调来北京，也便于找到合适的工作。在我给她的信中，有一大部分是我的日记。我不再用日记本，日记都写在纸上，随信一起寄去。之所以这样做，是为了让她随时了解我的日常生活、思想以及北京的情况，既给她解闷，也防止我们之间越来越隔膜。然而，我很快发现，把日记和信合一的做法实际上产生了极大的麻烦。经常的情形是，我在日记中写的某个想法引起了她的误解或不满，她回给我一封气愤和怨恨的信，或者干脆不回信，于是我必须写信解释这个想法的来龙去脉，然后焦虑地等待她的下一封信，不知道能否得到她的谅解。在我们的通信过程中，这样的龃龉层出不穷，使我不禁后悔随时汇报思想之迂腐。但是，让她了解我的愿望始终占着上风，我也就继续这样做。

事后来看，敏子的生气并非完全出于误解。每次她这样发作，多半是因为我在日记中谈到了对性、爱情、婚姻的看法，或者与女孩们的来往。我的看法当然是十分通达的，这就引起了她的警觉和担忧。就当时而言，我的确是在谈自己的思想，因此责怪她太容易联系实际，不善于从哲学和社会的角度思考问题。我向她指出，赞同性自由不等于我想和别的女人通奸，就像主张离婚自由不等于我想和她离婚一样。我的通达看法完全不妨碍我比别的丈夫更温存也更热烈地爱自己的妻子，毋宁说，只有一个主张爱情自由的人才懂得真正爱一个人，他爱起来是不会虚假的。我信誓旦旦地向她保证，我绝不会抛弃一个共患难的伴侣，尤其是因为，她如此爱我，我已成为她的全部生活和唯一寄托，就更不可能做出绝情的事情了。我无比真诚地写了许多这类话，毫不怀疑自己一定会信守发自心底的誓言。可是，女人的直觉比书生的抒情更接近真理，敏子依然处在深深的不安之中。

在一次通信中，敏子明确告诉我，她之所以对我不放心，不是因为我的为人，对此她是信任的，而正是因为我对问题的通达看法。她比我更清楚地看到，一个把爱情视为人生主要价值和婚姻唯一理由的人，却和自己不太爱的人结了婚，他一旦有了接触更多异性的机会，必然会发生什么事情。到时候，无论人品和良心，还是共患难的经历，都将阻挡不了那件事情的发生。也许正因为如此，在相当长的时期里，我们两人都不同程度地生活在自欺之中，尽管方式不同。她常常对人兴奋地谈论我，说我如何好，如何爱她，我则不断地向自己也向她陈述理由，证明她是值得我爱的。在她是感觉到了危机，便急于逃到自己编织的梦境中去，在我则是要抵御爱情之梦的诱惑，便竭力美化既成的婚姻事实。我不愿正视明显的缺憾，仿佛必须到有一个人出现，使我积压的爱欲如火山般爆发，才明白其实我从来没有真正恋爱过。

这个人必然会出现，也果然出现了。1980年春天，我在一次郊游中遇见了她。树林里一个人影，一动不动地坐在一块石头上，一只手托着腮帮，如一座雕像。她对同伴悄声说："瞧，罗丹的思想者。"一个男子带着一个小男孩在野草丛里追扑蝴蝶，她脆亮的声音喊叫起来："你们看那个人多可爱呀！"然后立即跑过去，加入了追扑蝴蝶的行列。可是，当某名刊总编辑驾到时，人们纷纷起立握手，唯有她坐着不动，总编辑特意走到她面前，她也只是微笑着伸出手让握了一下，毫无起立之意。我把这些细节看在眼里，怦然心动。我从未见过这样的女孩，如此天真烂漫，又如此脱俗。

后来我就经常见到雨儿了，并于一年后开始恋爱。旁观者说，没见过三十多岁的人爱得这样疯狂的。这有什么奇怪呢，既然这是我第一次真正尝到了恋爱的滋味。洪水滔天，我除了接受灭顶之灾——或灭顶之极乐——外，别无选择。雨儿也真是可爱，那一年她二十四岁，整个人放射着青春的光彩，脸蛋透出天然的娇媚，性格非常好，自然而健康。一个女同学在她的毕业纪念册里题词说：

"你的优点令人绝倒，你的缺点可供玩赏。"她的确生动，你看她整天无所用心似的，说出的傻话每每令人捧腹，却又会突然说出令人叫绝的精辟之言。

从1981年相爱到1988年结婚，我们走过了漫长而曲折的路。敏子太可怜，一旦失去了我，就什么也没有了，我们都清楚这一点，所以在开头几年不考虑结婚，只做情人。因为偶然的原因，我们的事被双方单位知道了，好在那时我已毕业并留在哲学所，仅受了批评，而她却付出了代价，毕业时分配工作甚不如意。由于前途的不确定，至少这是原因之一，她一度动摇，把我搁下半年之久，让我尝尽了恋爱中的酸甜苦辣，包括失恋的滋味。当我终于熬了过来时，她又一脸轻松地回到了我身边，然而是义无反顾地回来了。我说："你是一个玩儿水的孩子，把我的生命之海搅得沸沸扬扬。"她说什么？她说这句话好，赶快记下来。毫无办法，她是一只小动物，她身上的一切，包括她的迷乱、荒唐、背叛，都是出于自然，所以我只好原谅她，在她最不驯顺时仍然欣赏她。

从一开始，我就没有向敏子隐瞒我与雨儿的恋情，事实上也瞒不住。每年探亲假，我去资源，或她来北京，敏感的她不会觉察不了我的情绪异常。那件她一直在担心的事情终于发生了，她的反应是矛盾的。有时候，她表现得极其通情达理，甚至高尚，表示完全理解我，说我不应当压抑我的艺术家天性，而和她在一起就必然受压抑，劝我快些离婚。有时候，她又激烈地责备，愤怒地控诉，发誓就和我这么过下去了。我知道，这两者都是真实的，所谓理智和情感的冲突，而比这两者更真实的是她对我的依恋，她的痛苦和绝望，往往通过目光和眼泪表现了出来。然而，我们都明白，覆水难收，分离只是迟早的事。这是无情的一步，但我不能无情到把她扔在山沟里，只要她走不出资源，我就不离婚。她于1987年调到北京，安定下来后，我们办了协议离婚手续。那一天，她显得平静而自尊，她在分手时刻的表现赢得了我的永远的尊敬。

何尝想到，我和雨儿也未能走到底，最后也分手了。但是，我不想以成败论爱情。衡量一个爱情是否成功，长度不是唯一标准，更应该看它的质量，是否对双方的人生发生了长远的积极影响。我是我的生命财富的守财奴，任何一笔收入一旦记到我的账本上，我就绝不会把它划掉。我相信，事实也是如此，无论对我还是雨儿来说，我们的相爱都是人生中一段非常美好的时光。雨儿曾问我："我是通过你认识我自己的。你不也是吗？"我回答说："是的，不但认识自己，而且提高自己。"我确实感到，我们能够互相激励，我们的关系是富于生产性的。刚开始恋爱时，她这样夸我："你是很完善的，人格、智力、情感都高人一筹。"若干年后，她向人这样谈论我："他外表随和，内心单纯、敏感、细腻，但柔而不弱，有内在的力度。"就算这些话是在被爱情蒙住眼睛的时候说出的，对于我这个一向不自信的人也是极大的鼓舞。对于我的写作，她总是怀着热烈的期待，于是催生了我的第一个多产时期。她喜欢芒克等人的诗，我不服气，也憋足劲儿写，竭力写得让她喜欢，结果也许仍不如芒克，却比我自己以前写的好许多，发生了一个飞跃。我于1991年出版的诗集《忧伤的情欲》，其中大部分诗就是那时候写的。在某种意义上，这一段爱情对我的人生的影响仅次于郭世英。我走进大学，一心想做学问，郭出现了，告诉我说：首先是生活，然后才是学问。我重返北京，觉得我的生活已经过去，剩下只有学问了，雨儿出现了，告诉我说：你的生活并未过去，其实刚刚开始。通过这场恋爱，我重新找到了自己的人生定位，并且比以往更坚定了。

五　与尼采结伴

　　硕士生毕业后，我留在哲学研究所工作。马克思主义哲学史研究室当时的一位负责人很欣赏我，向所里要我，我被分配到了那个室。可是，我很快发现，那里的气氛是非常不适合于我的。在贾老师的帮助下，第二年我归口到了现代外国哲学研究室。顺着硕士生时期的惯性，我所做的主要学术工作仍是苏联哲学的介绍、翻译和马克思人性理论的研究。作为消遣，我读各种闲书，读到徐梵澄、楚图南在解放前翻译的几种尼采著作，顿感一见如故。那一年，所里有人筹备《外国美学》丛刊，向我约稿，我便决定写一篇谈尼采美学的文章。于是，我开始抱着词典读尼采的德文原著，一边翻译《悲剧的诞生》和《权力意志》中的若干段落。我译得慢极了，艰难极了，但别有一番趣味，觉得尼采薄薄几页东西比一大堆俄文书包含远为丰富的内容，像一个美丽的谜语，经过枯燥的劳动却探得了奇妙的谜底。我于1983年写出《从酒神精神到权力意志——尼采艺术哲学初探》一文，直到 1986 年 4 月才在《外国美学》第二辑上刊出，这是我从事尼采研究的开始。

尝到甜头后，我停不下来了，于 1983 年 9 月开始翻译《悲剧的诞生》全文。一发而不可收，接着又译别的著作，编成《尼采美学文选》，计二十八万字。开译时我并没有想到出版，只是因为喜欢，同时也可以练德语。译出后，恰逢甘阳创办人文学术文库，便收了进去，于 1986 年 12 月在三联出版。译过尼采之后，我再也不肯去译苏联哲学的书了，无法再忍受那样拙劣的文体和连篇的空话。同时，我也厌烦了在马克思主义人学问题上纠缠不休。我留所工作一年半后，所里讨论我们这批研究生的助理研究员转正问题，有人坚决反对给我转正，理由之一便是我在人性问题上的观点。此后不久，开展清除"精神污染"运动，把人道主义和异化的学术问题与淫书淫画一锅煮，我被列入所内清理名单。我不是宁愿尝神设的禁果而不屑于闯人设的禁区吗？好吧，现在我在尼采这里已经品尝到了神设的禁果，回过头去看那些人设的禁区就更觉得滑稽了。事实上，一旦回到事物本身，意识形态的壁垒就不复存在了。八十年代初的人学论战无非是在争论思考人的根本问题的合法性，一派以马克思的名义宣布其不合法，另一派也以马克思的名义申辩其合法。可是，一个思想者岂不应该直接去思考本质问题，而无须理会任何名义之争？

1984 年，全国开始正式招博士生，我在职做了汝信的学生，确定以尼采哲学为研究主题。事后听一位知情者说，汝信也正对尼采感兴趣并已开始进行研究，然而，为了不影响我的独立探索，便悄悄转移了研究方向。他自己从未对我提及此事，唯其如此，我心中就更加感动。常见的情形正相反，导师往往支使学生替自己做事，然后把成果占为己有。考上博士生时，我已经在酝酿写一本关于尼采的书，那是方鸣提议我写的。方鸣当时是人民出版社的编辑，策划编一套丛书，想让我来打头炮。1985年的年初，我把自己关在那间充当宿舍的地下室里，用了两个月时间——日记记载：1月28日动笔，3月25日完成——写出了这本十八万字的小册子，题为《尼采，在世纪的转折点上》。

我和方鸣可谓一见如故。他比我小一轮，那时二十多岁，在出版社第一次遇见，我就从他眼中读出了百分之百的友情。我们都写诗，他写的散文诗有泰戈尔之风，可惜后来不写了。他来看我，发现我成年累月一个人住在地下室里，对我忍受孤独的能力感到震惊。我说，你没有看见我用拳头捶墙又哭又喊的样子呢。他对人感叹说："周国平是最有人性的人，既文雅又疯狂，一点儿不像他的岁数。如果没有他，这个世界就会太没有人味了。"我有一篇文章题为《人性、爱情和天才》，他指着这个题目说："这完全是周国平自己的问题啊！"他还说过一句"脏话"，成为朋友间流传的名言："别人写东西像撒尿，周国平写东西像射精。"这些话表明他对我何等偏爱，而他正是怀着这样的偏爱催促我写尼采的。稿子出来后，他十分兴奋，但也担心我的观点一反习见，出版会遇到阻碍，便建议我请汝信写个序。我心想，汝信身居高职，又曾因"文革"后率先发表为人道主义正名的文章而遇到过麻烦，此事未免强人所难。但是，不管怎样，我终归要把稿子送给我的导师看一看，请他提意见。

汝信看得很认真，看完后把我叫去，对我说了一番话。我追记了大意，今天看仍觉得好，所以抄在这里："哲学著作这样写是很好的，我很喜欢，一扫过去那种沉闷的写法，使人耳目一新。这本书出来，是会有很大影响的，会引起注意。不过，我还是觉得，不要讲得过分，有些地方要冲淡一下。尼采的某些观点，该批评的要批评。修改时不要搞得四平八稳，不要抹去你的锋芒。"他又说："其实，对一个思想家，主要应当吸取他的精华，加以消化，而把糟粕排泄掉。问题就看你有没有坚强的胃。有坚强的胃怕什么毒素？没有坚强的胃，无论吃进什么，都不能消化，反正要得病，怪得了谁呢？"听了这些话，我就斗胆请他写序了，他欣然应允。

几天后，序写出来了，相当精彩，尤其是这句话："在历史的审判台前，只有弱者才需要辩护，而尼采却绝不是弱者。他所需要的不是辩护，而是理解。"可是，就在我拿到序的同一天，方鸣来找我，一进门就说："你的尼采遭噩运了。"他告诉我，他们社总编辑对哲学编辑室主任薛德震说："尼采不是法西斯思想家吗，为什么要写他？现在有一股翻案风。苏联没有给尼采翻案，我们翻了，苏联会怎么看？"老薛向方鸣发牢骚："到今天居然还有人说这种话！"其后，总编辑责成社里一个资深编辑审稿并拿出意见。那位老先生写了审读意见，大意是说要帮助作者用马列主义认识尼采，这当然明确否决了书的出版。不过，他也写了一句勉励的话："作者很有才情，如能得到健康发展，将是一位很有前途的作家。"方鸣气愤地说："很有前途的作家？现在不是，还要等将来？"

方鸣当然不甘心，他积极活动，把汝信的序在《人民日报》上发表了，又先后跑了北京五家出版社，推荐我的书稿。答复是一致的：书不错，但不敢出。整整一年后，上海人民出版社编辑邵敏来北京组稿，自告奋勇把稿子带回上海碰运气。奇迹发生了：半个月三审通过，五个月出版发行。在编辑过程中，邵敏不断向我诉苦，说他看了许多遍原稿和校样，每次仍兴奋得通宵失眠。我们原先就认识，通过这本书的出版成了朋友，后来我的《人与永恒》《妞妞》都是交给他出版的。

1986年9月，我到上海参加书的发行活动。这是我独立写作的第一本书，写的又是我自己真正思考过的东西，因而可以算做我的处女作，心情自然是很激动的。对于出版社安排的签名售书、报告会之类，我不太起劲，知道那些不过是排场罢了。最喜欢做的事是站在柜台附近，没有人知道我是作者，偷偷观察读者的反应。有一个看上去挺傲气的戴眼镜大龄青年，营业员向他推荐这本书，他瞄了一眼封面，鄙夷地说："中国人写的尼采有什么看头！"营业员说："这本不一样。"他拿起来翻了一下，说："这还差不多。"便付了钱。我一直在旁边装着翻别的书，终于松了一口气。当时最大愿望是变成一个隐身人，跟着每个买了我的书的读者回家，看他们阅读时脸上的表情。

虽然汝信曾预言这本书会有很大影响，但是，反响之热烈仍出乎我的意料。一年内畅销十万册，读者来信如雪片般飞来，其后成为不断重印的长销书。出版后若干年里，一再被列在最受大学生欢迎的书籍之榜首。香港1992年出版了一本书题为《八十年代：改变中国的33本书》，把它列为其中之一本。它为我赢得了许多艺术家朋友，崔健告诉我，好些搞摇滚的都喜欢这本书，王广义告诉我，这本书成了新潮画家的必读书，几乎人手一册。不少人用几乎相同的语言向我断言，说这本书启蒙了一代人。直到现在，我还经常会遇见四五十岁的人向我谈起当年这本书给他们带来的震撼。

当然，我自己明白，这本书充其量不过是一本比较有特色的介绍尼采思想的通俗小册子而已。之所以会有如此轰动效果，据我自己分析，原因有三。其一，在我国长期的宣传和教学中，尼采哲学一直遭到全盘否定，被简单地归结为法西斯主义的思想渊源和反动的唯心主义唯意志论。上个世纪八十年代中期，虽然开始出现了正面评价和研究尼采的零星文章，但这本书毕竟是第一部旗帜鲜明的著作，把一个面目狰狞的政治狂人还原成了一个真诚思考人生问题的个性鲜明的哲学家，评价上的这种巨大逆转自然会给人以深刻印象。其二，这本书的文字风格不同于一般哲学书，流畅而富于激情，因而能给人以新鲜感，也容易被普通读者接受。事实上，当我写作时，我始终浸润在尼采本人文字风格的氛围之中，不由自主地受到了影响。其三，最主要的是，我在书中借尼采之口谈了我自己的真实感受和思考。许多地方，简直分不清哪是尼采说的，哪是我说的。我一面阐发尼采哲学，一面我自己的生命体验也如同找到了突破口一样喷涌而出。当我对尼采发生巨大共鸣之时，实际上已把尼采在昨日欧洲思考的问题转换成了我自己的问题，而读者的巨大共鸣表明，它们也是今日中国许多人面临的问题,触及到了转型时期普遍存在的人生困惑和精神危机。所以,若要论这本书的地位,肯定不是在学术史上,而是在当代中国人的心灵史上。对于我自己来说,这本书的意义主要在于使我明确了我的哲学研究方向应是我一向关注的人生课题,因而可以看作我的哲学之路的真正开端。

在出书同时,我还在北京和外地一些大学做讲座。最难忘的是平生第一次讲座,书尚未出版,在北大办公楼礼堂,近千个座位坐得满满的。我刚开口,突然停电了,讲台上点燃一支蜡烛,底下一片漆黑,我感到自己像在布道,讲的却是宣告"上帝死了"的尼采。刚讲完,又突然灯火通明,全场欢呼。除大学外,我还应邀在一些高层干部学习班上讲尼采,主办者包括团中央和省委宣传部,这很能反映那个年代气氛的活跃。在团中央的班上,听众是全国大学团委书记两百多人,我讲完后,一个当年著名的德育专家要求也安排他做讲座,名曰消毒,被主办者婉言拒绝。

如果说《转折点》是我在两个月内一气呵成的即兴之作,那么,我的博士论文《尼采与形而上学》的分娩过程就格外艰难了,从动笔到完稿拖了一年多,直到1988年中才完成,致使答辩和毕业也相应延期。在这部也是十八万字的著作中,我自信我的学术能力经受住了考验,对尼采在本体论和认识论方面的思想和建树给出了一个相当清晰的分析,证明了他不只是一位关心人生问题的诗性哲人,更是一位对传统形而上学问题有着透彻思考并且开辟了新思路的严格意义上的哲学家。使我难以忘怀的是,汝信为我组织了一个堪称最高规格的答辩委员会,聘请了学界耆宿贺麟、冯至、杨一之、熊伟诸位先生，他们不久后均相继去世了。此外还有中年俊秀叶秀山、王树人先生。贺麟先生担任主席，他当时真正已经老态龙钟了，走路和说话都很艰难，需人搀扶和传达。冯至先生不愧是德国文化领域的大学者，十分熟悉尼采著作，指出了两处事实性错误，我查书后均得到确证。我与汝信的师生之谊可谓淡如水，非十分必要我是不去打扰他的，但我始终感谢他在指导我时所表现的开明作风和默默提携的善意。我的博士论文于1990年9月在湖南人民出版社出版，收在叶秀山和我主编的"博士论丛"丛书中，仅印了两千册，出版后无声无息，与《转折点》适成鲜明对照。不过，亏得有了这本书，哲学界的朋友再不敢说我只能写通俗小册子了，一些海外学者对此书也十分推崇，台湾一所大学哲学系还把它列为研究生的必读书。总的来说，这本书的价值尚未得到应有的认识。我读到两本论尼采在中国的专著，一本是国内的，一本是在德国出版的博士论文，都辟专章谈我的尼采研究，但主要都是谈《转折点》，对此书则一笔带过。我自己认为，就学术水准和思想深度而言，《转折点》完全不能与此书相比，写《转折点》时我不过是尼采作品的一个爱好者，而在这本书中，我真正进到了尼采的问题思路之中，其深入的程度还很少有人达到过呢。

在终于卸下博士论文的重负之后，我便宣布与尼采告别了。常有学界的朋友表示惋惜，他们认为尼采如此重要，我又做得不错，太应该做下去了。我自己的心情是十分矛盾的，虽然做尼采翻译和研究也使我感到极大的愉快，但我不甘心把全部精力耗尽在某一个思想家身上，哪怕他是尼采。尽管如此，我仍一直在做一点翻译的事，累积起来已有百万字，准备在校订后出版。

六　越胜和他的沙龙

八十年代后期，北京青年知识界有一个别具一格的小型沙龙，沙龙主人名赵越胜。

初识越胜，是在 1982 年 9 月，现代外国哲学学会在庐山开会。上山前，几个年轻人到九江烟水亭游玩儿，窗前是滔滔长江，有人提议买酒喝，他立即赞成，说："我不会喝酒，可是我喜欢看你们喝，你们醉了，我也轻飘飘了。"这句话使我一下子喜欢上了他。那时他好像在戒酒，真的滴酒不沾。此后不久，我调到现代外国哲学研究室，和他成了同事。我们来往密切是在一年后，我失恋了，十分孤单，常去他家，他也常陪我下酒馆。记得那年除夕，他看我失魂落魄的样子，便陪着我到处找仍然营业的小饭店，好容易找到一家，两人在冷清的店里吃了一顿年夜饭。他开了戒，其实酒量惊人。有一回，我在龙潭湖公园里看书，忽然听见有人大声说："我看这个人像周国平像到了无以复加的地步！"原来是郭建英，越胜带他去我的宿舍，又按照室友的提示找到龙潭湖来了。在我的地下室里，我们喝啤酒，越胜一人喝了近十瓶，嫌不够，又去打了两暖壶生啤，结果醉了，但也就吐了几口而已。

我们经常一起逛书店，或者在他家听音乐，聊书，也聊我刚写的诗。他常说："书，音乐，酒，朋友，最后才是女人。"我以为他是开导我，其实不尽然。看到雨儿回到我身边，他由衷地替我高兴，也非常欣赏雨儿，但仍劝我："和雨儿浪漫一阵，以后回到古希腊。在古希腊，女人没有什么地位，男人的天下，你看多宁静。"在一次朋友聚会时，他说自己："我不能再爱，再爱，就从希腊人变成罗马人了。"可是，说了这句话没几分钟，他突然激动地喊道："你们知道不知道，燕走了二十多天了，没有给我一个字！"燕是他的妻子，去法国了，他们后来也分了手。按照他的分析，我这个人易感，包括对女人，是优点也是弱点。一次在镇江开会，某校一个女研究生喜欢我，与我比较亲近，被同来的系领导提前遣回学校了。我很难过，会餐时醉了，一遍遍哭喊："我讨厌你们，你们为什么这样对待一个弱女子！"越胜跑来劝我："人家小年轻抽抽风还可说，你抽什么风？"我破口大骂："你不是人，你是一团概念！"后来他向建英转述，建英大表赞同，气愤地说："我们俩一路走，这么多漂亮姑娘，他竟什么也没有看见！"

越胜称得上空灵。诗的国度，水天一色，如果说我在水下，他便是在天上。他在趣味上是天生的精神贵族，生活在莫扎特和歌德的世界中。有一次，我们聊起贵族主义对于文化的必要，甘阳举出希特勒的例子，他当即驳斥："希特勒是什么贵族？一个奥地利下士！他怎么会保存高级文化？国家社会主义是搞平均主义，拥护纳粹的都是工人！"他又是一个极爱朋友的人，一说起朋友来便眉飞色舞，没有了分寸，仿佛个个是天才和完人。因此，八十年代中期，在得到了一套新两居之后，他便经常在家里招待朋友，把他的家变成了沙龙。每次举办帕提，他对来宾的选择十分严格，绝不许一个俗人混入。他的标准是有没有文化，倘若他说某人"没文化"，那人便从此不在他的视野里了。他说的文化与学历无关，不外是性情趣味之类，凭直觉就能感应到的。某君自命江南第一才子，但在他眼里是一没文化之辈，始终被拒之门外。这成了此君的一个心病，一次酒醉时号啕大哭，倾诉委屈，而他毫不为所动。

他实在是一块做沙龙主人的好料，豪爽而又细心，对每一个客人都照顾周到，但丝毫不露痕迹。一进他的家门，客厅里有一流的音乐，餐厅里有充足的酒和食品，你立刻会感到轻松踏实。倘若是学界朋友为主，我们也不怎么谈学问，多为闲聊，聊往事，聊见闻，聊书，聊到兴会处，一个个神采飞扬，妙语连珠。我应该算最口讷的一个，但我喜欢做听众，觉得是一种享受。他们全是言谈高手，越胜的激情慷慨，正琳的雄辩犀利，友渔的理性机智，嘉映的潇洒含蓄，各具特色，无不可观。有时候唇枪舌剑，斗智玩儿，惹到我头上，我也会反击一两句，往往还招来一阵喝彩。若干智力相当的人在一起，彼此能互相欣赏，那种氛围着实令人愉快。夜深之时，通常该讲黄段子了，越胜的话题却不可避免地回到古希腊，直抵高雅的顶峰。有时候，我睡着了，朦胧中还听见他在谈论着荷马和海伦。

我们也经常结群去北京郊外游玩儿，人数较多，一召集二十来人，那就不是身为穷书生的越胜所能负担的了。这时候，自有大款出车出资。我说的大款主要是于洋和北陵，其实当时他们都处在创业阶段，还算不上大款，不幸的是两人各有弱点，便被乘虚而入。于洋外形粗犷，却有内秀，青春期热爱过文化，曾经也是读托尔斯泰读得入迷的人，留下了后遗症。北陵看似斯文，其实很野，凡出格的事一律兴致勃勃，加上典型的喜聚不喜散的脾气，只要和朋友在一起，就怎么都好。这样两个人，该着这些穷书生赖上了他们，花掉不少冤枉钱。凡属大型活动，实际组织和操持的人一般是阿坚。阿坚是新时期文化盲流的当之无愧的先驱，大学刚毕业，在八十年代初就辞掉了工作，为了灵魂自由而坚持无业，为了肉体自由而坚持独身。他写诗，产量极丰，差不多每个月都会把一册打印稿分送到朋友们手上。但是，诗卖不了钱，日子不免潦倒，只好到处蹭吃蹭喝，遇见姑娘还蹭睡。他的诗写得极自由，越来越口语化，真正是流出来的，有的极精彩，有的很一般。因为天性好色，写着写着就忍不住调起情来，以至于一个受过他的委屈的姑娘评论道："这哪是诗？完全是罪犯的自供状！"结识越胜后，他自称走狗，担起了跑腿的责任，常去越胜家领旨，顺便扫荡那里的酒柜。

越胜的沙龙里不乏可爱的女人。嘉映带来了于奇，说是从路上捡的，她总是不声不响地坐在角落里。后来我发现，她也总是不声不响地帮助朋友，内心独立但又善良，有主见但又善解人意。我带来了又傻又聪明的雨儿。独来独往的孟湄用她的智慧和风情征服或者吓退男人。温厚的丽达用琴声和歌声为大家助兴。有一年夏天，一大群朋友在黄松峪露营，水库那边突然响起男高音，是意大利语的《我的太阳》，霎时间众声俱寂，唯有这美得令人惊呆的歌声在夜空下自由伸展。此后，沙龙里又增加了一对常客，便是歌唱家竞马和他的漂亮女友曾琼。小曾那时候真是清纯，越胜说她是幽谷百合。

和我不同的是，越胜虽爱文化，自己却几乎不写东西，满足于当一个鉴赏家。他叹道："有了歌德，有了波德莱尔，我们还写什么诗！"我常常与他争论，我说：尽管有歌德和波德莱尔，却只有一个我，这个我是歌德和波德莱尔所不能代替的，所以我还是要写。只有一次例外，他克制不住地写了一篇文章。有个当时被媒体称作"中国学术界奇人"的人，撰文批判所谓现代主义思潮，并且仗着某个大人物支持迫使《读书》发表了。可笑的是，他对所批判的对象极其无知，文中充满常识性错误，诸如"胡克的现象学""多余人又译局外人"之类。越胜读后满腔怒火，但不便在内容上论争，就写了一篇专门揭露其硬伤的文章，在一家刊物上发表了。不久后，他收到"奇人"一封信，说自己是业余拳击协会会员，什么时候练上一百回合。我觉得越胜不写作实在可惜，他谈书极精彩，我就一再鼓动他写读书随笔。他终于动笔了，越写越好，可惜只写了三篇，他就去法国了。多年后，海外一家出版社让我编一本中国当代学者随笔，我只选了十人作品，就有他的这三篇。我绝不是徇私，而是实在觉得好。

我不是一个善于交际的人，对于我来说，越胜的沙龙是一桌现成宴席，我觉得味道不错，就在桌旁坐下了。另一方面呢，我交友又比较随和，本质上不属于任何一个圈子。我的一些朋友，他们之间也许互相看不惯，不来往，我觉得这和我没有关系，我也不受此影响。友谊是每个人的私事，正是在交朋友这件事上，朋友之间更不必求同。在越胜的圈子之外，我也有一些相知很深的朋友，比如润生、怀宏。我和怀宏结识很早，那时他刚转业，报考人大的研究生。在部队那种环境里，他居然读了萨特，还写诗，写得很好，聂鲁达的风格，仅此一点就不同寻常了。

八十年代后期是一段令人怀念的光阴。那时候，我觉得自己很年轻，我周围的朋友们也都很年轻，我们身体里藏着无穷的力量。我最引以为荣的是这些朋友，在我眼里，他们个个才气横溢，性情超俗。我相信，我们在一起既能享受最纯真的友谊，又能干出最漂亮的事业。当时我的感觉是，美好时光刚刚开始，仿佛可以没完没了地这样过下去，何尝料到不久后就终止了。现在回想起来，那一段时光已经多么遥远。在那以后，发生了太多的事，昔日的沙龙早已不复存在，朋友们各奔前程，许多人的生活场景有了巨大改变。不过，变中也有不变。譬如越胜，他虽已定居巴黎，靠经商维持着生计，但仍一如既往地爱朋友，他的家成了去巴黎的认识或不认识的朋友的免费旅馆。九十年代我两次住他家，发现他过着极其平静的日子，平静得像一个农夫，除工作外，只与书、音乐、家人为伴。朋友们觉得他寂寞，劝他回国，他毫不为所动。于是我想，世上的贵族岂不原本就是农夫，也许这正是最适合他本性的生活状态。

七 启蒙或躁动

八十年代后半期，国内思想界呈现空前活跃的局面。在反思这个时期时，人们做出了截然不同的评价，一些人誉之为新启蒙，另一些人斥之为躁动，其实这两种看法都有道理。改革开放不仅是体制的转型，而且涉及观念的深刻变化，这后一方面在这个时期凸现出来了。事实上，随着时代场景的突变，人们业已感到，在人生观、价值观以及社会科学各个领域，原有的理论资源已经不够用，因而对新思想、新理论、新观念怀着一种普遍的饥渴。与此同时，"文革"后复学的中青年学人经过几年学习和研究，也有了初步的积累。于是，彼呼此应，风云际会，出现了国外思潮涌入的热烈场面。当然，正因为一方饥不择食，另一方功底尚浅，就免不了显得浮躁。在当时引进国外思想的热潮中，北京学界有一支相当活跃的力量，便是甘阳领导的"文化:中国与世界"编委会。

甘阳是北大的研究生，1985年毕业后分配到社科院，与我、越胜、友渔在同一研究室。他乍来就和我们商量，要办人文丛书。我和越胜原是散淡之人，友渔虽有抱负但好像缺少实际操作能力，经他一鼓动，也都欣然赞同。他真是雄心勃勃，一副在学界打天下、坐江山的架势。记得筹备期间，有一天在友渔家里开会，甘阳策划要把天下豪杰一网打尽，正琳闻言拍案而起，厉声责问："你究竟想干什么? 想当学霸吗? 对不起，我不奉陪! "言毕拂袖而去，后来真的没有参加编委会。在我这个闲人眼里，甘阳的霸气，正琳的正气，都是风景。有志者事竟成，甘阳在不长时间内果然拉起了一支阵势不凡的队伍，囊括了北京人文学界大部分有点儿名气和实力的中青年学者。

编委会成立后，开始在三联出版大型丛书，以翻译为主，干得颇有效率，两三年里出了几十种书，一时声震海内。那个年头的气氛实在非同寻常，一年之内，我译的《悲剧的诞生——尼采美学文选》印了十五万册，陈宣良译的萨特《存在与虚无》印了十万册，陈嘉映、王庆节译的海德格尔《存在与时间》印了五万册。尼采还好说，后两种书那么难懂，几个人买了真读啊，不过是赶时髦罢了。当然，赶时髦也没有什么不好，这么大面积地撒下种子，没准有几颗会发芽。当时出版的译著，有一些是译者已经开译或完成的，也有一些是编委会策划的。无论如何，甘阳率先组织大规模出版国外现当代哲学人文科学名著，显示了他的眼光和魄力，其功不可没。编委会的这一批家伙个个自命不凡，没有甘阳照样放光，但能聚到一起做事，首功也当推甘阳。

编委会有一个无形的核心组，我们室的四个人都在内，因而也包括我。其实我做的事很少，仅审校过两部译稿。我只是觉得这伙人可爱，在一起做事也做得很有生气，因而乐于参与。在我眼中，甘阳也是一个顶可爱的人，虽一身霸气，但又充满孩子气。我曾对他说："你身上有顽童的一面，又有暴君的一面，因为前一面，我们原谅了你的后一面。"他嗜酒，一喝醉就骂人。越胜嘲笑说："甘阳喝醉了酒，语言就贫乏到了只剩下一个字——操！"邝杨告诉我，有一回，他们一起在公共汽车站候车，甘阳已醉，大声喊："在这里等车的人统统该杀！"吓得众人后退，继而发现是醉汉，又好奇地围观。这时他悄悄问邝杨："有没有警察？"邝说没有，他接着喊："警察也该杀！"这个例子可真传神，很能表明他的性格。

没有料到的是，在编委会成立三年后，裂痕产生了，起因也是甘阳醉酒。有一天，他酒后大骂："还不是老子养活了你们，不想干，都给我滚！"在场的是他任命的两位副主编，其中一位觉得自尊心受了伤，就到处发牢骚。嘉映闻讯，议论了一番，话传到甘阳耳中，他暴跳如雷，写了一纸公开信，说有克格勃算计他。在此之后，嘉映开始筹划拉出来自己干，也动员到了我头上。对于甘阳的意见集中在一点上，就是独断专行，并且搞夫妻店。酷爱英国式民主的友渔在这种问题上的立场不可能含糊，必捍卫他的原则。他还告诉我一个发现：北京学界三大势力都是夫妻店。我和越胜想避免分裂，于是由我出面，希望甘阳接受民主制。我特别傻，自作聪明地提出了一个具体方案，因为甘阳打算办人文学院，我便建议人文学院院长通过选举产生，再由院长任命编委会主编。我心想，甘阳众望所归，必当选无疑，一定愿意接受这个方案。那天在研究室里，我们四人都在场，听完我的话，甘阳脸色大变，沉吟半晌，说："你们让我光荣退休好不好，何必用这种方式把我罢免？"

几天后，在越胜家举行核心会议，甘阳发表了一通很有气势的讲话："我历来讨厌民主制，无意把本编委会当作民主制的试验田。在我看来，那些民主战士与极左派是一路货。我欣赏胡平，仅仅是因为他的幽默、机智和绅士风度，而不是因为他的民主事业。"我听了暗自赞赏他的自信和坦率。相反，那个副主编曾经到处发牢骚，抱怨甘阳独断专行，惹起了这个事端，却在会上发言说，现在主要矛盾是有的人做事，有的人玩儿票。他的这种不光明表现令我十分反感，从此和他疏远了。甘阳当真为此事痛苦，有一个细节为证。他从越胜那里借了一本《东方纪事》，上面有戴晴的文章《储安平》，还到越胜手上，越胜一看乐了。那篇文章里有"强调集体领导实际上是抹掉主编的主体地位的一种堂皇托词"一类话，甘阳在这些话下面都划了道道，我能想象他这么做时一定充满悲剧感。

在那以后，我不想再过问这件事了。我本来就把编委会看作甘阳个人的事，并非认真要搞什么民主制，他不接受也就算了，反正我仍然过我的逍遥日子。我对自己说：我爱甘阳，我更爱民主；但是，我爱民主，我更爱自由。越胜当然也超脱，他对我说："我们不是办事的人，就喝喝酒，聊聊天，听听音乐，写写文章，当竹林七贤。第一流的人就这样，编书之类让二三流的人去干。"然而，甘阳不肯罢休了，派两个副主编带着他的一封信分头找嘉映、友渔、越胜和我谈话，劝我们自动退出编委会。他们三人都同意了，唯独我拒绝，说："让甘阳开除我吧。"当时八九风潮已起，不久后甘阳到了国外，还没有来得及开除我，编委会实际上不复存在了。不过，我倒宁肯自己被开除，而编委会继续存在，心里真为这支力量散伙感到可惜。

在八十年代后期，除学界外，艺术界也十分活跃。出版《转折点》后，我认识了一拨号称北方群体的新潮画家，他们常来看我，带来美术界萌动的信息。其高潮是 1989 年 2 月的中国现代艺术展，开幕那天我去了，美术馆一至三楼展厅熙熙攘攘，盛况空前。一楼是行为艺术，各种异想天开的玩意儿居然进了国家艺术殿堂。最引人注目的是一个洗脚的男人，他穿红衣戴红帽坐在红布帘后面，赤脚伸在红盆里。二楼是油画，我认识或不认识的画家拉我在他们的作品前合影。我还没有来得及上三楼，突然封馆了。我问服务员："美术馆中午不是从来不闭馆吗？"她生气地回答："美术馆也从来没有开过这种展览！"原来，刚才在一楼展厅，一个女子——据说是作者本人——用气枪射击作为展品的模拟电话亭。她被抓走了。出动了数辆警车和一些警察。人们聚集在门厅里和门外广场上，议论着，不肯散去，似乎在等待某个重大事件发生。其实事件已经发生，封馆成了整个展览的高潮。人人兴高采烈，那天是农历除夕，可真有点儿节日气氛。巨大的黑布铺在广场上，上面缀着本次展览的图徽——不准调头的交通标记，人们纷纷以之为背景留影，然后作为事件的见证人心满意足地离去。

我自己一直不喜欢行为艺术，觉得其中多半不是艺术，只是在制造新闻，怎么出格、离奇、反叛、轰动就怎么干。我相信画布是永恒的，画家的天职就是画画，最后还是得凭绘画作品分高低。在那个刚刚开放的年代，面对突然出现的机会，画家们都很兴奋，怀着希冀中彩的心理标新立异。由于现代艺术的裁判和市场都在国外，因此，机敏的画家一开始就瞄准老外，根据可能引起注意的程度确定自己的题材和画风，其中一些人确实获得了成功。我更喜欢那些忠实于自己的内心追求的艺术家，虽然他们在名利方面未必成功，比如刘彦。当时和我交往最密切的画家是刘彦和广义，他俩是好朋友，有一阵几乎形影不离。这两个人都聪明可爱，但走了不同的道路。我认识刘彦很早，1986年8月在安徽歙县讲尼采，课后他飘然而至，年轻单纯得像一个安琪儿。他告诉我，他是自费来听这个班的，发现台上讲课的都是知识大众，正感到失望，幸亏有我，才没有白来。他还跟我讲了专程到北京复印《查拉图斯特拉如是说》的经历。其后不久，他到北京定居，还把广义介绍给了我，我们都有一见如故之感。广义说："来见你，有一种拜见名人的感觉。真没想到你是这样的，真好！"刘彦说："我向人谈国平，不说他的书，只说他的眼睛——国平是个孩子。"广义的目标很明确，就是成功。他说："如今不是凡·高的时代了，生前出不了名的，死后也出不了名，世人早已把你忘记。"他搞政治波普，用绘画进行文化批判，一度名声大噪，是新潮画家中最早出名和富起来的人之一。他赞赏刘彦，说刘彦很本质，而他自己要成名，然后再回到本质。我感到自己和刘彦非常相通，他和我一样远离时代，追求本真的东西。他这样评论尼采："古希腊是单纯的，尼采想把基督教的复杂整掉，回到古希腊的单纯。"一句话就把尼采说清楚了。不过，他的路相当艰难。他像凡·高一样与朴素的事物有着血肉的联系，迷恋于画简单的风景和静物，但卖不出去，生活得穷困潦倒。这使他感到困惑，有一次对我说："过去我独自在树林里坐着，感到非常宁静。现在感觉不对了，朋友们都在挣钱，从他们那里回来，独自一人，有一种凄凉的感觉。好像一个从小离家的孩子，长大后回到家，总觉得不是想象中的家了，怎么那样老旧。"他曾经试图顺应时代，一度改做装置，终因不合性情而放弃了。现在，他在北京郊区一个村子里过着最简朴的日子，像中世纪的农民一样与世隔绝，安心画他的风景画和静物画，完全不关心这些画能不能卖出去。我知道，他已经回到他自己的家里。

如果要论那个年代在青年中影响最大的人物，无疑是崔健。我是1988年初在梁和平家与他第一次见面的，第一眼的印象是朴实，有些腼腆，和我一样不健谈。那天有一个摄影家在座，表示要给他照相，做某刊物的封面，他谢绝了，说出名使他感到很疲劳。摄影家强调，他应该意识到他不只是自己，而是一代人的代言人，代表着时代精神，他回答："我不想那些，宁可轻松些，按自己的心愿唱。"寥寥几句，使我感到他是一个真实的人。那天夜晚，他抱着吉他即兴弹唱了几支歌，脸上是迷醉的表情，像孩子那样快乐，像农夫那样淳朴。我不止一次发现，好的男子汉本质上都是农夫，朴实，安静，沉湎于自己的园地，不管那是音乐、绘画还是书籍。后来我听过他的演唱会，也在私人场合见过几次面，印象一直非常好。我在崔健身上从未发现过浮躁和媚俗，上天挑选这样一个人来做中国摇滚的创始人，幸运地提高了八十年代流行音乐的质量，但也注定了他在辉煌之后的寂寞。

十几年后，我们合作出版了《自由风格》一书。经常有人问我，我是怎么想到要和崔健做这个对话的。这当然有我一贯对崔健的欣赏为基础，不过，写书的想法则产生于一次餐桌闲聊。1999年一个早春的晚上，我和梁和平、刘雨田去崔健家，崔健请我们在附近一家餐馆吃饭。当时，刘雨田正在筹备横穿克拉玛什干沙漠之行，餐桌上的谈话就很自然地围绕着他的这次探险旅行。他喝多了一点儿，反复说，在告别生命之前能够与崔健和我在一起，够了。他说，崔健给他生命的冲动，我给他放心和祥和。我觉得他的醉言很可爱，但不赞成他一心去送死的念头，责问他："为了什么呢？因为有许多眼睛盯着你，媒体盯着你？你是为了他们去探险的吗？"崔健也不断地劝慰他，说："没有一个厌世的人会去探险。"针对另一件事，崔还说："我发现最毁人的是媒体。"刘谈到为民族争光，我又表示异议，说："这与民族有什么关系？这是你自己生命的需要，是个人面对上帝的事情。"这个话题也引出了崔健的一段感想，他沉默了一会儿，突然说起来："从下面往上看，我们觉得民族很重要，可是跳出来，从上面往下看，民族真是不重要。我觉得，谁真正理解我，谁就是和我有血缘关系，管他是什么民族的。"餐桌上的谈话是断断续续的，但这些片言只语使我感到了一种很深的默契。我的直觉告诉我，他的头脑里有思想的宝藏，便建议他写东西，我乐意做一回他的秘书，于是有了我们的合作。

八　第二次婚变

和敏子离婚后，第二年，我住到了雨儿家里。她的父母迁新居，房子大，雨儿随他们住，我也一同住了进去。一开始觉得结不结婚无所谓，她母亲表示关切，我们就办了手续。恋爱八年，够漫长曲折的，现在总算安定下来了。何尝想到，等着我们的是一连串灾难和变故。

结婚一年后，雨儿怀孕，生了一个可爱的女儿，却患有先天的绝症。这一段经历，我已写在《妞妞：一个父亲的札记》中。妞妞走后，我们都陷在丧女的悲痛中，家里的空气异常沉郁。我还可以通过写作来分离自我，转移痛苦，雨儿完全没有宣泄的途径。她原是一个活泼好动的人，我怕她闷坏了，便劝她出去找朋友玩儿，也不妨找异性朋友玩儿，只要玩儿得愉快，能帮助她度过这段艰难的时光就行。在我的心中，占据第一位的考虑是救她，不让她被这个可怕的灾难毁掉。我不是没有想到，她生性无拘无束，又招人喜欢，一旦出去撒欢，就有越轨的可能。但是，我对我们之间的爱情有充分的信心，相信绝不会翻车。至于偶尔越轨一下，我是能够接受的。我自己一直提倡宽松的婚姻，现在正是检验我的诚意的时候，如果松动一下有利于恢复她的生机，我凭什么不许？

雨儿本来就不是一个自溺于痛苦的人，在我的鼓励下也就频频外出了。我有点儿落寞，但不怪她，这是我自己的选择。我正在写妞妞，想起雨儿在那些日子里受了这么大的悲苦，现在她能玩儿得高兴，我反倒感到了一种安慰。人生实在太可悲，太痛苦，能乐且乐，怎么乐都不过分，都不够分。后来，我发现她真有了出格的迹象，尽管在理论上早已想通，一旦面对事实，我还是十分难受。可是，我仍然劝说自己宽容大度，向自己列举了一系列有力的理由。第一，我懂得人生总体上的悲剧性，每个人短促一生中的快乐是非常有限的，任何一种快乐只要不伤害他人都不该受谴责。现在的情况就是这样，既然她仍然爱我，她从别的男人那里得到一点儿欣赏和快乐，对我造成什么实质性的伤害了呢？第二，我了解人性的真实，每个有生命活力的人对于异性世界的需要必是多方面的，只可疏导，不可禁绝。第三，我具备起码的民主精神，一个自己要求享受适当自由的人是无权限制对方享受同样的自由的。男人往往自私，自己纵欲却苛求妻子贞洁，我不应该这样。让我换一种自私吧，自己自由也给她自由。第四，最主要的当然是，我对于我们的感情有一种基本的信心，相信它能够经受适度自由的考验。在想明白了以后，我决定不但不干预她，而且不盘问她，因为既然允许她风流，她和谁风流就只是枝节了，盘问还可能逼迫她撒谎。

不幸的是，我还是知道了那个人是谁。我不能在这里叙述事件的详情，总之其性质已使我不能承受，而且我发现，无论我多么痛苦，事情仍在悄悄进展。雨儿对我的作品包括她以前喜欢的也渐渐看不上眼了，而只要是那个人写的东西，她一概叫好。这确凿无疑地告诉我，她的感情也正在发生变化。我的心情异常郁闷，却不知道自己该怎么办。

正是在这样的心境中，命运之神把红送到了我面前。一个柔柔亮亮的声音在电话里说，受某报的委托，想对我做一个采访。我答应了，因为她是我们所的研究生，算得上是我的师妹，何况她的声音真好听。见到她，我吃了一惊，一个女博士生，竟这么年轻，像个还在读本科的漂亮女生。她开始采访，我认真不起来，同她开着玩笑，使得她常常忘记要采访的问题，一再去看准备好的小纸条，却总是看不明白，不停地笑，笑得真可爱。她的采访是无可挽救地失败了，取而代之的是约会，然后是恋爱。她是那种又灵又乖的女孩，天性聪颖活泼，同时又娴静文雅，温存善良。月夜，她挽着我，边走边唱流行歌曲："天上有明月如钩。"接着自编下一句："地上有小妾如鼠。"真是调皮，也真是谦卑。她真的谦卑，别人多看她几眼，她会想一定是自己身上有什么毛病。她告诉我，她是一个在农村长大的苦孩子，先天营养不良，生下来只有三斤。小时候爱爬树，几乎生活在树上，长大了才省悟，原因是那时候饿，而树上有果子。在我心情最低落的日子里，一个顶乖顶柔的女孩，一个与世无争的谦卑的女孩，就这样悄悄走进了我的生活。

雨儿知道了我的恋情，感到意外，随即表示理解。我心中原是十分矛盾的，虽然陷入了新的恋爱，但仍觉得与雨儿分开是不可想象的。她比我明确，也比我果断，推动着我朝前走。在一段时间里，我们两各有自己的情人，同时十分友好地相处。由于形势明朗了，我们都显得轻松愉快。一个远方的朋友来访，看见我们之间的气氛如此坦率融洽，诧异我们为何还要离婚，说这简直是一种奢侈。然而，仅仅是表面上如此，事实上，越是接近分离的时刻，昔日爱情的分量就越是显现了出来。这爱情虽已受伤，但并未死去，它的强烈的生存本能仍在向我们发出呼唤。真要分手了，雨儿踌躇了，懊悔了，念起了我全部的好，割舍不下。看她这样，我心里非常难受，对她的怨恨全部消散了。我忽然明白，她其实也是被事情推着走，只是由于她的既好强又随遇而安的天性，才使得她的被迫接受显得像是主动选择。可是，这次轮到我狠心了，我和红已经走了这么远，我不能也不愿把她撇下，自己退回到起点。雨儿是一个痛快的人，在明白事情确已不能挽回之后，便不再迟疑，迅速办理了一切该办的事。我鲜明地意识到，我们的生活轨道从此将越离越远，内心为此感到悲哀。曾经生死与共的人竟然会变成大千世界中不再相干的陌路人，另一个人的死亡将只是世上无数新闻中的一个新闻罢了，这样的事情虽然不断在发生，却使我震惊于生活的无情。

时隔九年，现在来回顾，我想说，对于一个既懂得世事无常又珍惜生命经历的人来说，任何美好的事物只要存在过，便永远存在了。我还想说，后来的情形表明，对于我和雨儿来说，婚姻的变化也许又是好事。心平气和地分析，雨儿和她现在的丈夫在性格上是更一致的，都喜欢结交和活动，比我活得潇洒。和我在一起，雨儿不免寂寞。我和雨儿的性格反差虽然曾是朋友们欣赏的一道风景，但是，真正一起过日子大约还是以性格吻合为好。

同样，我和红在性格上也更加一致，我们都喜欢安静。开始时，听我说到雨儿的生动，她担心我长期和她在一起会感到乏味。可是，我知道不会，因为她也有极好的感受性和悟性，聪慧而灵动。这是我在女人身上最看重的东西，在这一点上我绝不会弄错。事实上她很能理解我，曾作如此评论："优秀的男人都有女性气，同时又是真正的男子汉，你就这样。"一次从史铁生家出来，她说："你们都活得这么单纯，你也许更难，因为你健康，有许多欲望，要抵御那么多的诱惑。"对于这类挠到痒处的赞美，我听了颇觉受用。她毕竟比我小二十二岁，和我这样一个有漫长感情历史的人结婚，曾有委屈之感，为不能得到我的全部而遗憾。但她总能反省自己，对我说："如果一个作家有这样丰富的经历，我会为他的富有而庆幸。现在假如我恨你的这些经历，就一定是我出了问题。"我也大言不惭地宣布："我的历史表明了我的素质，这素质没丢，现在我是带着这素质爱你的，我的历史以这种方式也属于你了。"我相信，时间已经证明，我的大言不惭不是诳语。有时我自己也感到奇怪，仿佛我从来不曾有过别的经历，从天荒地老开始就只爱着一个人。两个人在一起只要真正好，就真会觉得好像一辈子都是在一起似的了。

雨儿和红都对我说过这样意思的话："三个女人都用一生中最好的时间陪伴你，你是够幸运的。"的确如此，为此我永远感谢她们。我也感谢命运终于把最适合于我的女人带给了我，陪伴我过着今生今世最适合于我的生活，一种平静而又充实的生活。

九　性爱反思

有一回，有人问我："哪一本书对你影响最大？"我脱口答道："女人。"这当然是开玩笑，但玩笑中有真实。我坦然承认，我是喜欢女人的。男人喜欢女人，这实在是天地间最正常的一件事，没有什么可羞惭的。我和某些男人的区别也许在于，我喜欢得比较认真，因而我和女人的关系对我的生活产生了很大影响。如果一个男人不动情地玩儿女人，同时保住一个稳定的家庭，人们不会说他什么。可是，倘若你认真地爱了起来，导致婚姻破裂，舆论就会大哗。因为我的两次婚变，我的人品的确遭到了一些人的攻击。对于这种浅薄的舆论，我当然无须理会。然而，我自己不能不反省一下，为何一个高质量的婚姻终于也解体了，怎样才能避免重蹈覆辙。婚姻必须是高质量的，真正以爱情为基础，这是我的绝对要求，我绝不能忍受两人不爱而仍在一起生活。两个人只有爱到了想永不分离的地步，才应该结婚。但是，事实证明，即使怀着这样的心情结了婚，仍不能保证白头偕老。爱情有太多的变数，不完全是人力所能控制，可是，因相爱而结婚的人至少应争取把变数减到最小量。

在两性交往方面，我不是一个特别放得开的人，但是，我能正视自己的欲望和感觉，在理论上对此早已持十分开明的看法。我知道，除了热恋阶段外，一个人完全可能对别的异性产生性吸引意义上的好感。我相信，性本身是一种健康的东西，其唯一的原则是快乐，与道德无关。美国舞蹈家邓肯说过一句最通情达理的话："如果你有一个身体，它天生要遭受许多痛苦，包括疾病等，既然如此，只要有机会，为什么就不可以从你这个身体上汲取最大的快乐呢？"单就性本身而言，婚姻肯定不是一个合理的制度，因为性快乐不是纯粹的生理过程，同时也是心理过程，需要新鲜感的刺激，而单一不变的性伴侣关系则可能麻痹性兴趣，减弱当事人享受和提供性快乐的能力。其实，这些道理对于有诚实感官的艺术家来说是不言而喻的。我曾与两位画家讨论这个话题，其中奉行独身的一位说："我太知道性爱的本质，不可能长久。所以，我不愿意对女孩说爱什么的，即使我很喜欢她。说了以后还要修改，工作量太大。我希望每一次都是新的创造。可是，她的期望落空，心中不快，又使这新的创造不能实现。这是我最大的苦恼。"业已结婚的另一位说："我的苦恼是必须躲躲闪闪。我看见好的女孩，一个嘴角，一只手，就是激动。恋爱一场又一场，我就是高兴，像过节一样。可是，我必须背着妻子，因为我爱她，不愿让她痛苦。"前一位完全不相信性爱有持久的可能，所以选择不结婚，甚至不说爱这个词，彻底地诚实，姑且不论。后一位提出了一个问题，便是一个感到有结婚需要的人应该如何处置自己的多元性爱冲动。

我相信，人是有对专一的爱的需要的，不管是否接受婚姻的形式。我自己就始终深切地感觉到这种需要。在我的生活中不能没有这样一个伴侣，我和她互相视为命根子，真正感到谁也缺不了谁。我自问是一个很有自我的人，能够欣赏孤独、寂寞、独处的妙趣，但我就是不能没有这样一个伴侣，如果没有，孤独、寂寞、独处就会失去妙趣，我会感到自己孤零零地生活在无边的荒漠中。这样一种需要显然是根源于人的根本性孤独，而在性的生理和心理中并无根据。正因为如此，它就不能够也不应该消除人的多元性爱冲动。我自以为从这里找到了二者并存相容的理由。按照我的设想，理想的婚姻应该是两人在生死与共的意义上只爱对方，同时各人保持与其他异性之间交往的自由，包括性交往的自由。当时西方有一种开放婚姻的理论，便是这样主张的。作为一种修正，我提倡宽松的婚姻，对婚外性自由加以限制，仅限于偶尔出轨。这是对人固有的性嫉妒本能的让步，虽说克服性嫉妒是人生的大超越，但我知道这种本能的强烈，不宜太触犯它。爱情的专一可以有两种含义，一是热恋时的排他性，二是长期共同生活中彼此相爱的主旋律，宽松的婚姻便属于后一种情形。我相信，如果双方的爱情足够牢固，心胸又足够宽广，那么，就有可能把各人的其他感情体验和性体验变为双方的共同财富。我考虑到了在这种自由状态中爱情发生变化的可能性，但我认为，即使防微杜渐是可能的，我们也没有这个权利。如果为了"杜渐"而"防微"，禁绝一切婚外恋情的苗头，那就只好遵循男女授受不亲的古训了。当然，对"微"宽容而不防，就有开"渐"之危险，但这种危险乃是人类情感生活的题中应有之义，试图杜绝这种危险就意味着窒息情感生活。总之，在我看来，不管我们把婚外男女之情可允许的界限划在哪里，那么，在此界限之内的，便是不该管的，超过此界限的，又是想管也管不了的。所以，反正不要去管。

我和雨儿相爱时，正是我热衷于提倡宽松理论的时期。事实上，在这一理论影响下，我们都偶有出轨的行为。可是，一旦我觉得她的行为越过了度，对我造成了伤害，我就不能忍受了。其实，所谓度是相对的，视承受力而定。我对自己的承受力估计过高，也对我们的爱情过于自信，结果自己证明了宽松理论的失败。雨儿始终大度地承担了我们婚姻破裂的责任，事实上我的责任更重。她对开放婚姻早有精当的批评，我翻开 1987 年的日记，上面记录着她的话："爱有很脆弱的一面，开放的婚姻是胡扯，人性都是趋乐避苦的，人性的弱点利用互相信任寻求快乐，最后就会损害爱。爱是要付出努力的，在这世界上谁也别想占便宜！"真是一针见血，倘若我们都保持这个觉悟，结局很可能完全不同。当然，婚姻是一个复杂的问题，在这个问题上，无人能拿出一种必定成功的理论。宽松也未必错，捆绑肯定比宽松更糟，关键也许在于在宽松的前提下双方都绝不滥用自由。说到底，宽松也罢，捆绑也罢，你真想偷情是谁也拦不住的，就看你是否珍惜现有的婚爱了。

在发生婚变后的一年内，我写了好几篇文章，实际上在总结婚变的教训。我在《婚姻反思录》中写道："我们当然不能也不该对爱情可能发生的变化严加防范，但是也大可不必为它创造条件。红尘中人，诱惑在所难免，而每个当事人对于自己所面临的究竟是不可抵御的更强烈的爱情，还是一般的风流韵事，心里大致是清楚的。我的劝告是，如果是后者，而你又很看重（不看重则另当别论）既有的婚爱，就请你三思而不要行了。这对你也许是一种损失，但你因此避免了更惨重的损失。如果是前者，我就无须说什么了，因为说了也没有用。""爱情是人生的珍宝，当我们用婚姻这只船运载爱情的珍宝时，我们的使命是尽量绕开暗礁，躲开风浪，安全到达目的地。谁若故意迎着风浪上，固然可以获得冒险的乐趣，但也说明了他对船中的珍宝并不爱惜。好姻缘是要靠珍惜之心来保护的，珍惜便是缘，缘在珍惜中，珍惜之心亡则缘尽。"直到现在为止，我仍是这样看的，也是这样做的。红当时看了这篇文章，笑道："保守主义业已成熟。"好吧，我乐于承认，在婚爱问题上，我已成为一个开明的保守主义者。经验证明，如同在别的领域一样，这个立场在婚爱中也能够开创出一种富有活力的秩序。

十　写作与心灵生活

从八十年代进入九十年代，中国的社会场景发生了重大变化，思想启蒙的氛围突然消散，商业热风迅速刮遍全国，时尚取代思潮成为时代的主要风景。人文知识分子被这个转折从中心甩向了边缘，有些人因此发出了人文精神失落的悲鸣。面对这个转折，我的心情却十分平静。我对做风云人物本来就没有兴趣，现在正好顺乎我的天性，与时代拉开距离，回归我的内在生活。个人生活中接连发生的变故也迫使我回到内心，沉思令我困惑的各种人生难题。

九十年代发生了一件出乎我自己意料的事，就是我成了一个著名的散文作家。其实，写这些东西的时候，我哪里是在写散文啊。因为姐姐的灾难，因为婚变，我不得不劝慰自己，开导自己，而我的资源只有哲学，手段只有文字，于是写下了许多哲学性的感悟和思考，这些东西便被人称作了哲理散文。同时，由于变故导致的心情，我难以潜心做系统的学术工作和写大部的著作，篇幅短小的文字就成了最合宜的形式。正是在那变故频繁的五六年里，我写的散文数量最多，质量也比较高。表面看来，这好像是一个外力把我从一条轨道上撞到了另一条轨道上。可是，我因此脱离哲学的轨道了吗？我相信没有。在我迄今为止的全部生涯中，再也找不出这样一个时候，我从哲学那里获得了如此重要的帮助，为此我对哲学满怀感激。

在此之后，仿佛由于惯性，我仍写了不少散文。有一段时间，因为所谓名气，约稿特别多，我又不善于拒绝，不免写了一些臭文章，对自己并无真切感受和深入思考的问题发表了议论。好在我对这种情况及时警惕，下决心基本上谢绝了约稿。我给自己确立了一个原则：我的写作必须同时是我的精神生活，两者必须合一，否则其价值就要受到怀疑。好的作者在写作上一定是自私的，他绝不肯仅仅付出，他要求每一次付出同时也是收获。人们看见他把一个句子、一本书给予这个世界，但这只是表面现象，实际上他是往自己的精神仓库里又放进了一些可靠的财富。这就给了我一个标准，凡是我不屑于放进自己的精神仓库里去的东西，我就坚决不写，不管它们能给我换来怎样的外在利益。

到 2002 年为止，我发表了三百多篇散文，先后结为《守望的距离》(1996)、《各自的朝圣路》(1999)、《安静》(2002) 三个集子。可以算作散文的还有随感录《人与永恒》(1992) 和纪实作品《妞妞：一个父亲的札记》(1996)、《南极无新闻——乔治王岛手记》(2002)。我还出过一些别的集子，基本上是上述作品不同方式的选本，其中值得一提的是《人生哲思语编》(2000)，它汇集了我的散文和随感中的所谓精彩句子和段落，按照主题分类编排，能收一目了然之效。在所有作品中，我自己很喜欢《人生寓言》，其中多数正是在妞妞病重时写的，却看不出一点儿悲苦的痕迹，一切悲苦都被智慧化解了。在南极写的那些思想札记包括读《圣经》札记也不错，在千古荒原上沉思两个月，这是多么奢侈的事情，不写出一点儿好东西是说不过去的。

回过头去看，我的写作之路与我的心灵之路是相当统一的，基本上反映了我在困惑中寻求觉悟和走向超脱的历程。我原是一个易感的人，容易为情所困，跳不出来。我又是一个天性悲观的人，从小就想死亡的问题，容易看破红尘。因此，我面临双重的危险，既可能毁于色，也可能堕入空。我的一生实际上都是在与这两种危险做斗争，在色与空之间寻找一个安全的中间地带。我在寻找一种状态，能够使我享受人生而不沉湎，看透人生而不消极，我的写作就是借助于哲学寻找这种状态的过程。经常有人对我说，他们通过我的作品发现，我的内心既宁静又有激情，我对人生看得很透彻却仍充满理想主义，相反的因素结合得十分和谐。我不敢说我真的达到了这种境界，但我自信正在形成一种比较成熟的生命态度，这种态度体现了我的个性与世界之间的恰当关系。我还相信，我今天的生命状态和写作状态包容了我的全部过去，我童年和少年时的敏感，读大学时的热爱文学和对生命感受的看重，毕业后山居生活中的淡泊心境，生命各阶段上内心深处时隐时现的哲学性追问，仿佛都在为这种状态做着准备，并在其中找到了归宿。

我的一些朋友有强烈的社会责任感，要用作品直接影响社会进程。我不给自己树这样的目标。我写作从来不是为了影响世界，而只是为了安顿自己。我的所思所写基本上是为了解决自己的问题，也许正因为如此，写出的东西才会对那些面临着相似问题的人有所启迪，从而间接地产生了影响社会的效果。一个作品如果对于作者自己没有精神上的价值，它就对任何一个读者都不可能具有这种价值。自救是任何一种方式的救世的前提，如果没有自救的觉悟，救世的雄心就只能是虚荣心、功名心和野心。中国知识分子历来热衷于做君王或民众的导师，实际上往往只是做了君王的臣僚和民众的优伶，部分的原因也许在这里。

说到我的作品的社会意义，我想提一下我的好友邓正来写的一篇评论。正来是学界公认的成就卓著的严肃学者，多年来专注于学术，从不写学术之外的东西。可是，在读了我的《南极无新闻》之后，他破例写了一篇题为《社会的"眼睛"与独行的个人》的评论，写完后按捺不住兴奋的心情，激动地给好几个人打电话朗诵。这本书是我参加人文学者南极行活动的记录，由日记和思想札记组成。全书既记录了我在南极生活两个月的新鲜体验，字里行间又贯穿着我对活动的强烈新闻色彩的不满和抵制。正来独能从后者中看出，这本书是"一个哲学家以其独特的视角对他个人在社会'眼睛'盯视下的抗争实践所做的描述"，抗争方式是"参与其间但绝不放弃自我，生活于其间但绝不放弃对它进行批判的权利，力图以一种独语的方式去重构这个社会"。显然，他说的不只是这次南极之行，而是我对待社会性事物的一般方式。他抓得真准，我读了有恍然大悟之感，虽然我一向是这样做的，但自己从来没有如此清晰地意识到。我相信，他的这个解读也完全能用来解释我的一般散文作品之介入社会的方式。

我的书带给我的最宝贵收获之一是友谊。三年前，一个在法国长大的美丽女子捧着鲜花来访问我，跟我谈《妞妞》，说她没想到中国有这样的作家，思想与欧洲人接近，是人类性的，这番话使我立刻信任了她。一位可爱的女子出于喜欢而把我的作品录了音，刻成光盘，分送给许多人。她把光盘带来让我听，朗诵得真好，自然的声音，饱含真实的感情，我仿佛不是在听自己的作品，那些话语好像是从另一个灵魂中发出，并且使我感动。大洋彼岸一位女士给我发电子信，说她最欣赏我对那些看不见的事物的"看见"和那种低调的执着，我心中叹为知音。在一次活动中，偶遇江铸久、芮乃伟围棋九段，先生把太太介绍给我，落落大方地说："她很喜欢你的书，自己不好意思跟你说。"我与这一对高智商但又极其质朴的夫妇从此成了好朋友。经常有人揶揄说，我的书独受女性青睐。我在网上看到，大学里曾经流传一句话："男生不可不读王小波，女生不可不读周国平。"我的确拥有一大批热心的女读者，对此我只感到愉快，丝毫不觉得难为情。我揣测，女性之所以喜欢我的书，原因可能有二。第一，我比较能够欣赏女性并体会她们的心理，谁不喜欢听中肯的恭维呀。第二，女性离功利战场比男性远，心比较静，又看重情感生活，容易与我的价值取向产生共鸣。然而，我知道，我不只拥有女性读者，确确实实还拥有许多忠实的男性读者。前不久，一个公司老总，身材魁梧，性格粗犷，一米八几的个子开一辆大三菱，在不惑之年突然迷上了我的书，那样天真地向我坦言，他从此才开始思考人生。不过，我无须在这里举证了，如有必要，自会有各界男士为我作证的。我常常遇见一些政界和企业界人士，他们在学生时代都曾经喜欢我的书，现在已走上关键的岗位。当他们向我叙述自己的阅读史时，我心中既感动又深感欣慰。

　　我的作品为我在专业范围之外赢得了广大读者，同时也使我在一些专业人士那里遭到了不务正业的讥评。好在我对此不太在意，当我做着自己真正想做的事情的时候，别人的褒贬是不重要的。对于我来说，不存在正业副业之分，凡是出自内心需要而做的事情都是我的正业。若一定要说专业才是正业，那么，我的专业是哲学，而我所写的多数作品完全没有离开哲学的范畴。在我的散文中，我的思考和写作始终围绕着那些最根本的哲学问题，例如生命的意义、死亡、时间与自我、爱与孤独、苦难与幸福、灵魂与超越等。在现代商业化社会里，这些问题由于被遗忘而变得愈发尖锐，成为现代人精神生活中的普遍困惑。我想，也许正因为这个原因，我的作品才会获得比较广泛的共鸣。我不过是在用文学的方式谈哲学，如果认为哲学只能有学术论著一种表达方式，是对哲学史的无知，只要提一下狄德罗、卢梭、伏尔泰、尼采甚至柏拉图就可以了。从读者的接受来说，这么多人通过我的作品领略了哲学的魅力，走近了哲学，这使我有足够的理由相信我所做的正是不折不扣的哲学事业。

我丝毫不低估学术工作的重要性，并且对踏实地做着这种工作并且取得了成绩的同行怀有敬意。就我自己而言，我不愿意做所谓纯学术研究，而宁愿以我的方式把学术工作纳入我的精神探索的整体轨道。九十年代以来，我的确甚少出版学术专著，在《尼采与形而上学》(1990)之后，直到1995年，为了应付与人合作的一个课题，才又花了半年时间啃胡塞尔和伽达默尔的著作，就他们的意义理论写了若干篇论文。我极其耐心地在胡塞尔的哲学迷宫里摸索，跟随他一步步探寻意义的源头，终于弄明白了迷宫的路径，发现它其实是一条并不能通向源头的死胡同。九十年代末，我先后在瑞士 Sils-Maria 和德国海德堡的两个国际研讨会上发言，讨论一个长期盘旋在我头脑中的问题，即中国人对西方哲学的接受问题，我的观点使与会的学者们大为吃惊。我由尼采在中国的接受史发现，西方哲学一旦进入中国，便往往失去了形而上学的品格，因而不再是哲学，成了某种用来解决中国社会问题的学说，这种情况显示了中西文化传统的深刻差异。我决定对清末民初西方哲学传入中国时的情况进行个案分析，以此方式展开这项研究，目前这部专著仍在写作之中。最近我还在构思并开始写作一本关于尼采的精神哲学的著作，与《转折点》之人生哲学、《尼采与形而上学》之本体哲学凑成一个系列，算是对我的尼采研究工作做一个了结。

十一　不是博导

博士生导师是中国学界特有的一个称谓，简称博导。我不是博导。其实我是愿意带学生的，也经常有青年人热切地希望做我的学生。我于 1994 年当上研究员，按理说就有了带博士生的资格，便向哲学所当时的负责人提出了这一要求。哲学所招研究生一直苦于报考者稀少，所里一些好心人听说我要招生，便兴奋地说，这回考生该挤破门了。但是，他们白高兴了一场，我的申请迄无下文。此后我不再主动申请，不过，大约是一年一度申报的时候了，有一次我也曾被问到是否报名，我给了肯定的答复，但同样再没有下文。我不知道原因是什么，也从不去打听，因为我觉得，倘若我去查问，对于我和被问者都是一种侮辱。

两年前，我收到一封信，是一位在复旦大学读完了博士和博士后、现任一所名牌大学教授的先生写给我的，他在信中表示要报考我的博士生。这封信促使我再次向所里有关人员询问事情的可能性，得到的是否定的回答。我给这位先生写了一封信，全文如下——

"今天去哲学所，读到你的来信。你在获得博士学位、完成博士后项目、担任教授之后，仍希望报考我的博士生，这种虚怀若谷的态度令我敬佩，你对我的信任也令我感动。但是，有一个情况也许会让你感到意外：我迄今不是博导，没有带学生的资格。我曾经提出过要带学生，没有下文，此后我就不再提了。我本人对这种情况并不太在乎，凡属体制内争名夺利之事，我一向退避三舍，一试之后绝不再试。然而，今天读了你的信后，我还是破例去询问了有关部门，得到的答复是，今年有新规定，满五十七岁者（今年我刚好如此）不再有申请博导之资格。我不是一个狂妄之人，但是，我仍不禁要为中国社会科学院感到遗憾，因为它自己剥夺了刷去其一个污点的机会。

"当然，如果你肯委曲求全，哲学所里博导有的是。不过，坦率地说，其中有些人是做我的学生也不配的。设身处地为你考虑，我的想法是：倘若你的目的是转到北京或中国社科院来工作，那么，随便报考谁都可以，反正那只是一个工具；倘若你是想回到哲学，那么，其实你不必再读一次博士生，你完全能够凭自己的力量做到这一点。即使我有资格招你，我也会向你提出这个建议。在这种情况下，我很乐意以一个同行的身份与你切磋和交流。"

请允许我把回信也摘引在这里："我对目前体制也颇难理解。我的不少本科同学在中国社科院，早在九十年代中期已经是博士生导师。您的学问当然在一般学问之上，因为超越了知识，是一种深入的生命之思。我也不是要来北京工作，如果想来，是一直可以来的。我把博士当论文课题做，而且由此结识我认为可以为师、有益于智性学问的人。哲学所里我真正佩服的人不多，其中就有您和李泽厚。"

满五十七岁者不能带学生，这个规定本身就很荒谬，姑且不论。我在五十七岁前为什么也一直不被允许带学生呢？隐秘的原因也不去揣摩，我估计，堂皇的理由不外是说我不务正业。我写的哲理散文是不能算学术成果的，这我知道，也不在乎，我本来就不是为了一个统计数字而写作的。可是，因为我写了这些东西，我做的尼采研究和翻译也不存在了吗？直到现在，我不是还被公认是这一领域里的领先人物吗？看来，中国学术界的奇怪规则是，在评估你的学术能力时，你的文字表达能力是作为负数加入计算的。凡是表达生动的文字，不管所表达的内容是什么，都不能算作成果。不仅如此，而且因为它们的存在，对你的形式上符合标准的学术成果的评估也要相应地打折扣。因此，如果你写了大量有文采的——因此而被判定是非学术的——著作，那么，在它们的抵消下，即使你的那些可以被承认是学术性的著作在绝对数量上也不少，在质量上相当高，至少高于他们生产的大多数产品，他们仍然认为自己有权对之忽略不计。

我对单位里的事一向不闻不问，对体制内的任何利益也从来不争。我有太多的事要做，没有工夫去关心这些，从不参加评奖之类，也不知道谁得了奖。社科基金是体制内的一大利益，很早前我申请过，被否决了，后来就不再申请，只是在实行人人必须有课题的制度以后，才申报了一个小课题，否则就得下岗。我弄不清各种利益机制，也不想去弄清。有一回，我非常偶然地看出了一点儿名堂。2002 年底，院里下达岗位津贴新标准，研究员分两档，让大家投票，算是民意调查。第一档的条件规定得很明确，诸如学科带头人、获奖者、重点课题负责人之类。选票上开列了全所在岗研究员名单以及相应指标，包括博导、获奖、学术委员、评审委员、重点课题、突出贡献、特殊津贴等，每人的情况一目了然。我第一次发现，大多数人的指标都很有内容，我却几乎是空白，只有特津一项，而这一项在我这个资历上差不多人人有份，后来只因为停止执行了，资历较浅者便不再有份。我忽然悟到，所有这些指标是互相关联的，只要你得到其中关键的一项，譬如说重点课题，其他的利益就会跟随而来。相反，如果你不去争或者争不到，也就一失俱失，没你的事儿了。

我在这里所说的其实不是单位上的事，而是学术界的普遍情况。说心里话，我对我的单位很满意，各届头头儿对我都相当宽容，一般人员也对我十分友好。我最满意的是这一份职业，想象不出世界上还会有更好的职业，拿了工资却不用坐班，可以坐在家里研究自己感兴趣的课题。在这样的单位，一个人只要有自己的真兴趣，不去卷入琐屑的利益之争，就可以过得很自在。我是充分享受到这个好处了，至于那些我没有得到的利益，本来就不是我想要的，我只是在叙述事实，没有丝毫埋怨的意思。唯一略觉遗憾的是不让我带学生，因为我相信我能带得很好，不该让那些想跟我学习的青年人失掉这个机会。关于中国当今的学术腐败，已有一些公开的批评，人们在私下里谈得更深。我未做任何调查，只说一说直觉。我的感觉是，当今学界的根本问题是官场化，并且带进了当今官场的一切腐败现象。其中的关键一点是，决定一个学者的地位和待遇的评定机制是非学术的，起首要作用的是权力、人际关系等官场因素，辅以同样非学术的工作量指标。这两者之间还有着某种联系，比如说，一个人很容易凭借权力掌握一些大型课题，让别人去做具体工作，却也计算入自己的工作量之中。我常常为国家每年支出的大量课题经费感到心疼，我相信会有一些做出了真正有意义的贡献的课题，但是，也生产出了许多学术垃圾。一个课题一经立项就可以得到经费，完成后出书也就不成问题，而只要出了书就是学术成果，提高了学术地位，亦即增强了获取更多课题经费的资格，如此形成循环。课题立项有此奇效，人们怎会不竭尽全力为之奋斗呢。课题还分级别，级别越高利益越大，不光经济上如此，级别本身就直接意味着和转化成权力。可是，有多少人问一下，这样制作出来的所谓学术著作现在和将来究竟有没有人读。事实上，人们都心中有数，许多书刚生产出来就被人遗忘了，其唯一的用处是充当课题立项循环中的必要环节。把眼光从一个单位移向整个社会，人们会发现，当今的学术界很像一个大社交场。有一些学者俨然大忙人，他们挂着各种学术头衔，忙于跑关系和拉经费，不停地举办或参加各种学术名目的活动，却永远坐不下来认真做一点儿学问。每当我接到一张写满各种头衔的名片，我就惊愕自己又结识了一个精力超常的人，并且永远断绝了再见这个人的念头。学界的腐败不止于此，耳闻的一些情况使我瞠目结舌，某些教育从业者的灵魂堕落简直骇人听闻，竟然利用在招生、考试、毕业等事情上的权力索取贿赂，包括索取性贿赂。当这种现象成为一种风气时，天下父母怎么还忍心把自己的孩子送进大学尤其是名校啊。

有时想一想不禁好笑，很长时间以来，我已经不参加学界的任何活动了，不管是体制内的还是体制外的，但我也不属于别的什么界，真是哪界也不搭。但是，我又非常勤奋地工作着，只是我的工作与任何人不构成竞争，因而无须在这工作之外去为胜负得失奔忙罢了。我不是一个很自信的人，但我的自信恰好达到这个程度，使我能够不必在乎外来的封赐和奖赏。我的生活中没有用身份标示的目标，诸如院士、议员、部长之类。那些为这类目标奋斗的人，无论他们为挫折而焦虑，还是为成功而欣喜，我从他们身上都闻到同一种气味，这种气味使我不能忍受和他们在一起待上三分钟。我曾经也有过被虚荣迷惑的年龄，因为那时候我还没有看清事物的本质，尤其还没有看清我自己的本质。我感到现在我已经站在一个最合宜的位置上，它完全属于我，所有追逐者的脚步不会从这里经过。我不知道我是哪一天来到这个地方的，但一定很久了，因为我对它已经如此熟悉。

明年我要退休了，有人问我是否为此感到惶恐，我不禁笑了。怎么会呢？一方面，我早已在过着一种类似退休的与世无争的生活了，另一方面，既然我仍将一如既往地做自己喜欢做的事，是否退休又与我有何相干？当然，在任何一个精神创造者的词典里，都没有退休这个词。

十二　安静的日子

1997 年 10 月，在婚礼上，主持人问红看上了我什么，红讲了两个月前她驾车出的一次车祸，我们两人险些丧生，但我丝毫没有怪她，却说了一句箴言："小事可以互相责备，大事必须同心协力。"她说，她就是看在这句话的份儿上死心塌地嫁给我的。我忘记说过这句话了，当然，对出事的情景记忆犹新。

那一天，红驾着租来的车在郊区公路上练习，我坐在副座上。车从东向西行驶，到了一个十字路口，一辆从西向东开来的摩托也到了路口，车上有一男一女，突然左拐弯，挡住了我们的路。这时候，我们的车仍在快驶，眼看要撞上摩托，我和红同时叫喊起来，我记得我喊的是："你们怎么这样！"红出于本能，急忙向南拐弯。接下来发生的事情好像只是一瞬间。车在拐弯后向路边冲去，翻滚而下。当时我能感觉到车的坠落和翻滚，知道我们完了。红后来说，她当时心中也掠过这个想法：就这么完了？并不感到恐惧，因为来不及。也来不及想事情会怎样结束，只知道我们必定完了。可是，翻滚突然停住了。我感觉到我在上方，红在下方，泥浆和水迅速涌进车内。我拉了一下她的手，说："别害怕。"她答应了一声。她那边一片黑暗，窗户已被堵住。我这边的窗户则是暴露的，窗半开着，而窗把手原先就已脱落，我向四周摸索，想找到把手，以便把窗摇开，却找不到。一个年轻男人的脸出现在窗前。他说："别着急，你们往后躲开点儿，我来踹窗玻璃。"他踹了两下，玻璃未碎。我有些慌了，处在下方的红淹在水里，我怕水会把她淹没，接下来会把我淹没，等待我们的将是窒息而死。我嘱他快些踹。他又用力踹了一下，玻璃碎了，呈碎末状一齐掉落。我松了一口气，知道我们得救了。我和红从窗口爬出，上了路面。站在公路上，现场的情况一目了然了。路边是一条水沟，约三米深，坡缓土松，这是车未受到剧烈撞击的原因。沟沿有一棵大树，如果车与树干相撞，后果不堪设想。车已底朝天陷在沟里，向一侧倾斜。水流着，约半米深，其实不会把车淹没。那个为我们踹玻璃的男人是骑自行车路过这里的，肇事者已逃之夭夭。

我们两人都只擦破了一点儿皮。车严重损伤，免不了要赔偿。大难不死，我们的心情颇为轻松。红的BP机被水浸坏了，我花一千多元给她买了一个汉显，作为对她的奖励。她真是身手不凡，把车开进三米深水沟，打一个滚儿，又使车内人基本不受伤，技艺再高的老司机也无此种本事。我感谢她给了我一个特别体验，这样的体验一辈子不会再有，比真正的爱情更加可遇而不可求。事后，红一再对人说：这样的人嫁得。又对我说：你这么宽容，我就觉得好像没有出事一样。她真傻,实际上就是没出什么事。不过,这有惊无险的一幕倒也让我们真正生死与共了一番,成了我们平静生活的浪漫序曲。

第二年,夏天的一个深夜,下着大雨,离预产期还有三周,红突然破水了。我刚拿到车本,只在住宅附近练过车,现在既然责无旁贷,也就顾不上害怕了,头一回驾车往城里开,穿过黑夜和暴雨,把红送进了协和医院。若干天后,天气晴朗,我从医院接回了母女俩。在妞妞离去五年后,我又做了父亲。我感谢上苍把啾啾赐给我,使我的全部父爱在这尘世间有了着落。常有人问我,在我的感情中,啾啾和妞妞各占什么位置。我才不去想这种假问题呢。我真切感到,一切新生命都来自同一个神圣的源泉,是同一神力的显示。此时此刻,啾啾就是我的唯一的孩子,就是世界上的一切孩子,就像那时候妞妞是唯一的和一切的孩子一样。

随着女儿的诞生和成长,我们的家有了一个非常实在的核心。我又原形毕露,成了一个不可救药的恋家的男人和痴情的父亲。一切诱惑退避远处,围城成为我的天堂。不论赴宴还是旅行,我都喜欢带着母女俩同行,真正是有福同享,有景同赏。啾啾九个月时,海德堡大学邀请我担任客座教授。我说,我怎么能够和我的才几个月的女儿分离半年之久呢,如果不能全家一起来,就算了吧。于是,我们一家都受到了邀请。我们住在离举世闻名的古城堡仅一公里的山坡上,在那一片美丽的风景中度过了许多个白昼和黄昏。一到假期,我们推着童车游览世界,胖嘟嘟的啾啾先后出现在魏玛、维也纳、萨尔茨堡、巴黎、罗马、佛罗伦萨的大街上。我坐在国际会议的庄严讲台上演讲，会议厅门口突然传来啾啾喊爸爸的脆亮话音。从啾啾会说话开始，我和红都当上了她的秘书，辛勤地记录她的言论。当然，我是欲罢不能地要做这件事，孩子真是天生的诗人和哲人，她的奇思妙语令我无比惊喜，我从中读到了未受文化污染的人类心智的原本。

现在我有一个很美满的家庭，我和妻子、女儿过着和睦的生活。那么，我对别的可爱女子不再动心了吗？那倒未必。上帝给了我一副易感的天性，这天性不是我自己能够改变的。然而，我已经完全看明白，风流和爱情事实上不可兼得，那些想兼得的人没有一个不是以失败告终的，因而做出了坚定的选择。我宁愿与走近我的每一个可爱女子保持一个安全的距离，以友谊的方式享受女性的温馨。我确实感到，只爱一个人，同时保留其余一切可能性而不去实现其中任何一种，这是我与异性世界之间能够具有的最佳格局。事实上，我借此而得到了最多，所有未实现的可能性都在丰富着我的生活的色彩，倘若我贪婪地想要得到更多，结果却会是毁掉一切。

我的生活真的过得很安静，每天无非是读书和写作，日子仿佛在重复，但我丝毫不觉得枯燥。我做这些事只是因为喜欢，没有想要靠此挣钱。可是，有一天，我突然发现，我的写作竟能挣来一些钱，让妻子、女儿过稍好一点儿的生活，那实在是一个意外的收获。事实上，我是在妻子张罗买汽车和房子时才发现这一点的。我只是埋头写作，写作本身已经使我感到满足，占据了我的主要心思。对于我来说，挣钱是一件简单的事情，因为它只是写作的副产品，我用不着专门为它花工夫。相反，花钱却是一件麻烦的事情，我在花钱上完全缺乏想象力。好在世界上有女人，她们是这方面的天才。如果没有女人和孩子，我真不知道多余的钱有何用处。一个人单凭做自己喜欢做的事情就能确保衣食无忧，无须为生计去做不情愿的事，这真是人生莫大的幸运。我尝设想，倘若中国仍是从前的样子，个人的命运基本上取决于权力的大小和勾心斗角的胜负，我必定至今仍是一个倒霉蛋。所以，我真心感激市场经济。我不是为市场写作的，但是，市场的奇妙之处就在于，它给一个不是为它写作的人也提供了机会。

在九十年代中期以后，我没有了固定的朋友圈子，各种热闹的聚会都和我无关了，一开始有些不习惯，后来发现这样挺好。对于人际关系，我逐渐总结出了一个最合乎我的性情的原则，就是互相尊重，亲疏随缘。我相信，一切好的友谊都是自然而然形成的，不是刻意求得的。我还认为，再好的朋友也应该有距离，太热闹的友谊往往是空洞无物的。现在我仍有一些很好的朋友，其中有学界同行，也有艺术家、企业家、政治家。我和艺术家朋友比如老六、修龙、和平在一起感到格外愉快，我在他们身上欣赏自由率性的生命状态，他们则从我这里收获沉默以及——据他们说——还有智慧。在我的企业家朋友中，我要特别提一下阿良。我们相识时，他还是一个插队知青，二十多年来，我们的友谊从未有过瑕疵。他真正是二十多年如一日地对我怀着兄弟般的情谊，无私地关心我和帮助我。我真切感到，他把我看得比他自己更重要，即使全世界都背弃我了，他仍将毫不犹豫地保护我。在学界中，我自己感到惊奇的是，以狂出名的正来成了我的挚友。我们好像是很不同的人，在性格上，他奔放，我内敛，在志趣上，他专注于学术，我沉浸于生命之思。我欣赏他是不用说的了，因为他学问做得真是好，身上又有一股可爱的豪气。我没有想到的是，以他这样一个似乎唯有学问高的人，竟比学界许多人更能理解我的作品和心性。阿良和正来都是侠义之人，啾啾出生后，他俩自然而然成了啾啾的教父，啾啾真是好福气。

现在我与外界的各种热闹距离越来越远了，基本上不参加社会活动，偶尔参加也只是因为受了那个地方的景物的吸引。我一直是不善于与人打交道的，尤其是与不熟悉的人，一旦置身于一群陌生人中，比如开什么会的场合，便手足无措，发言也必定张口结舌。这样的一个人，当然就应该尽量少去外面凑热闹，顺应自己的天性过一种宁静的生活了。

十三 仍是那个我

在写这部自传时，我翻阅了过去的日记，一面对我的生活场景的巨大变化感到吃惊，一面又发现，其实我自己并没有多大变化，我的性情依旧，仍然是从前那个既敏感又淡泊的少年。也许，人是很难真正改变的，内核的东西早已形成，只是在不同的场景中呈现不同的形态，场景的变化反而证明了内核的坚固。

现在我似乎出了一点儿名，走到哪里，都会遇见喜欢我的书的读者。可是，这个我不就是在广西山沟里用功读写却始终默默无闻的那个小公务员吗，或者，不就是在北大课堂上耽于读课外书而不好好听课的那个学生吗？我早就养成了自主学习和工作的习惯，区别只在于，从前这遭到非议，现在却给我带来了名声，可见名声是多么表面的东西。如果没有这些名声，我就会停止我的工作了吗？当然不。这种为自己工作的习惯已经成为我的人格的一部分，把它除去，我倒真的就不是我了。我相信，凡创造者必定都是热爱工作、养成了工作习惯的人，这工作是他自己选定的，是由他的精神欲望发动的，所以他乐此不疲，欲罢不能。那些无此体验的人从外面看他，觉得不可理解，便勉强给了一个解释，叫作勤奋。世上许多人是在外在动机的推动下做工作的，他们的确无法理解为自己工作是怎么一回事，一旦没有了外来的推动，他们就不知道自己该做什么了。还有一些聪明人或有才华的人，也总是不能养成工作的习惯，终于一事无成。他们往往有怀才不遇之感，可是，在我看来，一个人不能养成工作的习惯，这本身即已是才华不足的证明，因为创造欲正是才华最重要的组成部分。

常常有人谈对我的一种印象，觉得我为人谦和，谦和中又藏着不易觉察的傲气。我自己反省，这部分地符合事实。之所以说是部分，因为还有一部分也许出自误会。我一向不善于交际，在不太熟悉的人面前会拘谨，为了避免彼此尴尬，便宁可保持距离，这种态度可能会被误解成骄傲。不过，我从中学起就有清高之名，清高当然是一种傲气。我在两种人面前最克制不住傲气，一是功名利禄之徒，二是自以为是之辈。我在本质上是比较自卑的，原因之一也许是太专注于内心，因而外部世界广大的领域是我所陌生的，一旦跨入那个领域，我就会不知所措，一旦见到那个领域里的能人，我就会自惭形秽。可是，我毕竟不是不食人间烟火，见得多了，也就有了基本的判断力。我的发现是，极其自信者多半浅薄。对于那些在言行中表现出大使命感的人，我怀有本能的反感，一律敬而远之。据我分析，他们基本上属于两类人，一是尚未得逞的精神暴君，另一是有强烈角色感的社会戏子。和他们打交道，只会使我感到疲劳和无聊。在我看来，真正的使命感无非是对自己选定并且正在从事的工作的一种热爱罢了。遇见这样的人，我的血缘本能就会把他们认作我的亲兄弟。

年轻时我是一个十分怕羞的人，每次要去见一个生人甚至并非太生的人时，我会在那个人的门外徘徊许久，好不容易鼓起勇气敲门，如果那个人不在家，我反倒松了一口气。现在见过了一点儿世面，脸皮厚了一些，但基本的性格是难改的，见生人仍使我感到不自在。羞怯似乎是一种美，我自己心里明白，事实上我是笨拙。我不愿意揽社会上的事情，重要的原因也是笨拙。如果要指导青年学生，更适合于我的方式是小范围内的言传身教，而不是大庭广众中的讲演。我真是怵讲演，对这类邀请的第一反应是推辞，万一心软接受了，灾难便从此开始，直到讲演之日没有一刻心安。善演讲的人有三个特点，而我都缺乏。一是记忆力，名言佳例能够信手拈来，而我连自己写的东西也记不住。二是自信心，觉得自己是个人物，老生常谈也能说得绘声绘色，而我却连深思熟虑过的东西说起来也没有信心。三是表现欲，一面对听众就来情绪,而我却一上台就心慌。我的讲演偶尔也有成功的时候,那多半要感谢听众,他们的情绪实在太好,把我的情绪也调动起来了,使我仿佛变了一个人,竟然也能口若悬河了。可是,多数时候,我是怀着对自己沮丧和对听众歉疚的心情走下讲台的。

一个人年轻时,外在因素——包括所遇到的人、事情和机会——对他的生活信念和生活道路会发生较大的影响。但是,在达到一定年龄以后,外在因素的影响就会大大减弱。那时候,如果他已经形成自己的生活信念,外在因素就很难再使之改变,如果仍未形成,外在因素也就很难再使之形成了。我庆幸自己较早就形成了自己的生活信念,业已走在合乎自己天性的生活道路上了。那么,我就这样继续走下去吧。

我心中再没有困惑了吗?当然不是。人能够用智慧解除许多困惑,但是,我越来越看清楚,有一些困惑是用智慧解除不了的,那是人生的大困惑。我用智慧解除了人生的小困惑,所以现在过着安静的日子,并且感到乐在其中。然而,这安静的日子也许仍不是我的归宿。我的归宿在哪里呢?那一定是一种解除了人生的大困惑的境界,我还不清楚它是什么,但我知道,在那个境界中,我今生今世的全部日子都将受到祝福。

2004 年 5 月 10 日完稿

图书在版编目（CIP）数据

岁月与性情：我的心灵自传／周国平著．－－北京：
北京十月文艺出版社，2020.3
ISBN 978-7-5302-2021-4

Ⅰ．①岁… Ⅱ．①周… Ⅲ．①散文集－中国－当代
Ⅳ．①I267

中国版本图书馆CIP数据核字（2019）第292127号

岁月与性情：我的心灵自传
SUIYUE YU XINGQING：WO DE XINLING ZIZHUAN
周国平 著

出　　版　北京出版集团公司
　　　　　北京十月文艺出版社
地　　址　北京北三环中路6号
邮　　编　100120
网　　址　www.bph.com.cn
发　　行　新经典发行有限公司
　　　　　电话（010）68423599
经　　销　新华书店
印　　刷　河北鹏润印刷有限公司
版　　次　2020年3月第1版
　　　　　2020年3月第1次印刷
开　　本　880毫米×1230毫米　1/32
印　　张　11
字　　数　105千字
书　　号　ISBN 978-7-5302-2021-4
定　　价　68.00元
质量监督电话　010-58572393
如有印装质量问题，由本社负责调换。